写真1-2（p.20）

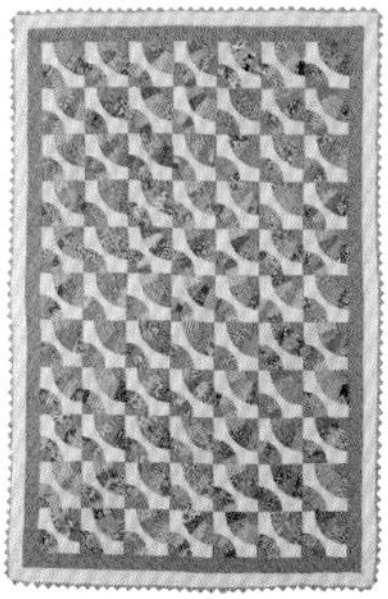

写真1-6上（p.24）

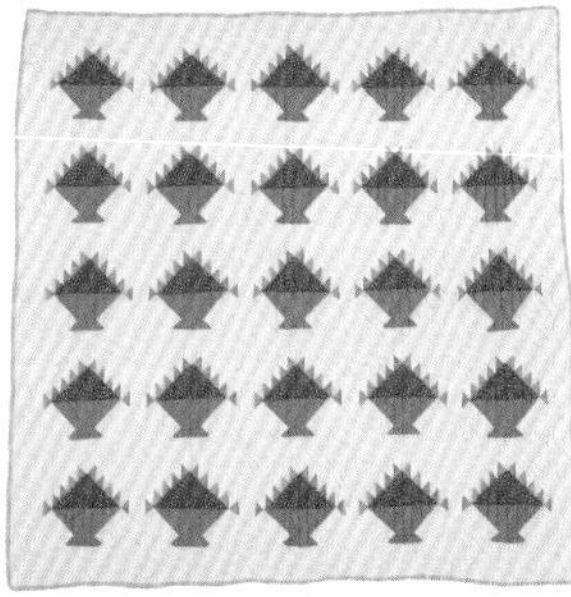

写真1-7上（p.24）

写真1-8上（p.25）

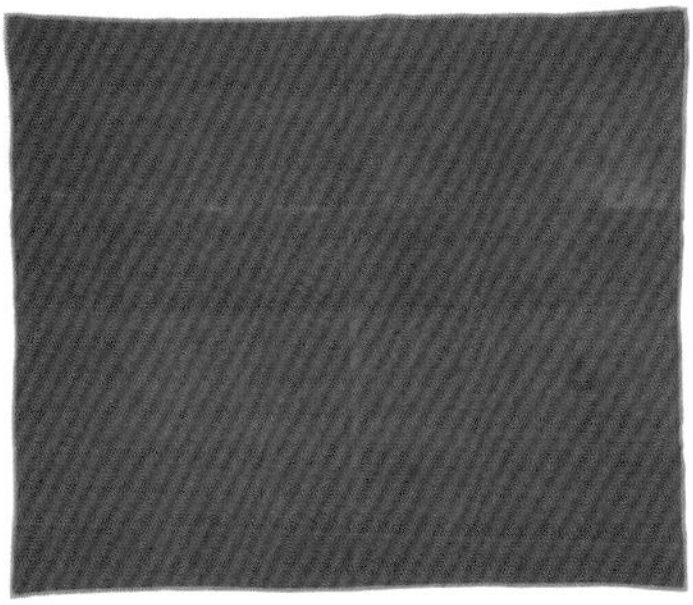

写真1-9（p.29）全体

写真1-11上（p.34）

写真1-12（p.36）

写真1-13上（p.37）

写真1-14上（p.37）

写真1-15右（p.39）

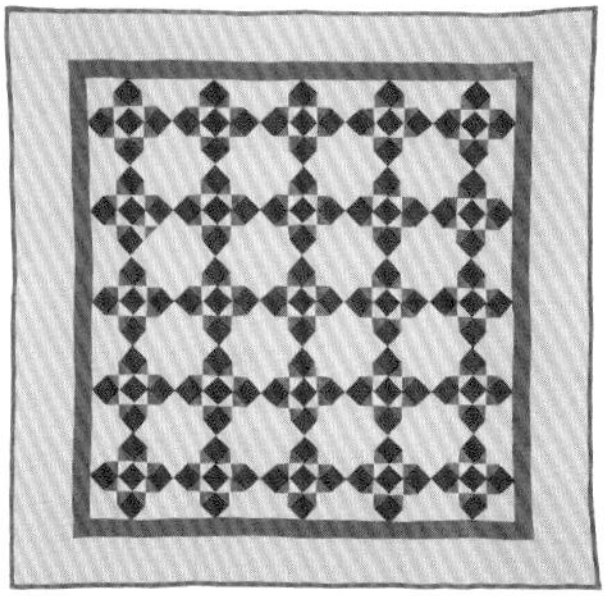
写真1-16右（p.40）

写真1-17右（p.41）

写真1-18上（p.43）

写真1-19上（p.44）

写真1-20上（p.45）

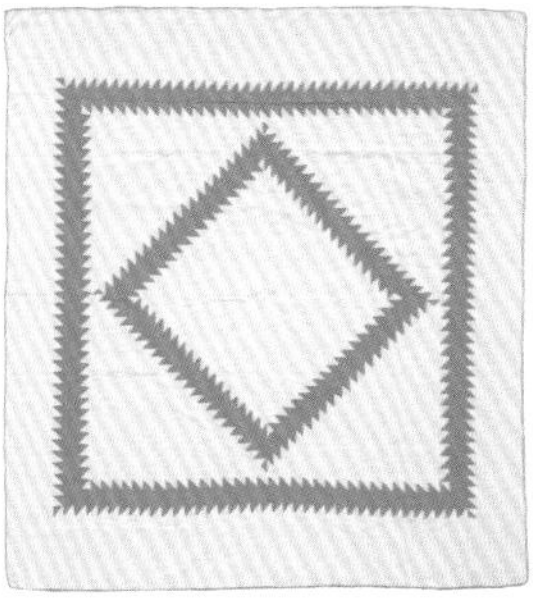
写真1-21（p.46）

写真1-22（p.46）

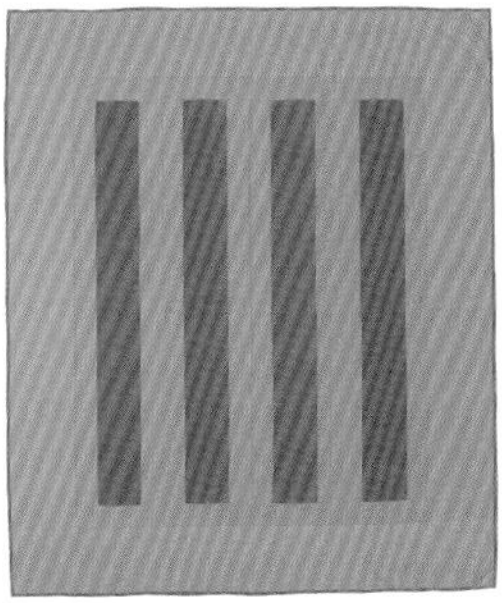
写真1-23上（p.47）

写真1-24上（p.47）

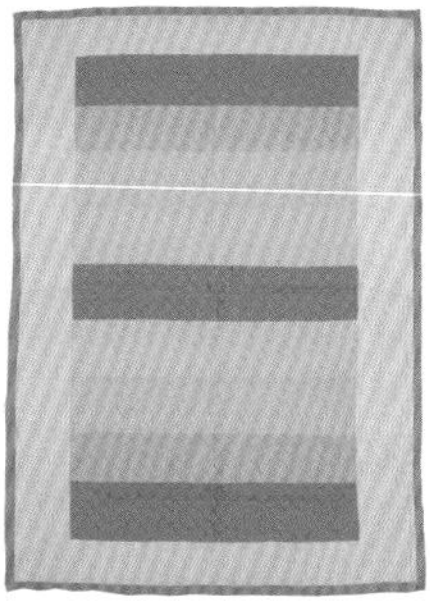
写真1-25上（p.48）

写真4-6上（p.108）

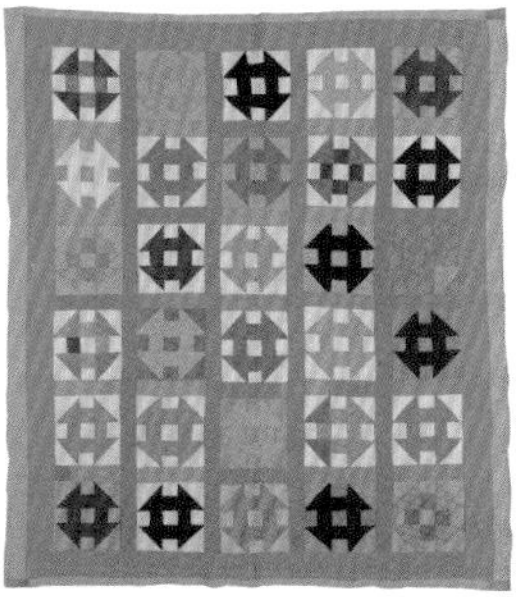
写真4-7上（p.109）

写真4-8右（p.110）

写真4-9上（p.111）

写真4-11上（p.114）

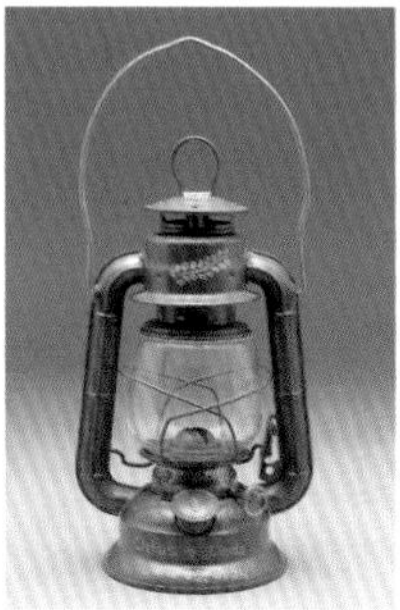
写真4-12（p.115）

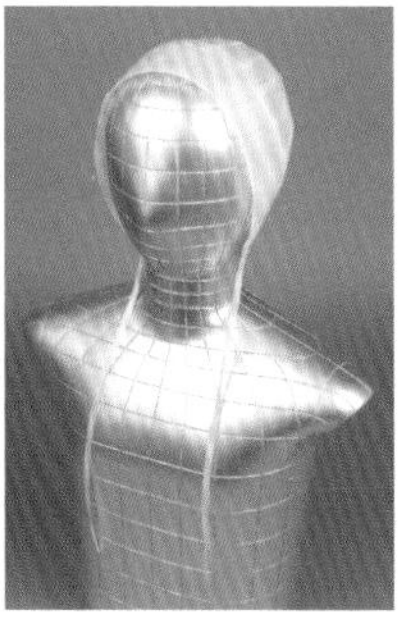
写真4-15右下（p.118）

写真4-15左上（p.118）

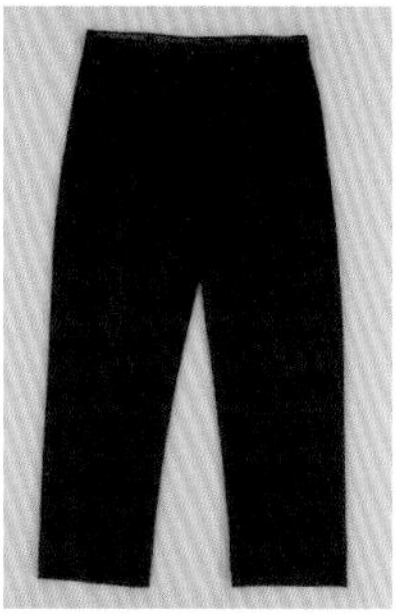
写真4-16右上（p.119）

写真4-16下（p.119）

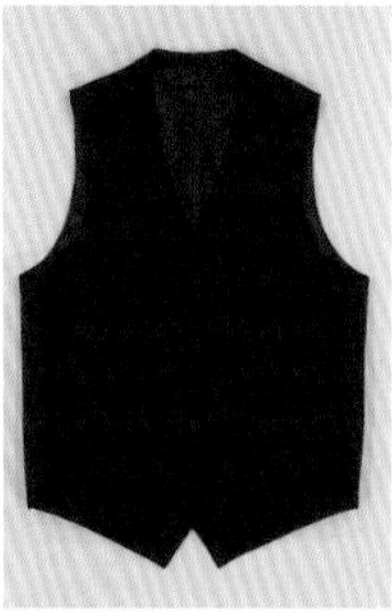
写真4-16左上（p.119）

写真4-17右（p.121）

写真4-17左上（p.121）

写真4-18（p.121）

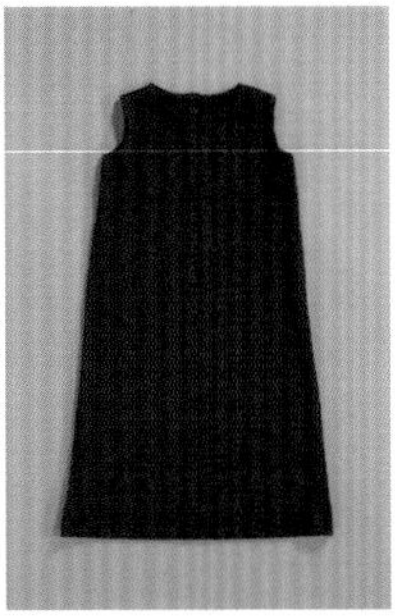
写真4-19左（p.121）

写真4-20（p.124）

写真4-21（p.124）

写真4-22上（p.126）

写真4-23（p.127）

写真4-24（p.127）

写真4-25（p.128）

写真4-26（p.128）

写真5-2（p.138）

写真5-3上（p.139）

写真5-4上（p.142）

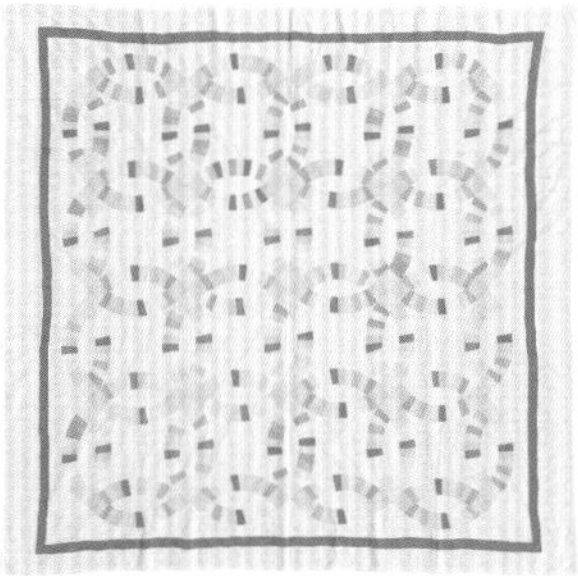
写真5-5上（p.143）

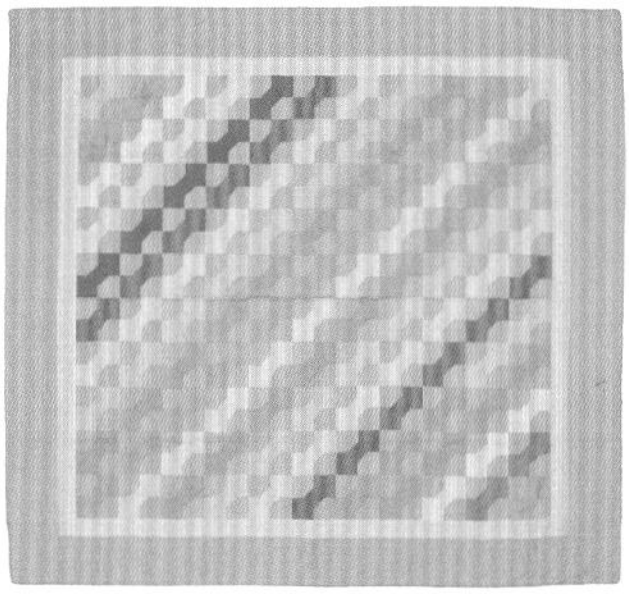
写真5-6上（p.144）

写真5-7（p.145）

写真5-8（p.145）

写真5-9上（p.147）

写真5-10上（p.149）

写真5-11上（p.150）

写真6-1（p.175）

写真6-2（p.175）

写真6-3（p.176）

写真6-4右（p.177）

写真6-5（p.177）

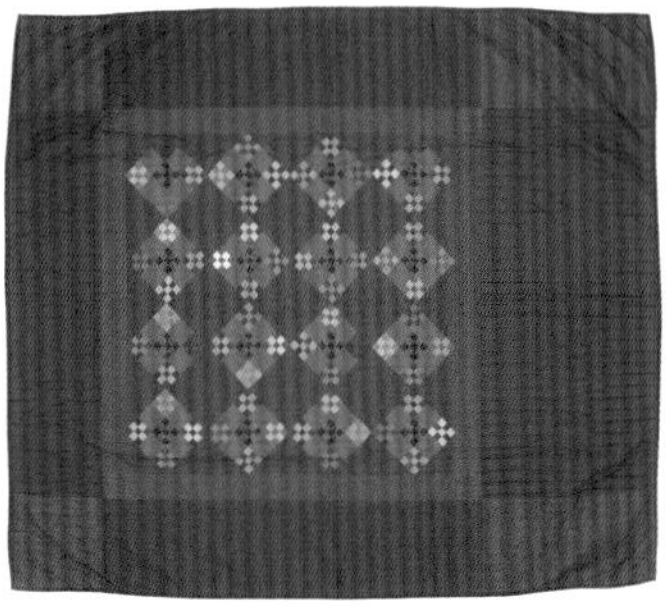
写真7-1右（p.206）

写真7-2（p.206）

写真7-5（p.208）

写真7-6（p.208）

写真7-7（p.209）

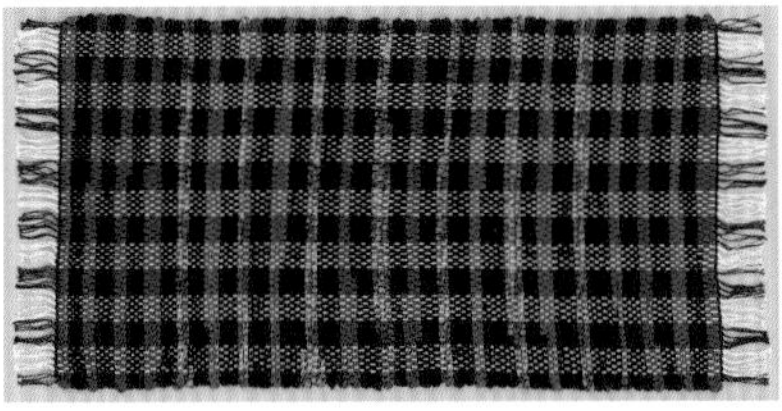
写真7-9（p.210）

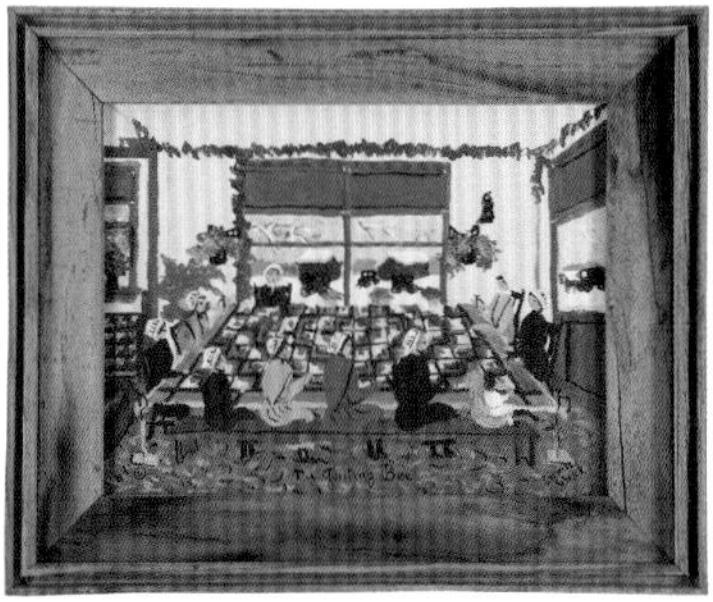
写真7-13上（p.216）

アーミッシュキルトを訪ねて

照らし出される日々の居場所へ

鈴木 七美

大阪大学出版会

はしがき

思い出せば、最初にアーミッシュ関連の品に触れたのは二〇〇九年秋のことである。初期再洗礼派の歴史研究者、ゴーシェン大学教授ジョン・D・ロスと立ち寄ったアーミッシュ農場の端に設けられた店で、中古品とみられる服を数点見つけたのだ（写真4－15）。店を任されていた若い女性は、ヘッドカバリングなどを丁寧に包みながら、結婚を控えた自分の毎日について話してくれた。服を仕立てるためのおびただしい種類の色の無地の布が並ぶ店を眺めながら、古くからのきまりを守り暮らしている人びとも、私たちと同じように店で買い物をしたり、裁縫が得意な人が作った服を購入したりすることもあるのだ、とアーミッシュの日常生活に思いを馳せた。二〇一〇年秋に初めて譲ってもらったキルトは、一九三〇年から一九四〇年代に作られたというアメリカンキルトだった（写真1－6）。飼料運搬用袋フィードサックの布も利用して丁寧に縫われたベッドカバーを眺めるたびに、キルトが人びとの思いや願いを浮かび上がらせるような気がした。その後も、アーミッシュキルトを含むアメリカンキルトや生活用品と出会う機会に恵まれ、少しずつ私のもとにやってきた情報と資料の一部を、企画展「アーミッシュ・キルトを訪ねて—そこに暮らし、そして世界に生きる人びと」(1)で提示した。本書は、その内容をもとに、キルトや生活用品にうつし出されたアーミッシュの暮らしと考え方を検討したものである。

アーミッシュキルトは、一九七〇年代に、ジョナサン・ホルスタイン（Jonathan Holstein 1936–）がペンシルヴェニア州のキルトの色とデザインに注目して以来一つのカテゴリーとして人気を博し、展示や販売がさかんになされてきた。一九七一年にニューヨークのホイットニー美術館でホルスタインとゲイル・ファン・

写真00-1　インディアナ州など中西部のアーミッシュキルトとその情報から構成されるインディアナ州立博物館のポッティンジャーコレクションの熟覧（インディアナ州インディアナポリス　2016年8月12日、鈴木公二氏撮影）

デ・ホッフが企画した最初の展示「アメリカンキルトにおける抽象デザイン（Abstract Design in American Quilts）」は、アートフォームや社会的なドキュメントとしてのアメリカンキルトの認知度向上に貢献したと評価されてきた。そこにはそのほとんどがペンシルヴェニア州からのものであるアーミッシュキルトもいくつか含まれており、多くの支持者を集めるようになったのである。[2] それにしたがって、商業的価値が付加されるものとなり、コレクターやディーラーなどによって熱心に探し出され、保存され、また新たに制作されてきた。

　ペンシルヴェニア州のアーミッシュキルトについては、アーミッシュが多く居住するランカスター郡在住のレイチェル・ペルマンとケネス・ペルマン、パトリシア・ヘアをはじめ多くの研究者・収集家が、キルトに関する歴史や現状について、現場に即して研究してきた。[3] ヘアは、収集家ジュリー・シルバーとも協力しつつ、ランカスターキルトテキスタイルミュージアム（Lancaster Quilt and Textile Museum）においてキルトを収蔵・展示することに尽力してきた。シルバーは、主としてランカスターのキルトを集めたエスプリコレクションのキュレーターで、アパレル企業として知られているエスプリ（Esprit DeCorp.）とサンフランシスコ美術館（Fine Arts Museums of San Francisco）の協働によって行われた展示「アーミッシュ：キルトのアート AMISH: The Art of the Quilt」（サンフランシスコ　一九九〇年）の共同キュレーターでもある。[4]

　中西部のアーミッシュキルトに関しては、オハイオ州アクロンのダーウィン・ビアリーが同州を中心にキルトを収集しカタログにまとめ、また、デヴィッド・ポッティンジャーが、仕事を辞めてインディアナ州北

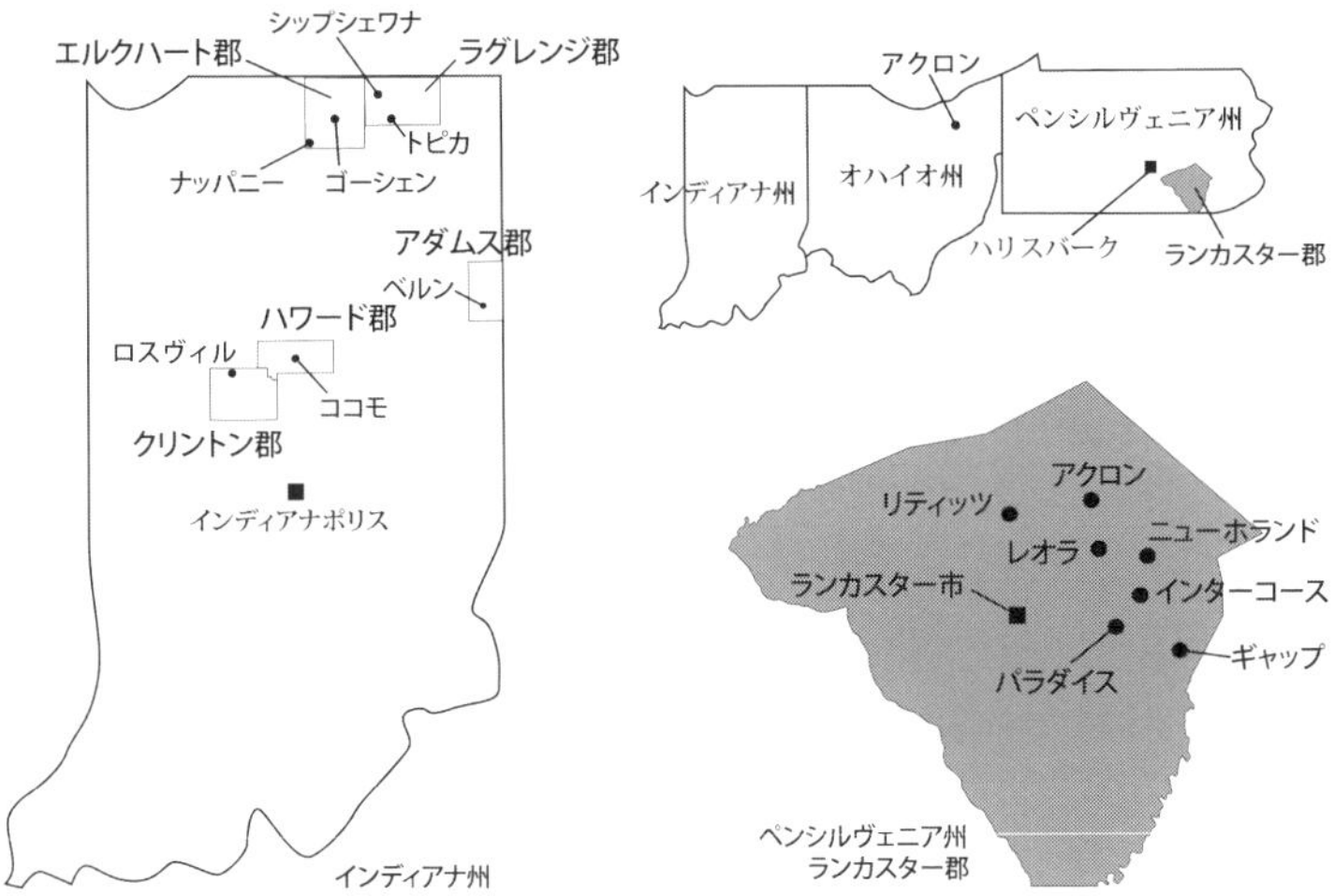

図00-1　アーミッシュキルトおよび関連品の主な収集地

部に移り住み、アーミッシュの家々を訪ねて収集したキルトコレクションが、インディアナ州立博物館などに収められている(5)。

二〇世紀後期以降、米国では、キルトに込められた文化を保存しようとする動きとして、キルトドキュメンテーション活動が各地で繰り広げられ、キルトの画像、情報、ストーリー（物語）が蓄積されつつある。デヴィッドの活動も、そうした動きと共通する部分もあると考えられる（図00－1）。

とはいえ、キルトの収集を本格的に始めた二〇一一年に最初に出会った印象深いことがらは、アメリカンキルトの研究者や収集家たちが、もうすでに一九世紀後期から二〇世紀前半期頃に作られた「良好な状態のアーミッシュキルトらしいキルト」は、博物館か熱心な収集家のもとにあり入手は難しいだろうと述べたことである。友人の紹介で最初に訪ねたペルマンらは、「アーミッシュチキン」と呼ばれる裁縫用具だったら手に入れることができるかもしれないと言ってくれて、まさにこれが筆者がペンシルヴェニア州で収集できた最初のものとなった（写真4－25）。その後、ヘアやシルバーが、ランカスターキルトテキスタイルミュージアムでアーミッシュキルトについて説明してくれたときにも、美しいステッチの鮮やかな色合いのキルトをかれらがかかわり収集してきたことをどれほど誇らしく思っているかが感じられたものである。

だが、二〇一一年のアメリカンキルトスタディグループの研究集会における展示会で、シルバーから、インディアナ州で一九二〇年頃に制作された小さなキルト（写真4－6）を譲ってもらった時、モノと人との出会いを大切に一つ一つ時間をかけて収集していこうと元気が湧いてきた。モンキーレンチヴァリエーションという工具をモチーフにしたパターンのこのクリブキルト（子ども用ベッドカバー）は、無地の深い青色などの布のなかに鮮やかな赤い小さい布が配され、丹念にキルティングのステッチがなされていた。

そして、二〇一六年の収集時には、女児用の後ろでとめるワンピースのようなさまざまなサイズの綿（コットン）のピナフォア（エプロンドレス）（例：写真4－19左）や青色のウールの女児用ワンピースドレス（写真4－20）を収集することができた。これらは、多くのアーミッシュが居住するインディアナ州北部シップシェワナでアーミッシュキルトとアメリカンキルトを収集してきたコレクター、ディーラー、そして研究者であるレベッカ・ハーラーのもとに、近隣のアーミッシュたちが持ってきてくれたものであった。六〇歳代のレベッカは（二〇二一年）、アーミッシュと同様の再洗礼派の一グループ、メノナイトで、この地域に根付いて生活してきたのである。

レベッカによれば、青色のワンピースには、飾りのような襞がついているのだが、子どもの成長にしたがってほどくことができるようになっていて、アーミッシュが重視する価値ゲラーセンハイト（永遠の結果に対する確信を神の摂理に委ねる姿勢）の実践としての簡素であることと矛盾しない工夫がなされているとみられるという（4－5、77－79、89－91、225頁も参照）。また、ピナフォアエプロンは、一九世紀から厳格派のアーミッシュが居住してきたインディアナ州ラグレンジ郡で一九六〇年頃に作られたもので、子どもがエプロンを必要としなくなったあとも、キルト作りのためにとっておかれたものとのことである。そして、これらの布はレベッカのもとにくる直前までは、キルト作りで知られるアーミッシュの女性サラ・ヨーダーが保存していた。サラは、家族のために服を作り、また、主としてアーミッシュ女性の古いドレスの布を利用して、キルトを作っている（写真4－16中、4－21）。同じように、二〇世紀初期の女性服など無地の古布を利用して、キルトを作り続けているのは、やはりラグレンジ郡に住むクララ・ボントラーガーである（写真7－7）。

他方ペンシルヴェニア州では、二〇一一年に、結婚の時に母親から贈られたキルトを、六〇歳代のアーミッシュの夫婦から譲り受けることができた（写真5－9）。一九七二年に作られたこのキルトは、ペンシルヴェニア州でキルトを作ってきたアーミッシュたちのあいだで人気のあるサンシャインアンドシャドウのパターンだが、二〇世紀後半には扱いやすい布としてアーミッシュも愛用してきた化学繊維が使われている。

こうしたアーミッシュが作るキルトには、自分たちの教会コミュニティで共有されている生活のきまりと矛盾しないかたちで、家族や知り合いのためや、また収入を得るために作るなど、かれらの置かれた状況や経験が映しだされていよう。そうだとすれば、キルトメイキング（キルト作り）にかかわる変化そのものも、アーミッシュが選び取ってきた暮らしのあり方（ways of life）とそれを支える考え方や物語を照らし出す大切な素材となる。

アーミッシュキルトとして脚光を浴びたものの多くはウールや綿（コットン）の無地のキルトである。二〇世紀には化学繊維も利用され、観光客など一般の人びとの需要に応えるためのキルトも作られてきた。アーミッシュのグループによっては、模様のあるキルトを自分たちのために作ることもなされてきた。筆者は、そうした変化のなかでアーミッシュがどのようにキルトを作ってきたのかに興味を抱いていた。アーミッシュは確固たる伝統的なキルトのパターンを持っていたという神話に縛られるのではなく、また、変化によってフォークアートとしての価値が減じてしまったという観点ではなく、どんなときにどんなふうにどんなキルトを、なぜアーミッシュが作ってきたのか、そこにみられる実践とその多様性を知りたいと思ったのである。

後述するように、アーミッシュキルトとして知られる無地の布を組み合わせたキルトが作られるようになったのは、一九世紀後半のことであり、社会変化のなかで、アーミッシュが異なる生活にかかわるきまりを選択したグループに分かれ、「オールドオーダーアーミッシュ」という生き方が強く意識され、新しい伝統が明確化した時期なのである。アーミッシュが特徴的なキルトを作るようになった経緯については、早い時期からアーミッシュキルトの歴史研究を精力的に行ったイヴ・グラニックの論考等を参照したうえ、新たに第一次資料を収集・確認し本書に反映するよう努めた。

各章で紹介する収集品は、素材や作られた経緯、そして収集家のもとに持ち込まれた経緯や筆者に譲ってくれた状況を、現場で聞き取り観察し、必要に応じて確認後、詳細に記した（アーミッシュキルトおよび関連品の収集地については、図00-1を参照）。多くのキルトとその情報収集においてとくに、インディアナ州在住で、近隣のアーミッシュたちと親交のある研究者・収集家のレベッカ・ハーラーおよびアメリカンキルトの研究者・収集家・キルト制作者ゼニア・コードの協力を得た。ゼニアは、ポッティンジャーの収集活動にも協力した経験をもつ。キルトをとおして、アーミッシュと交流してきたかれらもまた、アーミッシュキルト文化の一端を担っているといえよう。アメリカのさまざまなキルトメイキングの文化とアーミッシュのかかわりに関しては、とくにウェルシュ（ウェールズ）キルトとの関連について指摘しているドロシー・オスラーの論考を紹介した。

これらの作業をつうじて、アーミッシュのキルトメイキングは、かれらの生き方とその舞台となるコミュニティと深くかかわっていることが浮かび上がってきたが、それは、アーミッシュの暮らし方をめぐるストーリーメイキング（物語作り）とそれを伝える発信と感じられた。「世界と離れていること」「謙遜」などの実践として表現されるゲラーセンハイトを守る人びととは、日々の暮らしのなかで、信じる価値をさまざまな方法で伝え続ける人びとでもあるのだ。

目次

凡例

・写真撮影者について、特に断りのない写真図版については筆者による撮影である。

・Hで始まる標本番号付き資料は国立民族学博物館所蔵のものであり、許可を得て写真提供の協力を受けた。巻末表に資料の詳細を掲載している。同じ標本の詳細等の撮影は筆者によるものであり「(筆者撮影)」と記載して区別した。

・本書に記載している外国語にもとづくカタカナ語、人名は、初出で英訳を括弧内に併記した。

・本文中の引用は筆者の訳である。

・本書は国立民族学博物館にて二〇一八年八月二三日（木）～一一月二五日（火）に開催された企画展「アーミッシュ・キルトを訪ねて―そこに暮らし、そして世界に生きる人びと」の展示内容をもとに執筆された。この企画展を「展示記録パノラマムービー」にて、インターネット上でさまざまな角度からみることができる。ぜひ参照してほしい。

国立民族学博物館バーチャルミュージアム「展示記録パノラマムービー」

https://www.minpaku.ac.jp/panorama/amishquilt/quilt.html

序章

1　アーミッシュとアーミッシュキルト

「アーミッシュ（Amish）」と聞くと、みなさんはどのようなイメージを抱くだろうか。日本の街角でもみられる「ステラおばさんのクッキー」の素朴な味に魅せられた人もいるだろう。私は、気に入りのブラウニーやアンティー・アンのソフトプレッツェルが、アーミッシュにルーツをもつ人びとによって作られてきたと知ってから、かれらの文化にもっと触れてみたいと思うようになった(1)。

アーミッシュは二六〇年以上も前に信教の自由を求めてアメリカにやってきた。かれらは、現在も馬車（バギー（buggy））に乗って生活している。私は民衆健康運動の研究を始めた一九八九年に訪れたペンシルヴェニア州で、自動車の横をかたことと走る馬車を見て、とても驚いたことを覚えている。乗っていたのは、似通った無地の服装をしている人びとであった。かれらは、「オールドオーダーアーミッシュ（Old Order Amish）」と呼ばれる、再洗礼派（アナバプティスト（Anabaptists））のなかでも、その飾り気のない服装とシンプルな生活からプレーンピープル（簡素な人びと（Plain people））として知られている(2)。本書では、現代社会でかれらがイメージされ、しばしばそのように呼称されることから、「オールドオーダーアーミッシュ」を以下では「アーミッシュ」と記載することがある。

「再洗礼派」とは、キリスト教の教派のひとつである。アーミッシュの人びとの祖先も、一五二〇年代に中世ヨーロッパにおいて流れていた、キリスト教宗教改革の機運のなかで活動を始めた人たちであった。初期の再洗礼派の人びとのなかには教育を受けた者もいたが、かれらの再洗礼主義（再洗礼派の運動）は、キリスト教信教のありかたを問い直し、聖書にもとづく生活をすることを目指した、ふつうの人びと（民衆〈common people〉）による改革であった[3]。スイスやオランダ、ドイツ語を話す中央ヨーロッパなどを中心に活動したかれらの、際だった特徴は、学識のある司祭などを通すのではなく、誰もが聖書を解釈することに参加し、イエス・キリストの言葉と生き方を学び、神の恵みを得て信教することを自由意志をもって選び取ろうとしたことである。そして内面の変化や、信教を同じくするコミュニティ（教会共同体）は、外側からもわかる「徴《しるし》」をもつべきだと考えた。

この考え方は、再洗礼派の特徴として、洗礼（バプティズム〈baptism〉）のしかたにつながった。洗礼は、キリスト教への入信の際に行われる儀式であり、教派によっては親の信仰にしたがって幼児のうちに行われるのがふつうである（幼児洗礼）。だが、かれらは、神の教え、つまり聖書の解釈にみずから加わることができない子どもではなく、信仰を確信している大人のみが洗礼を受けるべきだと主張した。こうした再洗礼派の初期の信者は、幼児洗礼を受けていたとしても互いに洗礼しあったので、「再洗礼派」（再び洗礼をする者〈re-baptizers〉）と揶揄を込めて呼ばれるようになった。

再洗礼派のさらなる特徴として、信仰は、一生を通じて日々の生活の中で実践していくものだと考えたことである。それらはつまり、真実を伝えること、経済の共有など助け合うこと、平和主義（無抵抗・非暴力）などを守るコミュニティに生きることであった[4]。

平和主義を貫き軍事的および政治的活動への参加を拒否するなどした再洗礼派の人びとは、カトリックおよびプロテスタント正統派、そして世俗的な勢力から迫害され、フランス東部・東欧、ロシアなどに移動し

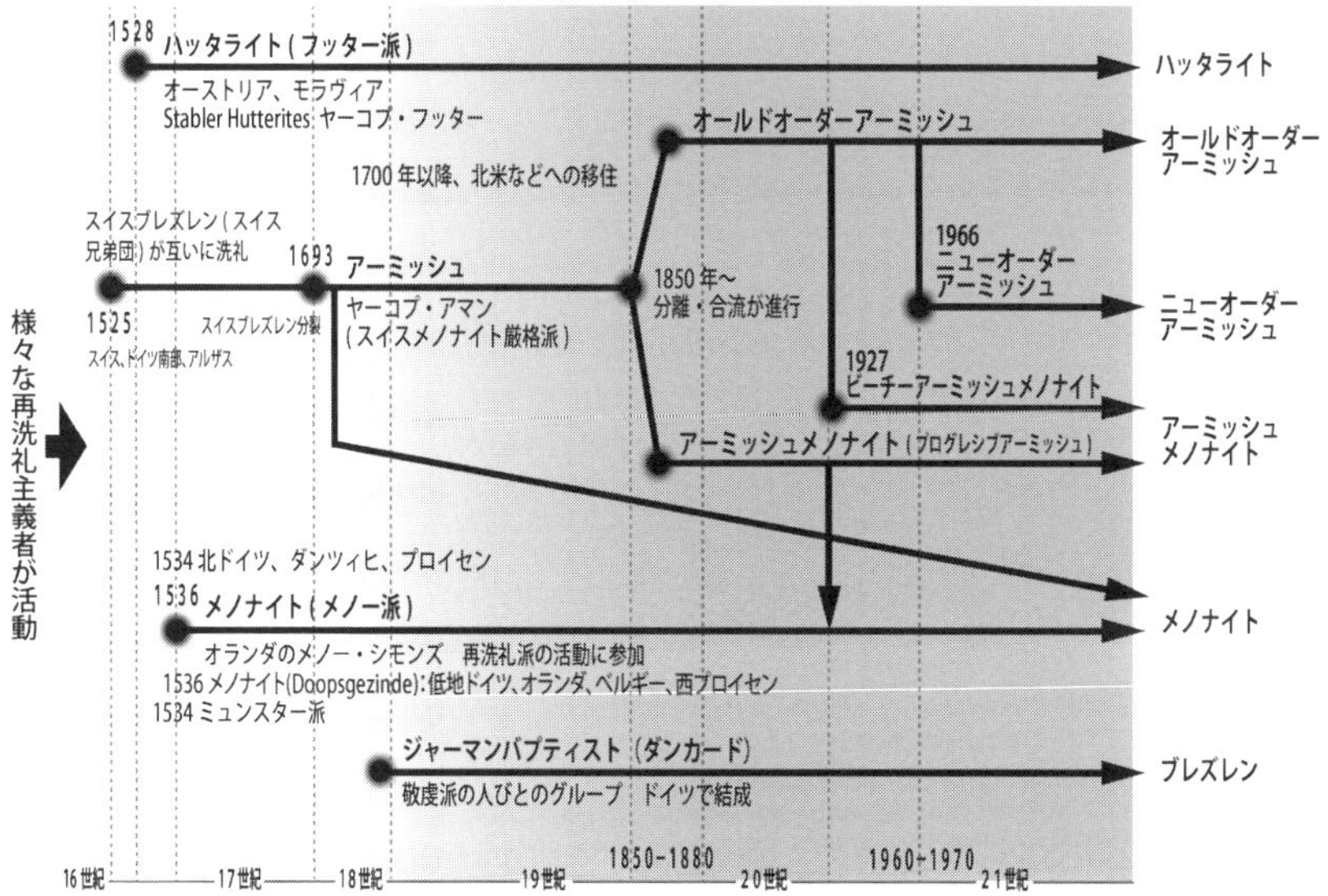

図0-1　再洗礼派の概略とアーミッシュグループの形成（Anabaptist Timeline, compiled by Schlabach, V. 1996. をもとに作成。ここで示したグループは、再洗礼派の一部である）

ていくこととなった。

　スイス系の再洗礼派（スイスブレズレン（Swiss Brethren）（スイス兄弟団））をルーツとするアーミッシュは、一七世紀末にあらわれた。かれらは、時間の経過とともに信者が初期の再洗礼派の信仰を忘れつつあるのではないかと危惧して厳しい生活実践を提示したヤーコプ・アマン（Jakob Ammann, 一六四四－一七三〇年頃）を支持した人びとである。イエス・キリストは最後の晩餐の前に一二人の使徒の足をひとりひとり洗った（ヨハネによる福音書13章）。これを「洗足」という。アマンは、信者のコミュニティが調和していることを示すコミュニオン（聖餐式（Communion）第2章4節参照）を増やし、信者どうしの洗足を徹底し、また、服装のきまりももうけた[5]。さらに、信者としてふさわしくない振る舞いをする人びとを教会コミュニティから除く破門（excommunication）にとどまらず、より広く生活全体にかかわる厳しい「シャニング（shunning）」（忌避（avoidance）あるいは禁止（ban）、ドイツ語ではMeidung）[6]の実践をも主張したのである。

　一八世紀以降、アーミッシュは、信教の自由と生活の安定などをもとめて米国に移動した。だが、かれらを待ち受けていたのは、価値観の変化やより便利なものの登場のなかで、どのように信仰を考え実践するのかという問題であった。一九世紀以降には、激変するアメリカ社会のなかで、かれらは、生活実践における厳格さの異なるいくつものグループに分かれていった。そして、最も厳格な生活を守る人びとがオールドオーダーと認識されるようになったのである。この、かれらが、馬車を使い続ける一般にアーミッシュと呼ばれる人びとである（図0-1）。

アーミッシュのあいだでは、「ゲラーセンハイト（ドイツ語 Gelassenheit Geh-lah-sen-hite と発音する）」が重要な価値とされている。独和辞典には、「冷静」「沈着」「平静」などの意味が掲載されている。(7) このドイツ語をおおまかに英語に訳すと、服従（submission）や屈すること（yielding）を意味するとされる。

「自己の降伏（self-surrender）」
「神の意志に従うこと（resignation to God's will）」
「神と他者への譲歩（yielding to God and others）」
「苦難を厭わない（willingness to suffer）」
「自己否定（self-denial）」
「満足（contentment）」
「穏やかな精神（a calm spirit）」

など、さまざまな意味をもつ弾力的な語である。この語は日常会話ではあまり使われないが、アーミッシュの語彙の中には、従順（obedience）、謙遜（humility）、服従（submission）、シンプルであること（simplicity）、プレーンであること（plainness）といったゲラーセンハイトを表現する意味を持つ言葉がたくさんある。(8)

これは、聖書の教えを生活のなかで目に見えるかたちで実践していくという、オールドオーダーの人びとの考え方が基底にあることを示している。第4章以下でもとりあげるが、簡素（plain and simple）であることや謙遜が聖書に従う日々の生活の具体的な指針とされている。[9] それは、装い、家のたたずまい、装飾（化粧・装身具）やテクノロジーを避けることなどによって表現されてきた。かれらは今も緊急時を除いて電話を使用せず、電線からの電気も使用しない。また、無地の装いをして装飾的な調度品をもたない。このように贅沢や華美を慎むなかで、オールドオーダーアーミッシュの人びとは、主として無地の布を用いて、ベッドカバーなどの実用品としてキルトを作ってきた。

キルトとは、二つの布のあいだに、内層としてバッティング（中綿や布など詰め物）をはさみ、ともに縫い合わせたものである。十字軍が、防護用にキルティングした衣服を用いていたように、武具（防具）をはじめとして広く利用されてきた。いくつもの布を接ぎ合わせた表布を用いるものは、パッチワークキルト（patchwork quilt）と呼ばれる。

パッチ（patch）という名詞は、（つぎはぎ用の）布片、つぎ、（patchwork 用の）布切れを、パッチワーク（patchwork）は、パッチワーク（いろいろな形・色の布や皮の接ぎ合わせ細工）、寄せ集め、ごたまぜ、やっつけ仕事、そして、パッチワークキルトは、パッチワークで作ったキルト、寄せ集め、ごたまぜ（patchwork）などを意味する。[10] このように辞書的な意味からは、毎日の生活のなかで継ぎをしなければならないものや、そのままでは小さすぎるようなものを合わせて使えるものにする細工や工夫が感じられる。パッチワークは、しばしばパッチワークキルトを指し、布を継ぎ合わせることによって思いがけないデザインの手芸品が生み出されてきた。

パッチワークキルトは最もアメリカ的な性格を持つと言われ、ピースドキルト（pieced quilt）とアップリケキルト（appliqué quilt）に大別され、布の合わせ方にも創意工夫がなされてきた。大切にスクラップバッグに保存してあった大小さまざまな布を生かせることもあり、米国ではさかんに作られた。

アーミッシュも、アメリカのキルト文化興隆のなかで、一九世紀後期以降、キルト作りを始めた。そして、とくに一九世紀から二〇世紀前半に作られたものは、幾何学模様のアーミッシュキルトとして知られるようになったのである。衣服とは異なり、通常、キルト布に関する直接的な規則はみられないが、アーミッシュは教会コミュニティの状況を考慮して布の色やデザインを選択してきたといわれる。人や物などかたちを整えた布を土台の布に縫い付ける華やかなアップリケキルトはアーミッシュのあいだではほとんど作られてこなかった。だが、アーミッシュキルトは、布の組み合わせが生み出す鮮やかな色彩のコントラストとデザインや丁寧なステッチのキルティングで、二〇世紀後半以降、米国のフォークアートの一つとして人びとの注目を集めてきた。

2　キルトと居場所

筆者もアーミッシュキルトの、ときには力強く、またときには明るく語りかけてくるような生き生きした感じに心惹かれてきた一人だが、かれらのキルト作りに興味を抱いたきっかけは、居場所と深くかかわっている。

2－1　キルト作りの集まり――キルティングビー

長年、キルト作りは賑やかだという印象を持っていた。行く先々で人びとが表布、バッティング、裏布を縫い合わせる仕上げのキルティング作業に遭遇したからである。

写真0-1　キルティングビーに集まったアーミッシュの女性ボランティア（カンザス州ヨーダー　2009年10月27日撮影）

米国中西部ケンタッキー州では二〇世紀後期にも、この集まりはかわらず続けられてきた。集まりの詳細を記述したキルトと歴史の研究者メアリ・クラークは、家族・親族や友人、そして教会や地域などのための協働として行われてきたその集まりは、とくに女性たちにとってソーシャルギャザリング（親睦会（social gathering））として、話をしたりもちよりの食べ物を楽しんだりする、ポットラックの大切な機会であったと回顧している。食事には、家族など男性たちも加わり、華やいだ一時を皆が共有することもあったという。[11] こうした集まりでの、おしゃべりの賑やかさは、蜂が飛びかうようだともいわれ、「キルティングビー（quilting bee）」あるいは「キルトビー（quilt bee）」と呼ばれる。

一九世紀米国の開拓地では、手仕事とともにあった女性たちのこのような交流はさかんに行われていたことが知られている。米国の特徴とされるパッチワークキルトは、布が稀少であった地域で、端布を女性たちが互いに融通し合って作ることも多く、キルティングビーは、まさにソーシャルギャザリングへの歓待（a welcome）の機会でもあった。二〇世紀後半のイリノイ州の開拓地で育った再洗礼派の一グループ、メノナイト（Mennonite）のマリリン・リスゴーは、米国やヨーロッパの都市部で暮らすようになるまで、キルティングビーは彼女にとってどこでもみられるあたりまえの光景であったと報告している。[12] そして、このキルティングビーは、再洗礼派の人びとのあいだでは、贈り物や支援のための募金用キルト作りとして、いまでも日常の中に組み込まれている。そうした雰囲気のもとで、さまざまな女性たちが今も心地よい居場所を得ているように感じられるのだ。

写真０－１は、キルティングビーをしているカンザス州のオールドオーダー

写真0-2　継続ケア付きリタイアメントコミュニティ（CCRC）でパッチワークキルトを作る再洗礼派メノナイトの女性（米ペンシルヴェニア州リティッツ　2008年11月19日撮影）

アーミッシュの女性ボランティアである。彼女たちは毎週水曜日の午前中に定期的に就学前の小さな子どもたちを伴って集まる。募金用キルト作りなので、プリント柄の布も使用して華やかなキルトを仕上げている。

2-2　一人で作るキルト

キルトによって広がる気遣いなく過ごせる場所として印象的だったのは、ペンシルヴェニア州の継続ケア付きリタイアメントコミュニティ（CCRC：Continuing Care Retirement Community）である。玄関の傍らのスペースで、住人の高齢者が熱心にキルティングをしていたのである。この女性は、時折行き交う人びとと言葉を交わしながら、ゆったりとキルトを作り続けていた。キルトフレームがそのスペースを緩やかな共有の場としているようだった。

この住居施設は、再洗礼派のグループのひとつ、メノナイトが運営している。メノナイトという呼び名は、一六世紀に再洗礼派の運動に加わり指導的役割を果たした一人、オランダの元カトリック司祭メノー・シモンズ（Menno Simons 1496–1561）の名にちなんだものである。メノナイトは現代的な生活様式を適用している人びとから馬車を使うオールドオーダーメノナイトの人びとまで多様性に富んでいるが、再洗礼派に共通の価値観であるゲラーセンハイトにかかわる、簡素であることや手作りする習慣を、変わらず大切にしている。時間をかけて懸命に物づくりをすることは、コミュニティや家族のために働く（work）という、ゲラーセンハイトの一つの表現でもあるとされる。[13] 二〇世紀への世紀転換期頃に制作された、メノナイトのキルトはアーミッシュのものと似ていたが、その後のキルトには明るい色やプリント柄が加えられてきた（写真5–19）。この施設にはメノナイトのみが居住しているわけではないが、高齢者住居に移動してもキルト作り

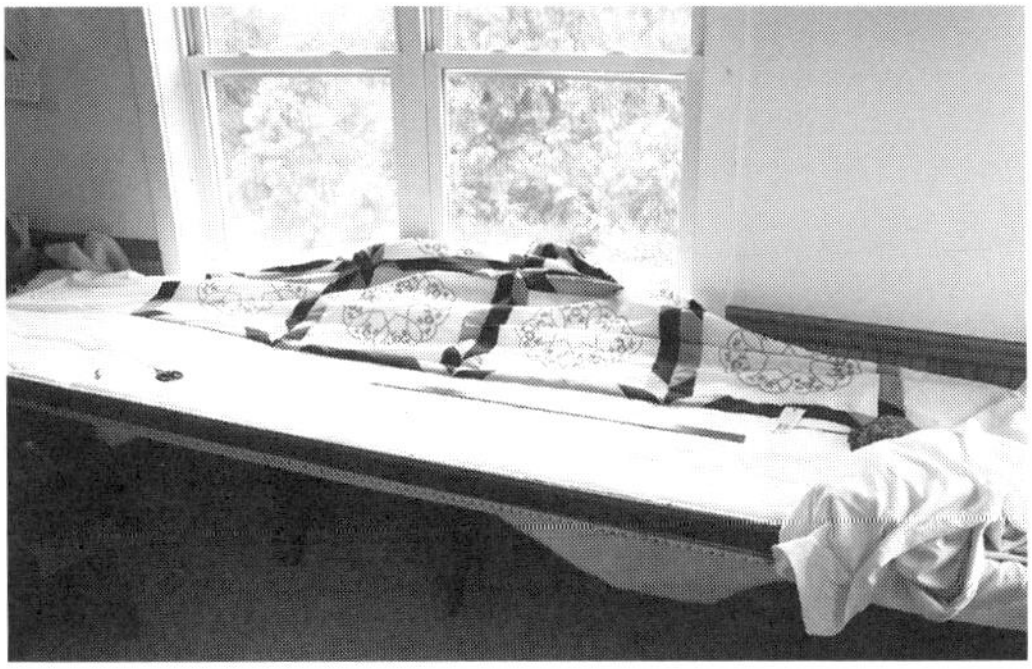
写真0-3　オールドオーダーアーミッシュの家の居間の窓辺にあるキルト制作の場（ペンシルヴェニア州ギャップ　2011年9月25日撮影）

を続けたい人のために、「キルティングルーム」も設けられている。

さらに、私がキルト作りに惹かれたのは、一人で作業する場にも意味があり、それを支える人間関係や環境があると感じられたからでもある。

ペンシルヴェニア州のオールドオーダーアーミッシュ夫妻の家のキルト制作の場は、居場所を考えるうえで印象深いものであった（第5章3－1も参照）。居間の窓際に設えられたキルトフレームは、家に一時期滞在している同じ教会メンバーの女性が、商品としてのキルトを制作する仕事の場所である。家族との関係が思わしくないことから、この夫妻が預かっているこの女性は、誰ともあまり言葉を交わさない。だが、庭に通じるドアと家の前の道路を見渡す明るい窓辺に座ってこつこつ仕事する彼女の周りには、いつも人びとの気配がある。キルトフレームは、彼女が安心できるもう一つの場所を示しているように感じられたのだ。

一般社会から距離をとり、主として都市郊外で生活してきたアーミッシュにとって、二〇世紀後半の観光化は、一方で、生活環境の変化という問題を投げかけてきた。他方で、人気のあるキルト作りは、主として家庭のなかで活動してきた女性たちが、収入を得てさまざまな人びとと交流する機会をもたらしてきた。そうした時空間を支える場は、このようにささやかなものだが、アーミッシュの人間関係のとりかたや暮らしの習慣があってこそ、この女性はこの場を得ることができるのだと感じたのである。

「ひとりぼっち（lone）のキルター（キルト制作者）」に関しクラークは、ケンタッキー州の田園地方の一八九一年生まれの女性のキルト作りを次のように描写している。

一九七〇年代に、一九一八年から住み続けていた家で、彼女はいつもベッドとテレビのあいだのストーブのそばに座り、テレビや窓の外が見られるところでキルトをつくっていた。先を急ぐようなことなく、しばしば鳥の餌やり台や、小道をとおる車や人に目をやる。キルトは、テレビをみたり、犬の餌やり、料理、火の世話（tend）などの家事と同時進行である。訪問者とは、針仕事を続けながら話す。とっておいた布で、日常生活で利用できる「かわいい（pretty）」ものを作る活動は、最も居心地のよい部屋で、外でする作業が少ない冬という季節感とともにある。(14)

火の世話などの家事と同時進行で行うキルト作りは、日常生活のなかでさまざまなものや人に対して必要な働きかけをすることと、楽しみや喜びが無理なく当たり前のように結びつく実践とみられる。

後に述べるように（第6章5節）、実は、アーミッシュもこのテンド（tend）という言葉を、コミュニティの世話という意味で語っている現場に居合わせて、私は強い印象を受けていた。英語の "tend" には、「〈病人・子どもなど〉の世話をする、看護［介抱］する、〈家畜など〉の番をする、〈植物などを〉育てる、栽培する、〈機械など〉の手入れをする」などの意味がある。(15)自分が生きていくにあたって大切な人や動物、そして周りのさまざまなものについて、気を配り世話する行為を包括しているといえよう。

こうした日常生活における多方面に振り向けられるケアの束は、どこに居ても人びとが不断にホーム（home）や居場所を作り続けることにかかわっていると考えられる。たとえば、終末期にある人びとにとっての住処について検討したレンスキー・ヴィッサーは、「家（house）をホームにするのは、「ホームメイキングの実践」であり、これらの慣行は、家が安全で快適に感じられるようにする習慣やルーチンを指し、料理、掃除、趣味の練習などの日常的な活動が含まれる」、と説明している。(16)先の引用では、キルト作りは、居場所作りに結びつく可能性のある、生きていく上で不可欠の常に行うべき気配りと平行して行われる楽しみや喜びの領域を示しているように感じられる。

このようにして、キルトに関する記述や、キルトを作る人びととの出会いは、キルト作りはかれらにとってどのような意味があるのか、と筆者が考えるきっかけとなった。一人でも孤立しているわけではなく、数人でいても話しても話さなくても構わない穏やかな時間。柔らかな陽光とともに思い出されるこれらの経験から、キルトを作ること、あるいは、キルトのある暮らしは、変化のなかで人びとが居場所を得て暮らすことを助けるのではないか、というテーマが私の心の中にかたち作られていった。この世に一つとして同じキルトは存在しない。針を動かし新しい唯一のキルトを生み出す活動のなかに、居場所が広がるのではないか。多様な生きる場を日常のなかで豊かにもたらすキルトの可能性を感じたのである。

3　ともに生きる人びとの居場所とは

一九九九年以来、私は、アーミッシュや他の再洗礼派の人びとを主としてペンシルヴェニア州やインディアナ州、そしてカナダのオンタリオ州に訪ねてきた。私が、再洗礼派の暮らしに興味を抱いてきた理由の一つは、オールドオーダーアーミッシュの伝統を守る厳格な生活のスタイルは、ただ古くからあったものを継承しているだけなのではないということを、先行研究の文献のみならず、さまざまな人びとと交流しキルトを収集する過程で見いだしたことである。かれらの伝統は、かれらを取り巻く社会の変化のなかでも自分たちで常に作りつづけてきたものであった。再洗礼派の生活に関するフィールドワークをしてきて感じていたこうした事柄は、調べていくうちに、アーミッシュキルトに関しても同様で、やはり社会の変化のなかで、その特徴が作られてきたものだということがわかってきた。

アーミッシュは、一七世紀末に組織されたときも、また米国移住後も、初期の再洗礼派の信念を重視してきた。それらは、謙遜な人であること、平等で調和したコミュニティで信仰にもとづく生活を支え合うこと、信仰を生き方で明示することなどである。だが、実際どのような暮らし方を選択するのか考え方の違いが表れるなかで、地味であることや統一性を表現するために同じような服装をすることをはじめとして、新しいきまりが作られてきたのである。米国移住後には、社会の変化を取り入れるグループが現れ、一九世紀半ばに、古くからの伝統を守り変化に慎重な人びとが自分たちをオールドオーダーアーミッシュと呼ぶようになった[17]。そしてかれらのよい生き方（ウェルビーイング）をともに遂行しようとする決意が、この時期にかれらが作り始めたキルトにも反映されているのである。この点を明確に照らし出すために、とくに第2章で、ヨーロッパで生まれたアーミッシュや米国のオールドオーダーアーミッシュの価値観と深くかかわるものとして、初期再洗礼派の考え方やそれをめぐる議論について、資料にもとづき検討する。

私が再洗礼派の人びとが辿ってきた道に深く興味を抱くようになったもう一つの理由は、生活そのもので表現するアーミッシュの生き方は、いつも新しい状況の中で指針を模索する私たちにも手がかりを与えてくれそうだと感じたことである。現地調査で強く印象を受けたのは、世界から距離をおいているようにみえるアーミッシュは、実は、さまざまな回路を通じて、世界とつながっているということであった。アーミッシュは、学校教育の期間を制限していることや、平和主義の実践から、一般社会との間に軋轢を経験してきた。だが、諦めずに自分たちが信じる生き方を追求したかれらは、一般社会に大きな影響を与えてもきたのである。アーミッシュが選択してきた暮らしは、アーミッシュ以外の再洗礼派の人びとや一般社会の人びととの議論や齟齬、調整やそれぞれの変化なしには実現し得なかったものである。

二一世紀はじめより、社会の少子高齢化という認識のもとで、国内外で「エイジング（エイジ）フレンドリーコミュニティ」という語が注目されてきた。「高齢化対応型地域社会」「高齢者の特性を考慮した」（厚生労働省）などの意味と認識され、高齢者が暮らしやすい地域のありかたを模索するさまざまな研究や実践が進められてきた。そのなかで、浮かび上がってきたのは、高齢者にとって住みやすい地域の創出は、すべての世代にとって、心地よい暮らしの場の探求なくしてはありえない、ということである[18]。常に変化のなかにあるエイジング（老化）の過程を歩む私たちが、豊かな生を養う養生を考えるにあたって、アーミッシュの実践はいくつもの道標を与えてくれるに違いない。実際、アーミッシュたちの暮らしは年を重ねるエイジングという人生の歩みの中で、誰もが役割を持ってお互いの世代を支えて暮らすコミュニティを模索し世話する実践のなかで営まれてきた。

高齢社会にかかわり、二〇世紀後期より、「エイジングインプレイス」というしばしば地域居住と訳される言葉が広く唱えられるようになったが、「高齢者が安全かつ自立して地域に住み続けること」（国土交通省）などの表現にみられるように、そこには、高齢期にあっても住み慣れた家や地域に暮らしたいという人びとの願いが込められている。だが、ただ単に一つの場や地域に固執すれば、それが叶わないときには逆に人びとは悲しみに陥ることになる。そもそも、「慣れ親しんだ」と表現されることの内実として重要なのは、人びとをとりまく人間や環境というコミュニティのなかで孤立していると感じることなく、多様な交流ができる可能性だろう。高齢者が、そして誰もが、人に見守られながら自分たちの居場所をつくり、自分の生き方を実践するためのコミュニティはどのようなものだろうか。

アーミッシュを含む再洗礼派の人びとが創りだしてきた居場所は、一つの場所にこだわることなく、生き方を大切にして選び取られてきた多様性に富むコミュニティのなかに位置づいてきた。そうしたコミュニティは、工夫して編まれてきたものである。小さなコミュニティに暮らす人びとは、何を大切に守ってきたのだろうか。それは現代社会に生きる人びとにいかに共有されうるのか。本書は、このアーミッシュキルトを作る人びとの歴史やそのキルトから、アーミッシュの暮らし方を照らし出そうとするものである。アーミッシュに特徴的なキルトがどのように生まれたのか、そしてキルト作りにどのような意味が込められてきたのかを辿ることによって、さまざまな世界とのかれらの交流とその現代における展開を検討する。同じような服装をして、馬車を使い続けるアーミッシュは、特殊な人びとなのか、それとも、私たちと共通性があるのか、それを考えていきたい。それは、現代に生きる私たちの居場所の可能性を照らし出すことにつながるだろう。アーミッシュを含む再洗礼派の人びととの交流にもとづく情報・資料と参与観察、そして、かれらによって書かれてきた第一次史料を、かれらの声を反映するものとして、検討する。(19)

第1章　アーミッシュキルトにかれらの暮らしを感じ取るために

今ではキルト作りはアーミッシュの文化の一つのように感じられるが、実際には、一八世紀にアーミッシュの家族がヨーロッパから北米に移住し始めたとき、かれらはキルトの掛け布団もキルト作りのノウハウも持ち合わせてはいなかった。アーミッシュの女性は家族の衣服や家で使うさまざまなものを作るために裁縫の技術を持ってはいたが、かれらの出身地であるヨーロッパのドイツ語圏では、キルトの掛け布団は伝統的なベッドカバーではなかったのである。けれども、最初のアーミッシュの家族が北米にやってきてから一世紀半も経たないうちに、アーミッシュの女性たちはキルトを作り始めた。その詳細は不明のままだが、一九世紀のアメリカにおけるキルト作りとアーミッシュ文化の中での革新と適応のプロセスを理解することで、アーミッシュのキルト作りの起源について推測ができるだろう。キルト作り自体は何世紀もの歴史を持つものだが、アーミッシュにおけるそのルーツは、一九世紀後半に多くのアメリカ人女性の間で流行していたキルト作りにある。この時代のアメリカのキルトは、工業化と商業化のただ中で生じた、シンプルな時代への郷愁とかかわっていると指摘されている(1)。本章では、アメリカンキルトとともに、幾何学模様で知られるアーミッシュキルトを紹介し、キルトにうつしだされたかれらの考え方を検討する。

1　アメリカンキルト

キルトは、世界各地で、身を守り、温かさや心地よさを加える服、寝具、クッションなどとして使われてきた。現在は各地の伝統から生まれた色や柄、技法などにより、ヨーロピアンキルト、アメリカンキルト、ハワイアンキルトなど、さまざまに発展して知られている。キルトの起源を明確にすることは難しいが、装飾が施されたかたちとしては、一一世紀から一三世紀にかけて、十字軍の時代にアジアからヨーロッパにもたらされたと考えられている。

英国では、一三世紀末には、キルトが家財の一部として記載されている。一七世紀までには、キルトされた男性、女性、そして子どもたちの服は、一般的になった。一八世紀には、贅を凝らしたキルトのペチコートも作られ、キャップ、ジャケット、そしてベストもキルトされ、刺繍がなされた。一八五九年の『メリアム・ウェブスター辞典』には、キルトとキルティングについて記載があり、すでにキルト作りがいかに広く知られた知識となっていたかがうかがわれる。[2] 一九世紀と二〇世紀には、米国でキルトがさかんになり、一つのアートのかたちと捉えられるようになった。

1-1　一九世紀に花開いたキルト作り

アメリカの植民地時代、独立戦争時代、共和国初期のキルトは、ほとんど残されていない。植民地時代のアメリカでは、ヨーロッパとくに英国やオランダからやってきた移民たちがもちこんだメダリオンやモザイクのパターンなどのキルトの伝統が引き継がれていた。一八三〇年頃までは、趣向を凝らしたデザインのキルトは、布を手に入れて手芸をする余裕のある上流階層や上中流階層の人びとによってなされたと推測されている。

一七八〇年から一八七〇年頃の米国は、都市化、産業化などの大きな変化の時代で、ヨーロッパからの移民によってとくに東部では人口が増加した。鉄道も整備され、西部への移動もさかんとなった。人びとはキルトを携えていき、手紙やメモでも伝えられたキルトパターンは、家族や親しい人のあいだで共有され、移住経路に沿って広がっていった。

一八世紀最後の四半世紀と一九世紀最初の四半世紀のキルトの増加は、技術革新によって布が手に入るようになったことと関連している。一九世紀初頭には最初の綿織物工場が作られ、半ば以降には、プリント技術も向上し布地が低価格で入手できるようになった。キルト作りは消費文化の興隆とともに「民主化され」、一八三〇年から一八七〇年ごろには中流階層（ミドルクラス）の女性たちが広く行う手芸となっていった[3]。一八五一年に発明されたミシンも利用されるようになると、一八七六年のフィラデルフィア万国博覧会には、多くのキルトが出品された[4]。とはいえ、こうした変化に対して、日常生活において不可欠の縫い物とは異なり、パッチワークキルト制作のために布を切り刻みまた縫い合わせるという点が、著名な女子教育者リディア・マリア・チャイルド（一八〇二―一八八〇年）などから批判されることもあった[5]。

技術革新や工業化によって、家の外で賃金収入を得る中流階層の人びとが増加し、社会の近代化のなかで、家族やコミュニティのモラルを守る者としての女性の役割が注目されるようになった。しかし、こうした家庭中心の役割の一方で、教会やコミュニティにおける活動資金を得たり、支援を必要とする人びとへの寄付金集めのためにキルトを作ったりなどの活動は、キルトを通して社会参加し信条を発信する女性たちの領域を広げていった[6]。

アメリカにおいて、社会や政治に関する考え方を表現するキルトとしては、たとえば、南北戦争の時期に、戦いに勝利することを願って「V」の字をデザインとして刺繍した「ビクトリーキルト」や、奴隷制度反対

写真1-1　百年祭の頃のアメリカンキルト（レベッカ・アートアンドキルト所蔵（インディアナ州シップシェワナ 2012年9月27日撮影）

を表明したキルトがある。このタイプのキルトは、主張を明示する柄やステッチを入れ、運動を支える資金を得るために作られる場合も多かった。愛国心を示したり国の安寧を祈ったりする「ナショナルトリビュートキルト」もその一つとして作られてきた(7)。歴史上の人物を縫い込んだものもキルトの一つのデザインとなっている。写真1－1のキルトには、米国初代大統領ジョージ・ワシントンをプリントした布が使われている。布は一八八六年頃のものである(8)。

布を縫い合わせるパッチワークキルト

アメリカで使用されている用語「パッチワーク」は、ピースドキルトとアップリケキルトの両方を意味している。パッチワークキルトは最もアメリカ的な性格を持つと言われる(9)。

布をつなぎ表布を作るパッチワークキルトには、モノを大切にしようとする考え方や工夫が表現されている。前述（はしがき　vi頁）のレベッカ・ハーラーによると、服を二〇年着用してから、タオルあるいはカーテンの布地として使い、さらに、ソックスやミトンを経て、キルト用端切れになることもあるという。つまり布が生産されてから五〇年後に初めてパッチワークした表布を使ったキルトとして生まれ変わることもあるというのだ(10)。

ピースドキルトトップ（表布）は、幾何学的な形でカットされたパッチと呼ばれる布の断片を縫い合わせることによって作られている。初期にウール（羊毛）そしてのちには主に綿の表布で作られたピースドキルトは、一八〇〇年以降のほぼすべての時期において、代表的なキルトスタイルであり続けている。

アメリカンキルトのなかでも、独特なスタイルをもつピースドキルトとして、ログキャビンキルトやアーミッシュキルトが知られている。[11] 後述するように、アーミッシュは、一九世紀後期になって、スロースターターとしてキルト作りを始めた。アーミッシュのキルトはアメリカンキルトに含まれるものだが、一つのジャンルとして認識されしばしばアーミッシュキルトと呼ばれている。アーミッシュキルトは、一般にアーミッシュが作ったと考えられるキルトを指し示し、それらは、作り手や色使いとデザインやパターンを合わせて、「アーミッシュログキャビンキルト」のように呼ばれることがある。観光用などにアーミッシュらしいデザインのキルトがさまざまな人びとによって制作されることもありうるが、本書で紹介するキルトは、聞き取りや資料にもとづき、アーミッシュの中でもシンプルな生活スタイルに関し厳格なきまりを守っていることで知られるオールドオーダーアーミッシュによって制作されたことがわかっている（一部は推測される）ものである。

ログキャビンのキルト

「ログキャビン」（丸太小屋（Log Cabin））と呼ばれるピースドキルトのパターン群は、新たな土地に移り自分たちでログ（丸太）を用いて家をつくるという、開拓者の暮らしのイメージを表現してきた。[12] ケンタッキー州のログキャビンで誕生したリンカーン大統領にちなんだ名とも言われている。

中心となる正方形の布のまわりに丸太とみなされる布を縫い合わせて作られる。色のコントラストと明暗が特徴で、小さな布も生かすことができ、多様なデザインの可能性に満ちた人気のパターンである。[13]

写真1－2は、二〇一〇年代に中西部インディアナ州でアーミッシュによって制作されたログキャビンキルトの鍋敷きである。このキルトをプレゼントしてくれた前述のレベッカは、ブロック中央の赤い布は、暖炉など家の温かさを表現しているともいわれると説明を加えた。アーミッシュキルトに使える色について、

写真1-2　ブロック中央に無地の赤色のピースが配され、黒色のボーダーで囲まれたインディアナ州の綿のアーミッシュログキャビンキルト（H0279319）

明確に定めていることが知られている例は多くはないが、後述するように、ゲラーセンハイトの実践として控えめであることに矛盾しないかには注意が払われてきたようである。赤い布は、裁縫道具などには使用されており、また、暗めの赤布は子ども服などに使用されることがあるので（写真4－18）、服などの古布を用いる場合であれば、キルトにも使用されたであろう(14)。

イリノイ州中部の開拓地で育ったマリリン・リスゴーは、鮮やかな色でシンプルでありながら大胆なデザインのピースドキルトは、開拓地におけるエネルギー豊かなパイオニア精神の象徴的な表現であり、それがアメリカの伝統の一つだと述べている(15)。再洗礼派メノナイトの入植者の五代目の子孫であるマリリンは、信教の自由を求めてヨーロッパを離れ、プレーリー（大草原）に農場を拓き新たな故郷を築いた先祖の話を聞いて育った。ベッドの上にはいつもパッチワークキルトがあった。

開拓者の初期の頃、バッティングとして綿や羊毛が不足しているとき、キルトは時々、葉、草、樹皮、またはコーンハスク（トウモロコシの包葉）で満たされ、温かいベッドカバーとなった。一九世紀までのキルトには、綿花や羊毛から紡がれる、綿やウールがよく使われた。植物や鉱物、動物など自然物によって、糸や布を染めることもなされた(16)。

近隣の女性たちのあいだでは、布のみならずパターンも交換され、地域のフェアなどでみかけたパターンが使われることもあった。パターンには、エスニシティや宗教などとかかわることもある、家族や地域の近隣者の伝統が表れていた。それが、同じようなパターンにもさまざまな名前が存在するゆえんでもある(17)。たとえば、エイトポインティッドスター（Eight-pointed Star）という名は、いつどこで付けられたのかは不明

写真1-3　プリント模様の布を使った花のアメリカンアップリケキルト。制作地：インディアナ州インディアナポリス（レベッカ・アートアンドキルト所蔵、インディアナ州シップシェワナ　2016年8月22日撮影）

だが、このパターンにはさまざまな名前とその歴史がある[18]。

アップリケキルトは、一枚の布からデザインを切り出し、一般に無地の背景にステッチをかけて作られる。写真1－3は、インディアナ州のアメリカンアップリケキルトである。

アーミッシュによって作られたアップリケキルトは非常に珍しいものだったが、一八九五年頃のペンシルヴェニア州ランカスターの無地の布を使用したキルトとして、ベルベットでチューリップの花がデザインされたものがある[19]。

より大きなデザインを生み出すブロックキルト

アメリカンキルトの特徴として、ブロックパターンが繰り返されることもあげられる。センターを中心にしたメダリオンのようなデザインも親しまれてきたが、ピースドキルトとして作られたブロックをつないで、より大きなデザインを生み出すブロックスタイルのキルトは、一八二〇年代に人気が出て、一八三〇年までにはアメリカのキルトのなかでも注目されるものとなり、一九世紀の半ば以降、二〇世紀にかけて人気を博した[20]。

写真1－4のアップリケをした布を縫い合わせたブロックキルトは、戦争に行った恋人の無事を願って作られたという。鷲のモチーフはしばしば米国の象徴として使われた[21]。

一八二〇年代から一九世紀の半ば頃までとても人気があった「フレンドシップキルト（friendship quilt）」や「アルバムキルト（album quilt）」は、ほとんどいつもグループによって作られていた。

一八四〇年代に人気が出たアルバムキルトは、完全にアメリカにおける発明といわれる。アルバムキルト

写真1-4　鷲のモチーフのアメリカンブロックキルト（レベッカ・アートアンドキルト所蔵、インディアナ州シップシェワナ　2016年8月22日撮影）。下：鷲がアップリケされたパッチワークブロック

は、一般的に幾つかのブロックから作られる。全てのブロックができた時に参加者によって縫い合わされたり、キルティングがなされたりする。この集会はアルバムパーティ（album party）などと呼ばれるキルティングビーの一種である。[22]

アルバムキルトのなかでも家族や親しい人のために作られたフレンドシップキルトは、西部開拓地へ向かう人びとなど旅立つ人びとに、親愛の情やコミュニティの団結を伝えるものであった。こうしたキルトには、日付が刺繍、キルティング、インクなどによって入れ込まれることがあった。日付は、キルトを完成した日、作り手や受け取り手にとって特別の日付などが記された[23]（アーミッシュによるフレンドシップキルトとして、写真5－10、5－11）。

このように、キルトメイキングは、産業化、富の蓄積、中流階層の興隆、消費文化などを背景として、一九世紀の米国でさかんとなり、ヨーロッパから伝えられたということは忘れ去られるほどに、米国の伝統と捉えられるようになった。

1－2　世紀転換期以降のキルト作り

二〇世紀になると、さまざまなテクノロジーが開発され、女性たちの社会進出も進み、家で行う手芸としてのキルト作りがかげりを見せた。だが、二〇世紀前半の経済大恐慌期には手作り品としてのキルトが見直され、フィードサックの布も利用された（写真1－5）。フィードサックは綿や化学繊維などで作られていた飼料、小麦粉やトウモロコシ粉などの運搬用袋である[24]。女性たちがこの袋を服や手芸品作りに再利用することを知って、袋製造者は、さまざまな色や模様の布で袋を提供したという。

写真1-5　運搬用袋フィードサックの布。20世紀前半には女性たちはこの袋を服や手芸品作りに再利用した。（H0279314）

ファン（扇）（かたつむりの道）のキルト

「ファン（扇（Fan））」というとても古くからあるパターンの一つ[25]のアメリカンキルト（写真1－6）は、インディアナ州エルクハートに住んでいたエマ・クレアから孫娘（二〇一〇年に六〇歳代）に受け継がれ、その後レベッカ・ハーラーが譲り受けたものである。レベッカによると、一九三〇年代の大恐慌時に使用されていたフィードサック布（レベッカによると部分写真のファンのピンクの小花模様布）が使われている。バッティングとして薄い綿が入れられた小さめのベッド用サマーキルトで、手で丁寧にキルティングされている。エマは、素晴らしいキルトメイカーであったという。ファンのパターンは、一九三〇年代に人気があり、大小の扇パターンは、「カタツムリの道（snail's trail）」、三角形の縁飾りは「プレーリーポインツ（prairie points）」と呼ばれる。このキルトのパターンは、「酔っ払いの道（drunker's path）」ともいわれる[26]。

ファンのパターンは、中西部のアーミッシュキルトにはしばしばみられるが、二〇世紀前半期のペンシルヴェニア州ランカスターのアーミッシュキルトには、ほとんどみられない[27]。だが、アーミッシュのあいだで

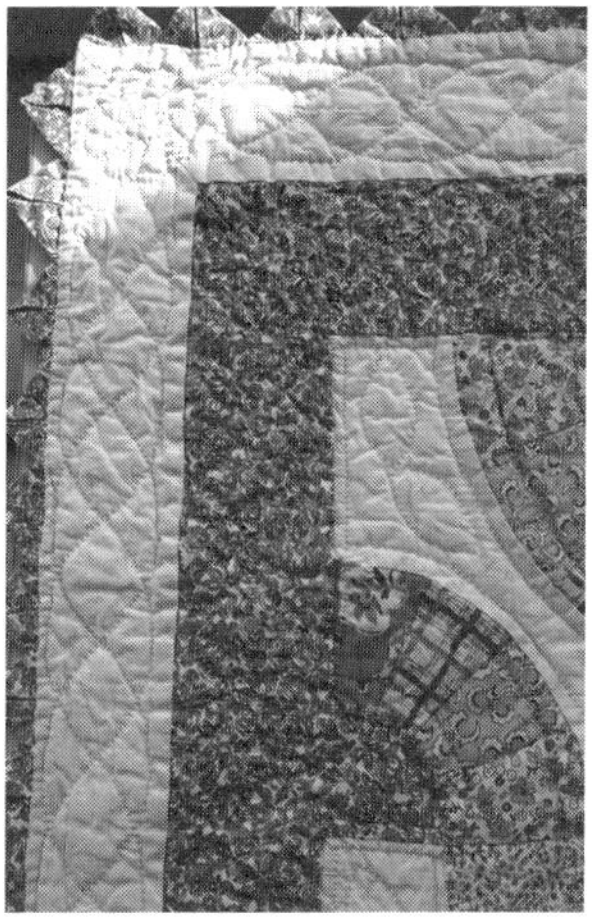

右：写真1-6　上：1930〜1940年代インディアナ州のアメリカンキルト（薄手のサマーキルト）白色と緑色をベースにプリント模様のフィードサックが一部使われ、手でキルティングされている。制作者の女性から孫娘に受け継がれてきた（H0280399）。下：フィードサック布（ピンクの花模様の布など）が使われているキルトの一部分（筆者撮影）／左：写真1-7　上：1895〜1910年頃インディアナ州あるいはミシガン州で作られたバスケットパターンのアメリカンキルト。白地に緑や赤、ピンクなどの布が使われている(H0275153)。下：細かな花模様のプリント布で作られたバスケットキルトのブロック（筆者撮影）

もフィードサックは使われていた（写真5－5も参照）。

◈バスケットキルト

果物などが一杯に盛られたかごのイメージの「バスケット（Basket）」（バスケットオブチップス（Basket of Chips））は、豊かな実りを表現しているともいわれ、広く米国で人気のパターンである。写真1－7は、インディアナ州あるいはミシガン州で、一八九五年から一九一〇年頃に作られたアメリカンキルトである。(28) 細かな花模様のプリント布が使われている。

◈ジャーマンバプティストブレズレンのダックスアンドダックリングスキルト

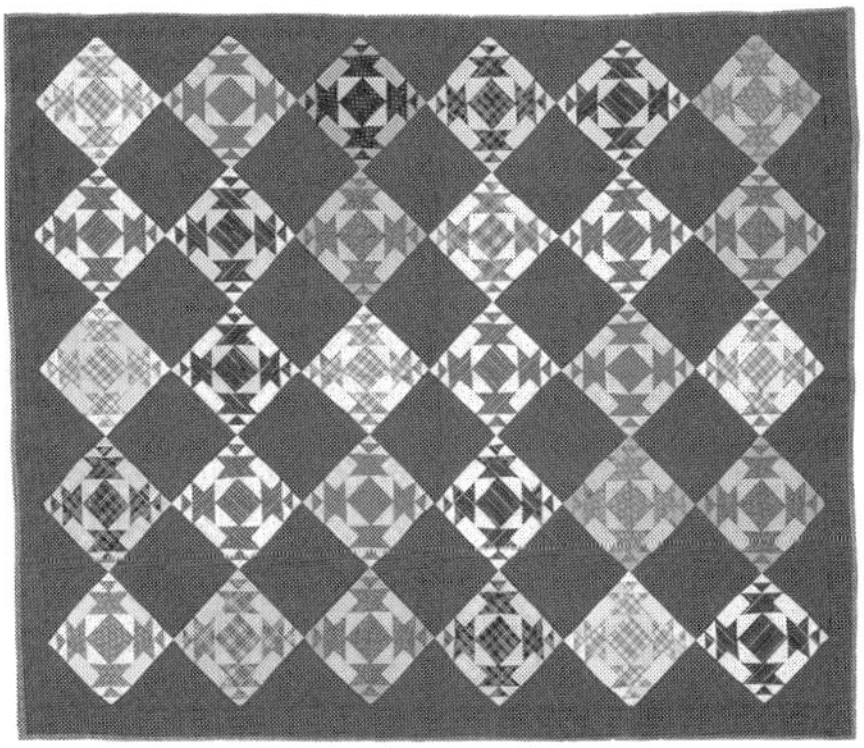

写真1-8　上：インディアナ州の再洗礼派の一グループブレズレンの女性が結婚前の1890年代に作り、後に娘に贈った落ち着いた赤色のアメリカンキルト（ベッドカバー）(H0269515)。下：赤色のベースブロックと二種の布を縫い合わせたブロックの詳細（筆者撮影）

写真1－8は、再洗礼派と信条を共有することで知られるジャーマンバプティストブレズレンの女性アビーが自分の結婚（一八九九年）前に作成し、娘のルース（一九〇九－二〇〇〇年）に贈ったキルトで、布をつなぐこともキルティングもすべて手縫いである。この教会のなかでも厳格派のオールドオーダージャーマンバプティストブレズレンの服装はアーミッシュのそれと似通ってい

る。このキルトも、落ち着いた赤色の布をベースとして、ダックスアンドダックリングス（アヒルとアヒルの子（Ducks and Ducklings））バリエーションあるいはメイズ（迷路（Maze））バリエーションと呼ばれるブロックが並んでいる。裏はシェイカーグレーのプリントで、縁は後ろから前に折り込まれるインディアナ州など中西部の古くからの手法、セルフバインディングされている。未使用・未洗濯で、大切に保管されていたものである。

2　単色布を生かした幾何学模様のアーミッシュキルト

2-1　アーミッシュのキルト作り

アーミッシュがキルトを作り始めるまで

一九世紀初期までの米国では、おそらく一二〇〇人から一五〇〇人ほどのアーミッシュがペンシルヴェニア州のいくつかの郡にコミュニティをつくっていた。こうした初期の人びとがキルトを持っていたか、使っていたかについては、ほとんど確認できない。ほんの少しの記載が財産目録などに見いだされるのみである。アイルランド、ウェールズ、そして英国からの移民は、一九世紀以前から、キルトを作り所有していた。再洗礼派のメノナイトを含むペンシルヴェニアのドイツ系移民のペンシルヴェニアジャーマンは、一八三〇年代から一八四〇年代にキルト作りを始めたが、アーミッシュの財産目録でキルトについて最も早く言及された一八三一年から一八七〇年代半ばまでの間の数百件の中で、キルトに関する記述は二二件のみであった。(29)

一八世紀には、アーミッシュは、ドイツ系移民の一グループとして暮らしていた。ペンシルヴェニアジャーマンについて医師で政治家であったベンジャミン・ラッシュは、「農場の初期の住居は丸太で作られている。ドイツ系の農民家族は、食事、家具、衣服に関し質素に暮らしている。家具はプレーン（簡素　括弧内は筆者）で便利…かれらは、冬には毛布のかわりに軽い羽毛のベッド（用品）を使っている。服は、通常、家庭で紡いだ糸で作っている」と記している。女性たちは、冬には糸紡ぎ、その他の季節も麻や家庭用品作り、家庭菜園、保存食作りに忙しかった。今日のアーミッシュを象徴するものである服、交通手段、家庭用品、装飾芸術における色と形の基準は、一八世紀には明確には定義されていなかった[30]。

一九世紀半ばには、藁のベッド（マットレスの役割を果たすチャフバッグ：家庭で作られた麻袋に藁のチャフやコーンハスクを詰めたもの）、毛布、コンフォーター（羽布団　掛け布団）、あるいは暖かさを提供するトップカバーの役割を果たすフェザーベッド（フスティアン：通常はリネンと綿で織られた布に羽毛を詰めたバッグ）、そして織られたカバレット（coverlet）が寝具として一般的であった。ペンシルヴェニア州ランカスター郡のアーミッシュも、周囲のペンシルヴェニアジャーマンと同様に、一八〇〇年代に入るまでは、ベッドカバーとしてカバレットを用いていた可能性が高い。

インディアナ州でも同様に、一八七〇年代まで、カバレット（アーミッシュはしばしば *debbichs* と呼んでいた）、コンフォーター、毛布などドイツ系の人びとの伝統的な寝具が財産目録に記載されていた[31]。アーミッシュは、一八七〇年から一八八五年頃に、キルトをベッドカバーとして使用し始めたと考えられている。使用開始は、他のドイツ系移民より一〇年ほど後である。

ピースドキルトの登場

一八七〇年代以前のアーミッシュの間で、ピースドキルト作りが行われていたことを示す証拠はみられないが、一九世紀半ばから第二次世界大戦の頃までは、大胆なデザインの無地の布がつなぎあわされたピースドキルトである、アーミッシュに特徴的なキルトがさかんに作られた。それらは、日常生活で使うためのものだったので、世紀の変わり目以前のものはほとんど残されてない。[32]

第3章で検討するように、一九世紀半ば以降、アーミッシュたちのなかで、変化を取り入れる人びとと変化に慎重で伝統を守ろうとする人びととの齟齬や分断が起こり、特徴的なアーミッシュキルトの作り手として知られるオールドオーダーといわれる人びとが明確化したことも、キルトが作られるようになったことと関連していると示唆されている。オールドオーダーアーミッシュとアーミッシュメノナイトが分裂した後、オールドオーダーが自分たちの教会を明確に認識し、安定させた後に、アーミッシュキルトが登場し始めたというのである。

一九世紀後期のアメリカ一般社会ではすでに懐かしい情景ともみられるようになっていたキルト作りは、社会の変化に慎重なアーミッシュにとって一般の流行に迎合することではなく、家で勤勉に手作りする質素な暮らしのイメージで受け入れられたと推測されている。実際、キルトやキルト作りがアーミッシュの女性の間で人気が出てきたのは一八八〇年代に入ってからのようである。一八〇〇年代後期には、ペンシルヴェニア州、オハイオ州、インディアナ州などのアーミッシュコミュニティが安定し、暮らしに余裕ができたことも、女性たちがキルト作りをする時間がとれるようになった要因であるといわれている。[33]

キルトメイキングにかかわる制約や配慮

多くのコミュニティでは、キルトに使用できる布に関するきまりは、もうけられていない。だが、人びとは、「簡素」であることの意味と使える色合いについてバランスを考えて行動してきたとされている。[34]アーミッシュがキルト作りを始めた頃は、少なくとも古布などの活用が、かれらの簡素であることと抽象的なデザインや偶像崇拝の禁止という宗教的信条と矛盾していないと捉えられたとみられる。

とはいえ、非常に規律が厳しいグループにおいては、布を接ぎ合わせるピーシング自体が世俗的（worldly）なことだとして、教会で指導的役割を担っていたビショップ（監督（bishop））によって禁じられていた。なかには、すべてのキルトが、無地の一色のホールクロス（whole cloth）キルト（プレーンキルト）のみというグループもあった[35]。インディアナ州やカナダの最も厳格なアーミッシュグループにおいては、一九世紀から現在（一九八〇年代現在）まで、ピースワークや多色の模様を作ることが、教会の規則で禁止されている。一部のオールドオーダーメノナイトも同様である。また、禁じられていない場合でも、「材料を切り刻み、それをまた縫い合わせるのは、「自慢のためだけに（just for pride）」行うこと」（ペンシルヴェニア州オールドオーダーメノナイトの女性）という意見もあった[36]。「自慢のため」に行う手芸は、かれらの信仰における重要な価値であるゲラーセンハイトに反することなのである。

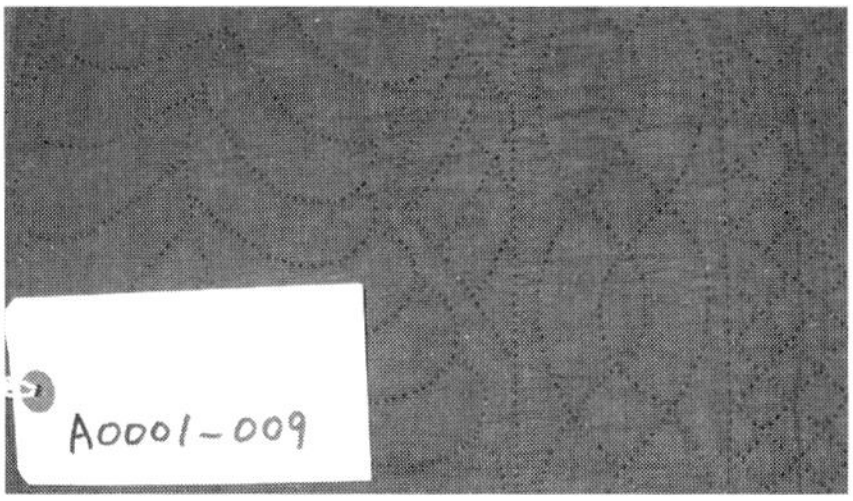

写真1-9　無地の綿のプレーンアーミッシュキルト（部分）。グレー一色のホールクロスキルトだが、豊かなキルティングと年月日（MAR（March）19, 1928）やイニシャルのステッチがなされている（H0269522）。フェザー、ケーブルツイスト、クロスハッチングモチーフのキルティングの詳細（筆者撮影）

　写真1－9は、インディアナ州の比較的厳格なアーミッシュが居住しているラグレンジ郡あるいはエルクハート郡の無地の綿のプレーンアーミッシュキルト（ホールクロス）である。ボーダーの四つの角に“MAR”“19”“1928”と“AD”がステッチされていることから、一九二八年頃に制作されたと推測される（MARはおそらくMarchの意味）[37]。“AD”は、キルトを贈られた人か制作者のイニシャルとみられる。表地はグレーの布のみで作られており、使い古されているが、花やフェザー（羽毛）、ケーブルツイスト（cable twist）、クロスハッチング（cross hatching）などのキルティングが細かいステッチで全体に施されている[38]。中心部のキルティングパターンは、花のかたちとクロスハッチングのブロックから作られている。裏地は黒布で、キルティングやステッチが明確ではないこともあり、教会メンバーや指導者の目に触れるよ

うなときには、豊かな美しいキルティングがみえない黒布側を表にしていた可能性も感じられる一枚である。[39]

キルトを巡る規則として、最も厳しいグループの一つ、スワーツェントルーバー（スワーツェンドルーバー（Swartzentruber））アーミッシュのあいだでは、ナインパッチとシンプルブロックデザインで使用する色は二、三色が基本であった。このグループは、一九一七年にオハイオ州ウェイン郡ではじめられ、現在（二〇一六年）一二を超える州に居住している。[40] 写真1－10は、オハイオ州東部のスワーツェントルーバーアーミッシュの女性たちが作った青と黒の「ウィドウワーズチョイス（未亡人の選択（Widower's Choice））」デザインのクリブキルトである。いくつかのポリッシュドコットン（磨かれた綿）を使用している。青と黒の組み合わせは、スワーツェントルーバーのキルトによく見られる。他のオールドオーダーアーミッシュの女性たちは、一九四〇年頃を境に、暗い色の無地の布のみを使って幾何学的なパッチワークパターンで作ることをやめてしまったが、スワーツェントルーバーアーミッシュは、そのような特徴的なキルトを作り続けている。かれらは主にコミュニティの伝統として自分たちで使用するために作っているが、最近では外部の人にも販売している。[41]

写真1-10　オハイオ州東部のスワーツェントルーバーアーミッシュの女性たちが作った青と黒のクリブキルト（ゴーシェン大学メノナイト歴史図書館、インディアナ州ゴーシェン　2009年11月18日撮影）

それ以外にも、ペンシルヴェニア州中部のネブラスカアーミッシュ、ニューヨーク州、ペンシルヴェニア州、ミシガン州などに居住するトロイヤーアーミッシュ、インディアナ州のスイスアーミッシュとその「ドーターセトルメント（daughter settlement）」（一部のメンバーの移動により拓かれた居住地）などにもきまりがみられる。[42] 一八八一年に組織されたアーミッシュのなかでも最も保守的なグループといわれるネブラスカアーミッシュは、教会からキルトのパターンと色の使用を制限されていた。基本的なピースパターンは、ナインパッチ、フォーパッチ、ブロックワークである。色は茶、青、プラム、紫、黄褐色（tan）などである。キルティングのモチーフは、主にしばしば斜めの直線的な列、チェーン、扇形などである。かれらは、カーペットやカーテンのない無塗装の家に住んでおり、女性は茶、グレー、青の長いフルスカートのツーピースのドレスを着て、ヘッドカバリングの紐はあごの下で結んでいる(43)。

一九二〇年代から一九三〇年代には、アーミッシュは、さまざまな方面から材料を購入することができた。ペンシルヴェニア州のニューホランドやインターコースなどの町の近くのドライグッズストア（繊維製品の店）、ランカスター市のデパート、カタログによる通信販売、そして縫い物に関する情報とたくさんの布を車に積んでやってきた行商人から購入することができたのである。

布を選ぶにあたって、教会コミュニティの承認が必要であったことは、フィアデルフィアの行商人のコメントに示唆されている。かれらは、「プレーンピープル（簡素な人びと）にプレーンな品物を」の広告にあわせたものを販売しており、ニューヨーク市とフィラデルフィア市で商品を購入し、ペンシルヴェニア州、オハイオ州、インディアナ州と西に進み、途中でアーミッシュのコミュニティに立ち寄る。そして予め、コミュニティで許容できる布について、アーミッシュ教会のリーダーであるビショップに問いあわせていたというのである(44)。

こうした経緯から、アーミッシュキルトの特徴の一つである、かれらの服に関するきまりを反映した無地の布が多く使われていることにも、教会コミュニティの意思が反映されていたと考えられる。

手作り服の残り布や、古着、行商人などから手に入れた布を生かしたキルトは、信仰生活の中で新たな世界を広げてきた。キルトは、贈り物として作られた場合でも、日常生活の必需品という位置を占めており、アーミッシュたちの間で壁に掛けて飾るということは、通常なされない。米国の一般社会では、鑑賞用のウォールキルト（wall quilt）が作られるようになって、多様な布を使ったさまざまな形の作品が生み出されたこととは対照的に、アーミッシュが自分たちのために作る場合は、ベッドカバーなど生活に使うもののかたちをとっていたのである。飾られるものは、宗教的な言葉などが書かれているか、生活の指針を表現した質素なものに限られている。

アーミッシュキルトにおける歴史的変化

アーミッシュキルトには、地域による特徴がみられるが、人びとの移動にともない、それら特徴も共有される場合がみられる。以下では、アーミッシュキルトの全体としての変化の概要について、アーミッシュとアーミッシュキルトの歴史について研究を提示してきたイヴ・グラニックの論考を引用し概括しておく。(45)

一八七〇年代以前
初期の生地が特徴。ピースドキルトのデザインはみられない。あったとしても非常に稀で、おそらく五点から一〇点以下の例が知られている。色は「自然な」茶、青、錆色、黒など。

一八七〇－一八九〇年
初期の生地、コットン、ウールが特徴。シンプルなデザインだが、濃い色調。キルティングに注意が払われ、多くのステッチを使った複雑なキルティングパターンの使用が増加した。

一八九〇－一九二〇年
色の使用とより複雑なデザインが増加した。ログキャビンと幾何学的なパターンが人気で、上質な素材と優れたキルティングが特徴。

一九二〇－一九三〇年代

多くのコミュニティで青と白のキルトが使用される。中西部のコミュニティでは、パターンと色の数が増加した。

一九三〇－一九四〇年

キルト作りにおける自由化が進み、色、柄、素材の選択が多様化した。不況により、多くの女性が低品質の素材を使用することを余儀なくされる。色は、明るくなり始め、パステル調の色合いが使われた。

一九四〇－一九五〇年

パステルカラーや新しい布地が使用される。戦争により、アーミッシュの女性は再び新しいタイプの素材の使用を余儀なくされ、レーヨンやその他の合成素材を使った。

一九五〇－一九六〇年代半ば

ポリエステル素材を使用し、大きめのピースワークが特徴。掛け布団のサイズが大きくなり（写真7－1）、キルティングは減少した。キルトはこの時期にも家庭で個人的に使用するために作られていた。キルティングの技術はそれ以前の時代からかなり低下がみられた。

一九七〇—一九八〇年代

キルト市場が大きく拡大しアーミッシュの女性たちは販売用のキルトの生産に大きくかかわるようになった（第7章参照）。家庭用のキルトは、教会のグループのきまりによって異なり、厳格なグループの多くは、伝統的なパターンや色を使った古いスタイルのキルトを作り続けているが、他のグループはより最新の「イングリッシュ（English）」（35頁を参照）のスタイルのキルトを使っている。

2－2　さまざまなデザインのアーミッシュキルト

一八八〇年代になって、アーミッシュのあいだでもキルト作りが本格化したが、最もよく使われたパターンは、ナインパッチとそのバリエーション、センタースクエア、大きなブロック、アイリッシュチェーン、三角形の布を組み合わせたデザインなどである。

センタースクエアキルト／アーミッシュフレームキルト

アーミッシュキルトとして、センターの四角をボーダーで囲んだ、シンプルなフレームドセンター（Framed Center）キルトも知られている。真四角な「センタースクエアパターン」は、ランカスターアーミッシュのキルトパターンの最も古いものの一つと考えられている[46]。

キルトの提供者ゼニア・コードが「アーミッシュフレームキルト（Amish Frame Quilt）」と呼んでいたモーヴ色（mauve）あるいはスミレ色（violet）の布に二本の白の四角の帯が入った綿のキルトは、クララ・ヨーダー（二〇一〇年に九五歳で死去）の母親によって一九一〇年頃に制作されたものである（写真1－

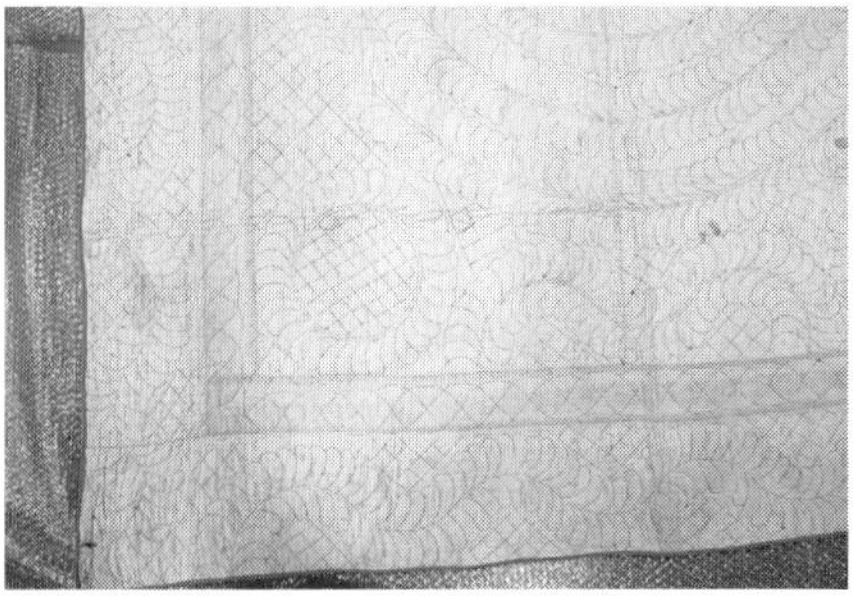

写真1-11　上：1910年頃のインディアナ州のスミレ色に白の帯が入った綿のアーミッシュフレームキルト（センタースクエア）。黒い糸でフェザーモチーフなどが豊かにキルティングされている（H0275148）。下：裏地側からみたフェザーモチーフで囲まれた花のようなデザインなどのキルティング（筆者撮影）

11)。使い古されて傷んではいるが、黒色の糸でキルティングされており、そのパターンについて、ゼニアは、「キルティングパターンは、巨大なセンターサークルと全体に施されたフェザーステッチ」と説明した。一九四〇年代以前には、アーミッシュあいだで黒色や暗い色の糸を用いたキルティングは一般的で、白い糸を用いるようになるのはその後であることが示唆されている(47)。

アーミッシュの人びとは簡素であることと楽しみを表現しつつキルトを作り続けているが、そのデザインパターンはアメリカンキルトと共通のものも見られ、周囲の人びととの情報交流がうかがわれる。これらの幾何学模様のキルトのなかには、ログキャビンやアイリッシュチェーンなど、ニューイングランドの古いパターンを使用したものもみられる。オハイオ州やインディアナ州など、とくに一九世紀以降、人びとが移動していった中西部のアーミッシュキルトには、かれらが自分たち以外の人びとを包括的に呼ぶ「イングリッシュ」の間で人気のあったブロックパターンが多く使われていた(48)。

◆アーミッシュナインパッチキルト

九つの正方形の集まりという意味をもつ「ナインパッチ（Nine Patch）」は、広くアメリカで親しまれてきたものである。アーミッシュのあいだでも、最も早い時期に登場したパターンとして一八八〇年代に作られはじめた。

写真1－12は、インディアナ州で一九二五年頃から一九三五年頃に作られたベビーキルトあるいはクリブキルト（crib quilt（子ども寝台（クリブ）用ベッドカバー））である。ベビーベッドや子ども用サイズのアーミッシュキルトは、フルサイズのアーミッシュキルトが作られるほどの頻度では作られていない(49)。また、クリブキルトは、子どもが使用するために何度も洗濯されているので、多くは残っていない。退色したこのキルトは、頻繁に使われていたと推測され、希少な一枚である。

写真1-12　青、ピンク、紫、グレー、白色など綿布がつながれセルフバインディングされた、1920～1930年代インディアナの典型的かつ伝統的といわれるアーミッシュナインパッチキルト（ベビーキルトあるいはクリブキルト（子ども用ベッドカバー）（H0279295）

端の部分が後ろから前へ折り返される古くからの制作方法セルフバインディングがなされている。インディアナ州のコミュニティでは、裏地を裏返してバインディングを作る習慣がより広まっていたようであるが、より繊細に施されたバインディングの例も多く見られる[50]。

インディアナ州のアーミッシュの女性によって作られた最も初期のキルトのいくつかは、シンプルなデザインだったが、オハイオ州と同様に、色の選択に特徴がみられた。初期の例で最も一般的に使用された色は、青、茶、黄褐色（タン（tan））と緑の無色の布だった[51]。

アーミッシュフォーパッチキルト

写真1－13は、インディアナ州ハワード郡のシルヴィアホステトラートロイヤー（ヘンリー・トロイヤー夫人 Silvia Hostetler Troyer 1903–1989）によって作られた、アーミッシュフォーパッチダイアゴナルキルトである。一九三八という刺繍がなされており、おそらく制作年とみられる。ロイヤルブルー、ネイビー、グリーン、ブラウン、タン（黄褐色）など、アーミッシュの服によく見られる色を使った五・五インチのフォーパッチブロックが斜めに並んでいる。無地の布をミシンでパッチワークし手縫いで二列の線や六つのロープをもつ円形をキルティングしている。トリプルサッシング（sashing（帯の部分））とアウターボーダーは、それぞれ複数のラインのブレードでキルティングされている。一端のトリプルサッシングに年号が入っている。未使用、未洗濯で保存されてきた[52]。

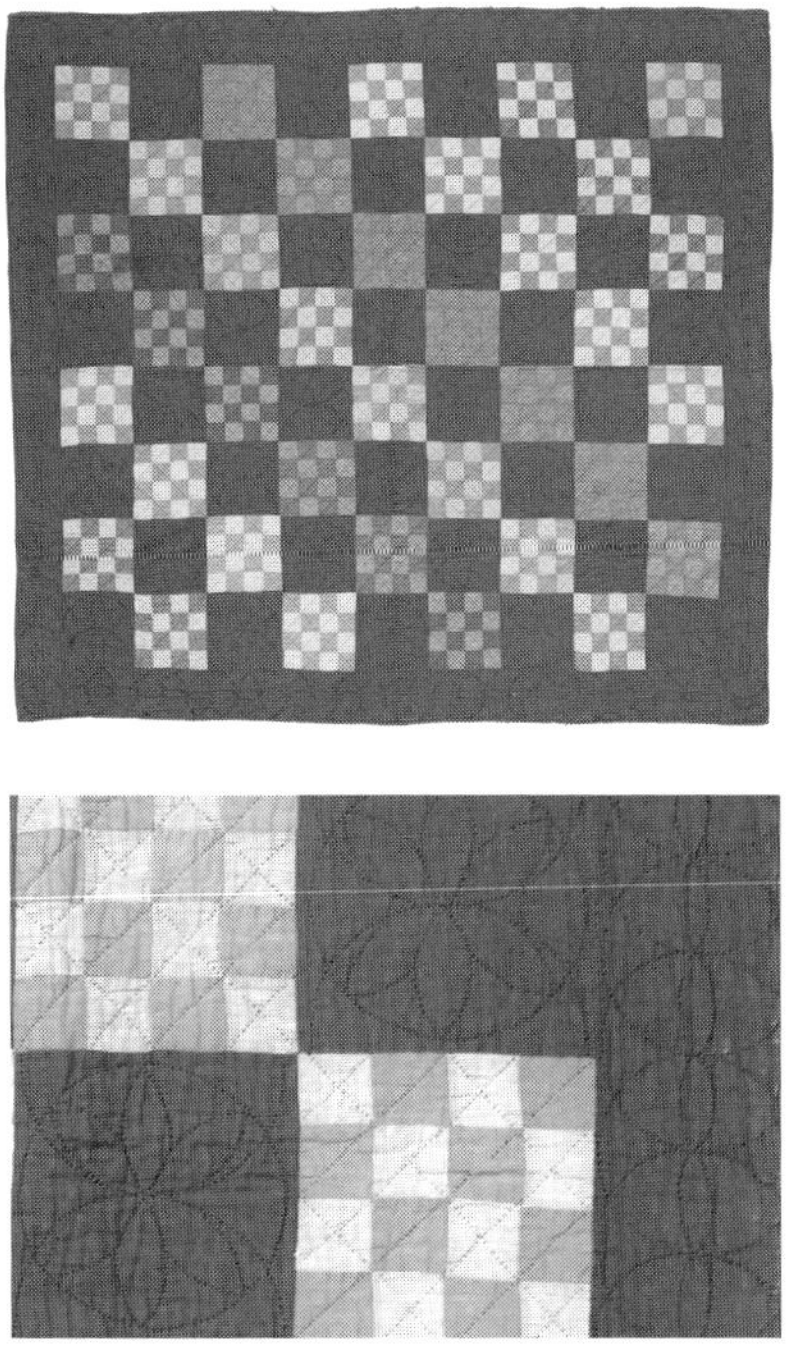

右：写真1-13　上：衣類にしばしば使用される色の布をミシンでパッチワークし、手縫いでキルティングし、1938とステッチされているフォーパッチダイアゴナルのアーミッシュキルト（H0275152）。下：2列の線や6葉（ローブ）のある円、ケーブルなどのキルティングと年号のステッチ（筆者撮影）／左：写真1-14　上：1920～1940年にインディアナ州で作られたミディアムブルー、グレー、緑、ピンクの無地の綿の布をミシンでパッチワークしたアーミッシュシックスティーンパッチキルト（H0275146）。下：青い四角布の6つのローブ（葉）または花びらで分けられた円形やボーダーなどのハンドキルティング（筆者撮影）

◆アーミッシュシックスティーンパッチキルト

写真1‐14は、ミディアムブルー、グレー、緑、ピンクの無地の布をもちいて、インディアナ州ハワード郡で、一九二〇年から一九四〇年に、シルヴィア・ホステトラー・トロイヤーによって作られた。ピンク／ブルー、グリーン／グレー、オーキッド／グレー、グリーン／タンの対照的な二色の無地で構成された七インチのシックスティーンパッチブロックから構成され、無地のロイヤルブルーの正方形と交互にセットされ、ブロックが対角線上に並んでいる。裏面はグレーブルーである。デザインエリアは、ミシンで付けられた、同じロイヤルブルーの無地のアウターボーダーで囲まれている。ハンドキルティングは、各ブロックの一

色を通した線と、もう一色を通した線が丁寧に入れられている。ブルーのセッティングスクエアは、六つの葉（ロープ）か（花びら）で分割された円形のパターンでキルティングされており、そのパターンの小さなバリエーションがボーダーにキルティングされている。擦れはあるものの、良好な状態で保存されている。(53)

◆アーミッシュダブルアイリッシュチェーン

写真1－15は、さまざまな青、グレー、黒の綿のキルトである。中西部のアーミッシュによって一九〇〇年から一九四〇年に作られた。グレーの二インチ四方の毛羽立てたコットンに、明るいロイヤルブルーの四角を挟んで、さまざまな黒布とともにダブルアイリッシュチェーン（Double Irish Chain）を形成している。デザインフィールドはロイヤルブルーの二インチのバンド（帯）で囲まれており、アウターボーダーは黒である。ロイヤルブルーの裏地にフェイル織のデニムバインディングをミシンで縫い付けている。一九世紀米国で作られたデニムは、アーミッシュキルト（写真4－23も参照）にしばしば使われており、アーミッシュもこの布を服などに利用していたとみられる。インナーボーダーにはケーブル、アウターボーダーにはダブルダイアゴナルラインが入っており、黒の糸でトリプルローディングされている。黒い四角が集まっている部分には2本線でダイアモンドのスター（星）がキルティングされている。小さな繕いがみられるが、保存状態は良好である。(54)

インディアナ州のキルトには、最も一般的なストレートキルティングから、動物、ハート、星、鳥などまで、多種多様なキルティングモチーフが描かれている。これらモチーフは、オハイオ州や他の中西部の入植地で見られるモチーフとよく似ている。ロープ（rope）やツイスト（twist）は、最も一般的なアウターボーダーの柄の一つである。花と葉のモチーフは、一九世紀後半から二〇世紀にかけて人気があった。もう一つの標準的なキルティングデザインは、アウターボーダーに二列の直線または対角線を配置したり、ピースのない

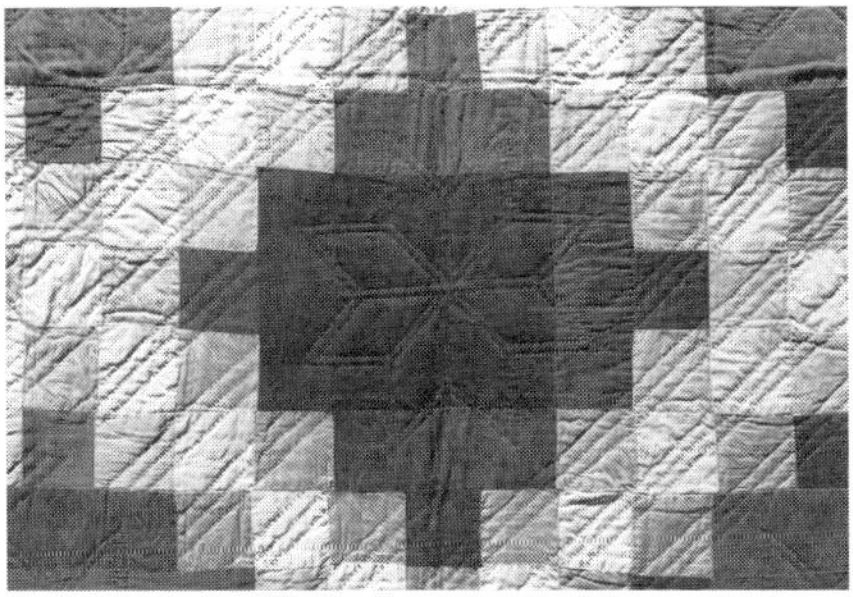

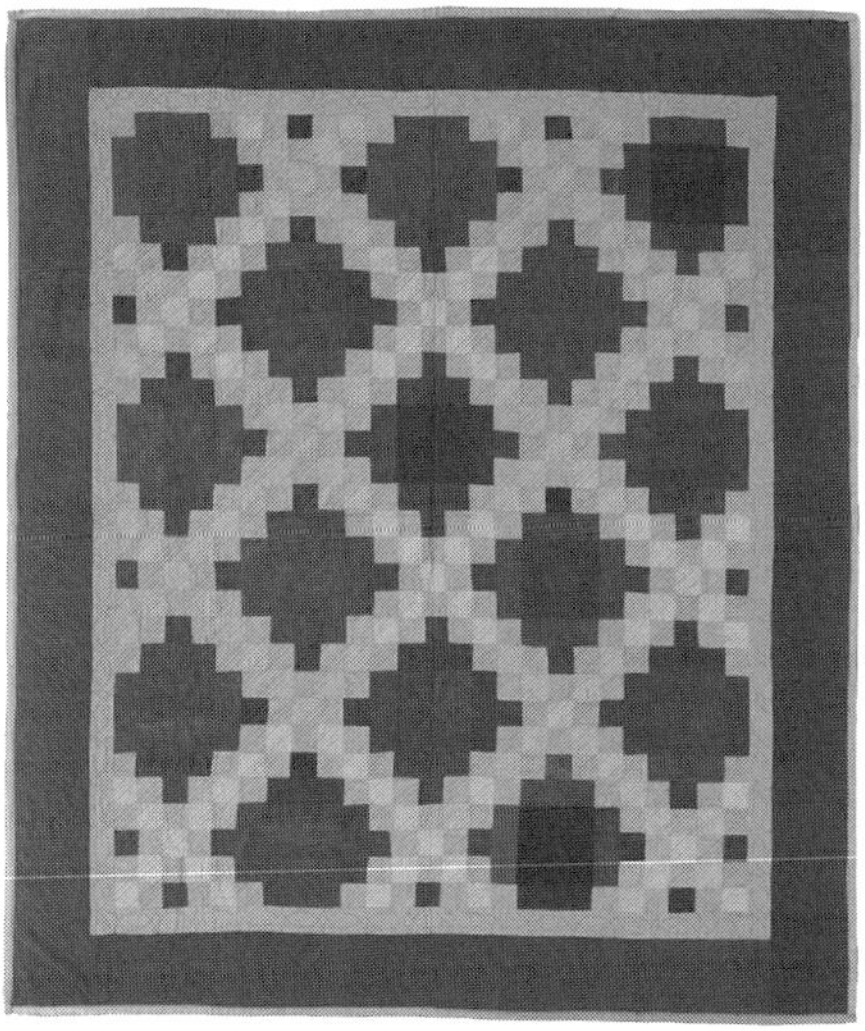

写真1-15　右：さまざまな青、グレー、黒の綿のアーミッシュダブルアイリッシュチェーンキルト（ベッドカバー）。縁取りと表布の一部にデニムが使われている（H0275149）左：黒い四角が集まっている部分に2本線で施されたダイアモンドのスター（星）のキルティング（筆者撮影）

ブロックなどに格子状（グリッド）のラインをステッチする（ワッフルキルティング（waffle quilting）とも呼ばれる）ものである。オハイオ州やランカスター郡など他の地域と同様に、優れた豊かなキルティングは、早い時期に作られたキルトに見いだされる傾向がある。

二〇世紀に入って間もなく、インディアナ州では、他のアーミッシュコミュニティと同様に、特に背景素材に黒を使用することが流行した。しかし、アーミッシュたちが黒と青、黒と赤、黒と多色のパッチワークを作っていた時代にも、青、緑、ラベンダー、赤、グレー、茶などさまざまな色が取り入れられていた(55)。

アーミッシュキルトにしても、アメリカンキルトにしても、小さな布の組み合わせから、自然のなかの生活を描き出したキルトが、多く作られてきた。一九世紀の米国では、キリスト教移民の多くも西へ向かって開拓を進めた。そうした人びとにとって、自然は神が与えてくれたものとイメージされ、その自然の世話は、自分たちの役割であると認識される傾向がみられた。自然はうち伏せるものとしてかれらの前に立ちはだかるものではなく、かれらの努力によって豊穣な実りを与えてくれるものと感じられたのである。

人びとが、新たに出会う環境は、キルトパターンの名前にも表れており、中西部へ向かう人びとは、「カンザスへのロッキーロード（Rocky

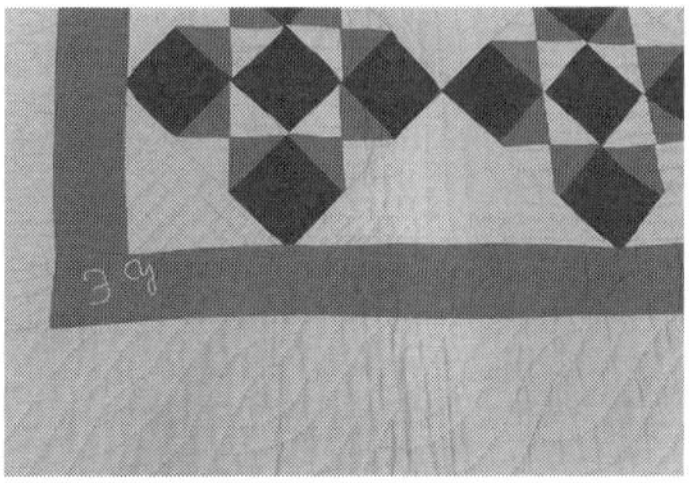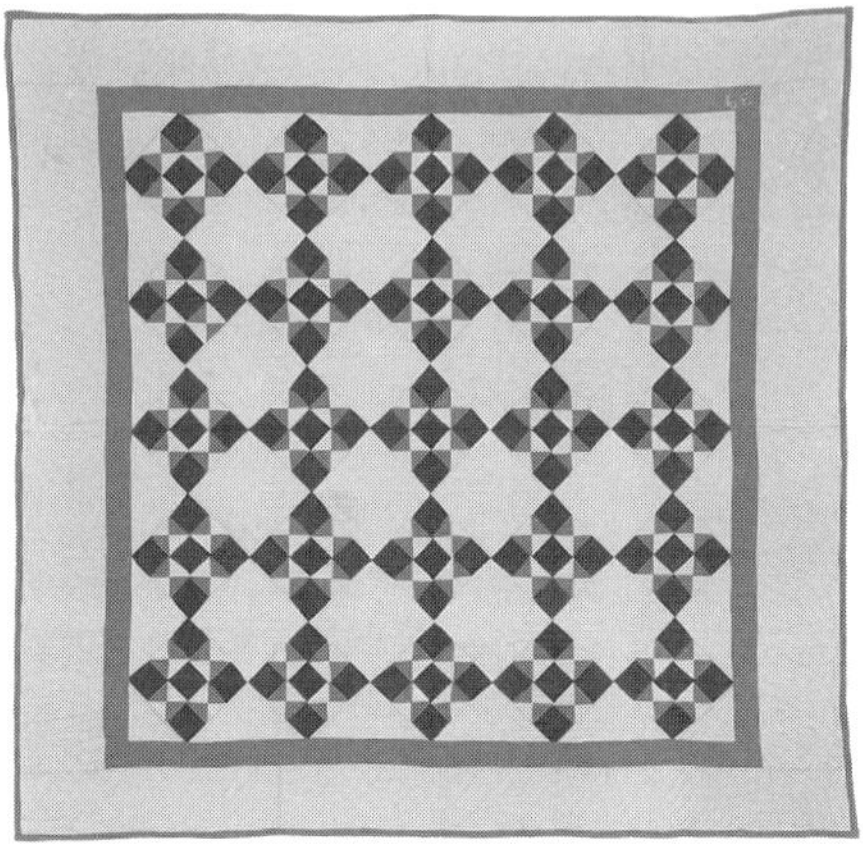

写真1-16　右：表地は茶、青、赤、裏地はギンガム生地の、19世紀末～20世紀初期の綿のアーミッシュキルト（ベッドカバー）（H0269521）。左：ツイストのキルティングとイニシャルのステッチ（筆者撮影）

Road to Kansas)」、「アルカンザスの旅人（Arkansas Traveler）」などのパターン名を創り出した。宗教的信念は、多くの米国の開拓者を駆り立たせてきたが、プロテスタントの人びとによく読まれたジョン・バニヤン『天路歴程』に記された「ディレクタブルマウンテン（恵みの山）（Delectable Mountains）」のように、聖書や宗教的な趣のある言葉が、古いキルトパターン名として親しまれた[56]。

自然の中の暮らしを表現する「ベアズポー（Bear's Paw（熊の手足））」（写真6-3）、「ログキャビン」（写真1-2、4-8、4、9）、収穫した食料を盛った「バスケット」（写真1-7）など、多くのパターンが米国の一般のキルトにもアーミッシュキルトにも共通に見いだせる。

ローリングストーンバリエーション

写真1-16は、広々とした大地に転がる石のイメージのローリングストーン（rolling stone）をモチーフとした綿のキルトである。インディアナ州で作られ、アイオワ州で使われていた。このキルトを譲ってくれたダーウィン・ビアリーによれば、インナーボーダーに"EY"というイニシャルがステッチされており、おそらくエリザベス・ヨーダー（Elizabeth Yoder）のために作られたとみられる。表地の茶、青、赤は一九世紀の特徴的な色で、裏地はギンガム生地で、一九世紀末から二〇世紀初期の綿である。中西部で人気のあるツイスト（twist）とよばれるキルティングがなされている。アーミッシュは、礼拝の会場を務める家で、最もきれいなキルトを人びとがコートを置いたり小さな子どもを寝かしつ

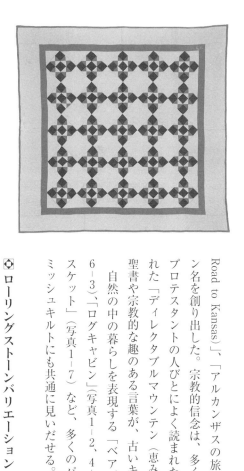

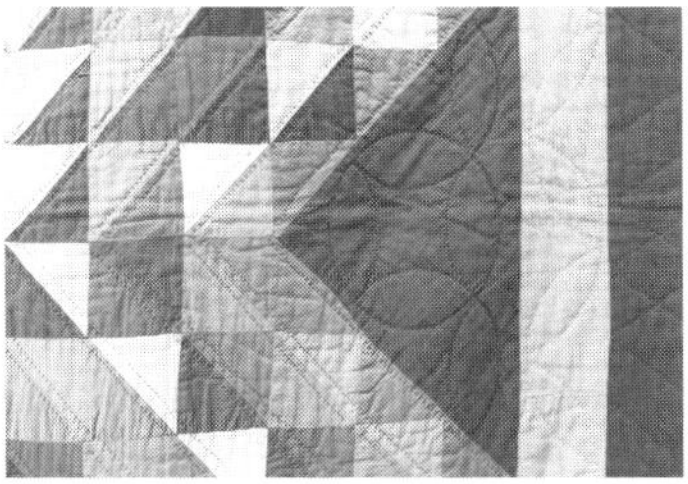

写真1-17　右：アーミッシュオーシャンウェイブスキルト（ベッドカバー）。青色の背景に輝く波を思わせる明るい色がちりばめられ、黒い糸を用いて細かなステッチでハンドキルティングされている（H0269516）。左：デザインエリアとボーダーのキルティング（筆者撮影）

けたりする部屋のベッドの上に掛けておく習慣がある。丹念に作られているが少しシミもみられるこのキルトはそうした「サンデーキルト（Sunday Quilt）」であったかもしれない。[57]

オーシャンウェイブス

大陸の両側に広がる海を思わせる「オーシャンウェイブス（Ocean Waves）」パターンの多くは四列の三角形を中心の四角の周りに配し、明るい色と暗い色を効果的に用いている。米国のクラシックヴァージョンでは二色のみが使われていた。一八八〇年代以降、赤と白を使うキルトが作られるようになるが、一九世紀を通してインディゴの藍色と白、プラスアルファがスタンダードであった。[58]一八七六年の建国百年祭には、赤、青、白の布が多く生産された。また、一九二〇年代にはパステルカラーが好まれるようになった。

アーミッシュオーシャンウエイブスは、一八七五年以降、おそらく東海岸で作られ始め、ダークブルーあるいは、黒い背景のキルトが多く作られてきた。一九二〇年から一九五〇年頃に作られた写真1-17のキルトには、ダーク、ミディアム、パステルカラーの無地の三角形が、ミディアムブルーの無地のセンターを中心に、明るい色と暗い色がペアとなって配されている。三角形の底辺に沿って黒い糸でハンドキルティングが施され、青色の中央の正方形には円を重ねてキルティングされパンプキンシードが形成されている。緑色のフレームもパンプキンシードの一部で満たされ、アウターボーダーはVのかたちにキル

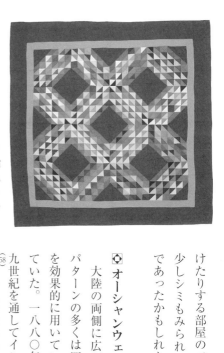

ティングされている。洗濯せず大切に保存されてきたものである。黄色や薄い肌色は、米国中西部のキルトにしばしば使われた。

ペンシルヴェニア州ランカスター郡のアーミッシュキルト

ペンシルヴェニア州、とくに最も古い居住地の一つランカスター郡のキルトとして知られているのは、大きなブロックを用いた大胆なデザインのセンターダイアモンド（Center Diamond）（ダイアモンドインスクエア（Diamond in Square））とバーズ（Bars）、そして、小さい四角の布を組み合わせた、ログキャビンの一種である、サンシャインアンドシャドウ（Sunshine and Shadow）などである。二〇世紀前半のアーミッシュの女性たちの間で、人気が高かったサンシャインアンドシャドウキルトは、一九四〇年から一九五〇年代に多く作られた[59]。

ランカスター郡のキルトの特徴は、色のコントラストが明確な幾何学模様や、とくに幅の広いボーダーに細かいキルティングが施されていることである（写真1－18、1－23、7－1、7－2）。

一九世紀半ば以降、米国のキルトでは綿が多く使われるようになったのに対し、アーミッシュは、二〇世紀初め頃まで、綿より虫食いやすいウールを使い続けた[60]。ランカスターでは、「流行遅れ」のメダリオンスタイルのキルトが作られていた。メダリオンスタイルは一九世紀前半期には一般にも人気があった。

◈センターダイアモンド（ダイアモンドインスクエア）

センターダイアモンドは、真中に大きな単色のダイア型の布を配し多くは二重のボーダーで囲んだデザインである。ペンシルヴェニア州ランカスター郡でよく作られたパターンのひとつで、一九世紀末に作りはじめられ、正方形で外側のアウターボーダーの幅が広いのが特徴である。しばしばコーナーブロックがあり、多くは手縫いでキルティングがなされている。ケープキルトとも呼ばれる。オールドオーダーアーミッシュの女性は、ワンピースのドレスの上にケープとエプロンをつけていたため、古いケープから大きな布が得られた。

写真1－18の表布は、一九三〇年頃にランカスター郡で作られたとみられる、ウールの無地の緑と赤の布が、鮮やかなコントラストで接ぎ合わされたパッチワークキルトである。キルティングは、アウターボーダーはフェザーのデザイン、狭いインナーボーダーはダイアモンドステッチの列の中に四つの花びらが付いた花（パンプキンシードといわれることもある）、緑色の三角形の部分はバラのモチーフ、赤色のセンターには星とフェザーの花輪、コーナーブロックには星がステッチされている。丁寧でクラシックなフェザーなどの柄のキルティングと大胆な色のウールトップの一九二〇年代後半か一九三〇年代初頭に作られたキルトの特徴を持っている。

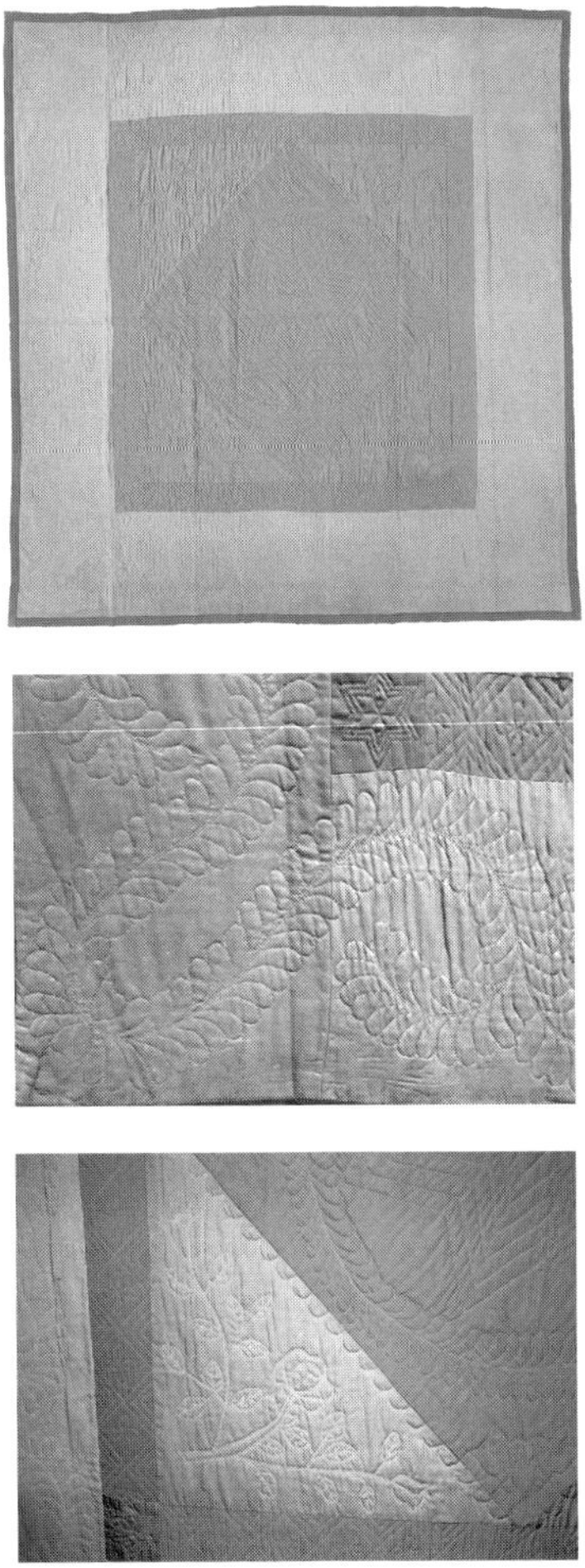

写真1-18　上：ペンシルヴェニア州ランカスター郡で1930年頃制作されたとみられるウールのセンターダイアモンドのアーミッシュキルト(H0279281)。中：幅広のアウターボーダーのフェザー（羽毛）モチーフのキルティング。下：バラやパンプキンシードのキルティング（中、下ともに筆者撮影）

センターダイアモンドのデザインパターンのキルトは、ランカスター郡以外でも、アーミッシュの人びとが移り住んだ地域では、それぞれ特徴的な色を使用し、バリエーションも作られてきた。

ノコギリの歯のようなデザインであるソートゥース（Sawtooth）センターダイアモンドパターンは、アーミッシュにも他の人びとにも共有されてきた。ボーダーが鋸の歯のように見えるピーシングがなされている。ランカスター郡のアーミッシュのあいだではあまり作られてこなかったといわれるが、ランカスター郡北部のメノナイトやブレズレンの人びとも作っていた。メノナイトの人びとの多くはウールではなく綿を用いていた[61]。

写真1−19は一九〇〇年代に作られた、センターの花輪、ボーダーのフェザーキルティングをはじめ細やかな縫い目のウールのアーミッシュキルト、写真1−20は一九一〇年年代に作られたエンジ色の部分にワッフルキルティングが施された綿のアーミッシュキルトである。

写真1-19　上：1900年代にペンシルヴェニア州で作られた、ボーダーがのこぎりの歯のようなデザインの緑とグレーの無地のウールのアーミッシュソートゥースセンターダイアモンドキルト（H0279289）。中：ボーダーのフェザー、センターの花輪、そしてワッフルキルティング。下：ボーダーのフェザーキルティング（中、下ともに筆者撮影）

センターダイアモンドパターンは、近年、観光資源としての魅力も加わり、インディアナ州ラグレンジ郡

写真1-20　上：1910年代にペンシルヴェニア州で作られたグレーとエンジ色、のこぎりの歯のようなデザインの綿のアーミッシュキルト（ベッドカバー）（H0279290）。下：ソートゥースのデザインとキルティングの詳細（筆者撮影）

など中西部でもさかんに作られている。シップシェワナにて、キルトを収集・研究してきたレベッカ・ハーラーによると、インディアナ州ではセンターダイアモンドがペンシルヴェニア州で始められたことを知らずに、魅力的なデザインとして作っている若い世代もみられるという。デザインの共有は、観光資源としての注目のみならず、離れた所に暮らす同じ信条を持っているグループの人びととの婚姻などによる、女性の移動も一つの要因である[62]。

インディアナ州のキルトには、ペンシルヴェニア州のキルトに比べて明るい色のものがある。写真1－21は、インディアナ州で一九四〇年代に制作された綿のサマーキルトである。一九四〇年代には薄い色の布が使われるようになった。青と白のキルトはペンシルヴェニア州ミフリン郡やオハイオ州などと同様に、インディアナ州でも、一九二〇年代後半から一九四〇年代にかけてみられる[63]。写真1－22は、一九三〇年から一九四〇年頃に作られた綿のアーミッシュソートゥースダイアモンドキルトで、インナーボーダーにワッフル（waffle）、アウターボーダーにはケーブル、ダイアモンドの内外にフェザーのキルティングがなされている。

右：写真1-21　アーミッシュキルト（ベッドカバー）。インディアナ州ハワード郡で1940年代に制作された白と青の綿のソートゥースセンターダイアモンドのサマーキルト（H0279286）／左：写真1-22　1930～1940年頃に作られた水色とピンクの綿のアーミッシュソートゥースセンターダイアモンドキルト（ベッドカバー）。インナーボーダーにワッフル、アウターボーダーにケーブル、ダイアモンドの内外にはフェザー（羽毛）のキルティング（H0279297）

バーズパターンのキルト

バーズ（Bars）パターンは、みかける頻度はより少ないが、センターダイアモンドと同時代に作られていた。バーズは、広々とした耕地とまっすぐな道、畝、あるいは納屋の扉や窓の格子のイメージのデザインと言われる[64]。

写真1-23のペンシルヴェニア州ランカスター郡のキルトには、ウールが使われ、この地域のアーミッシュキルトの特徴である幅広のボーダーに、ハート、丸い花のようなかたち、フェザーなどが豊かにキルティングされており、結婚祝いなどとして贈られたのではと推測される。バーの両側の基底部にはケーブルキルティング、そしてほとんどのバーズキルトにみられるように、中央部に、格子状のワッフルキルティングが丹念になされている[65]。

写真1-24は、ペンシルヴェニア州で一九二〇年代に制作されたキルトである。薄い明るめの青、緑、茶色などのウールに、フェザーのほか、ブドウとパイナップル模様のモチーフのキルティングがなされている。

バーズのデザインパターンは、ペンシルヴェニア州で多く作られてきたが、中西部でも見いだすことができる[66]。写真1-25は、一九二〇年代から一九四〇年代に制作された中

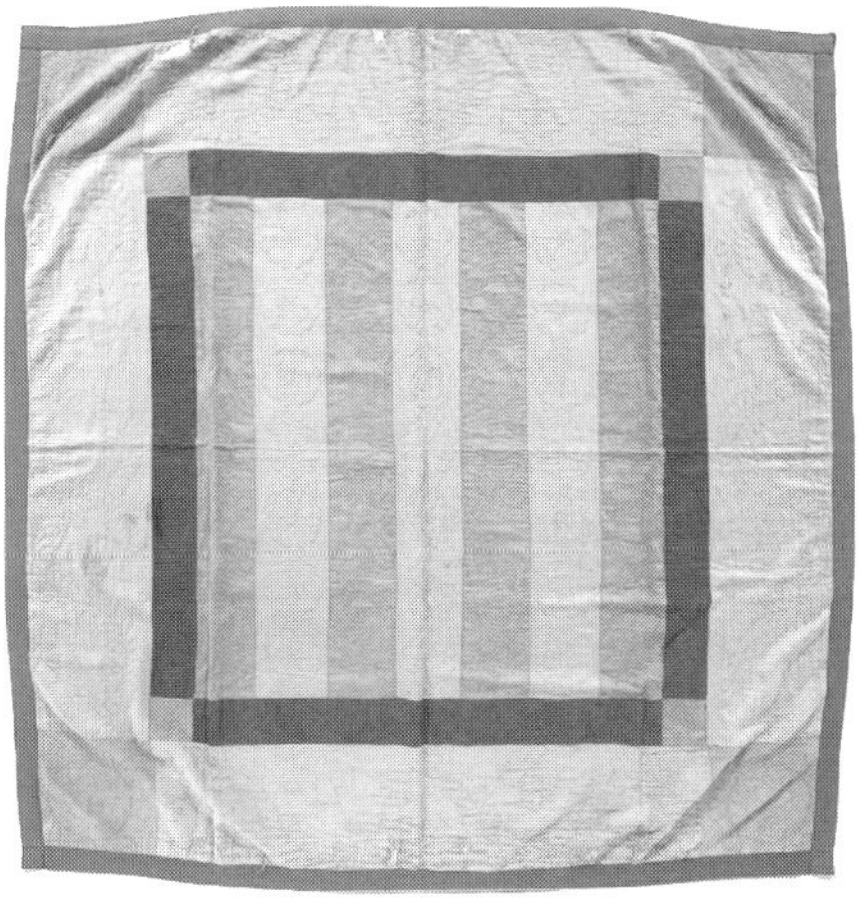
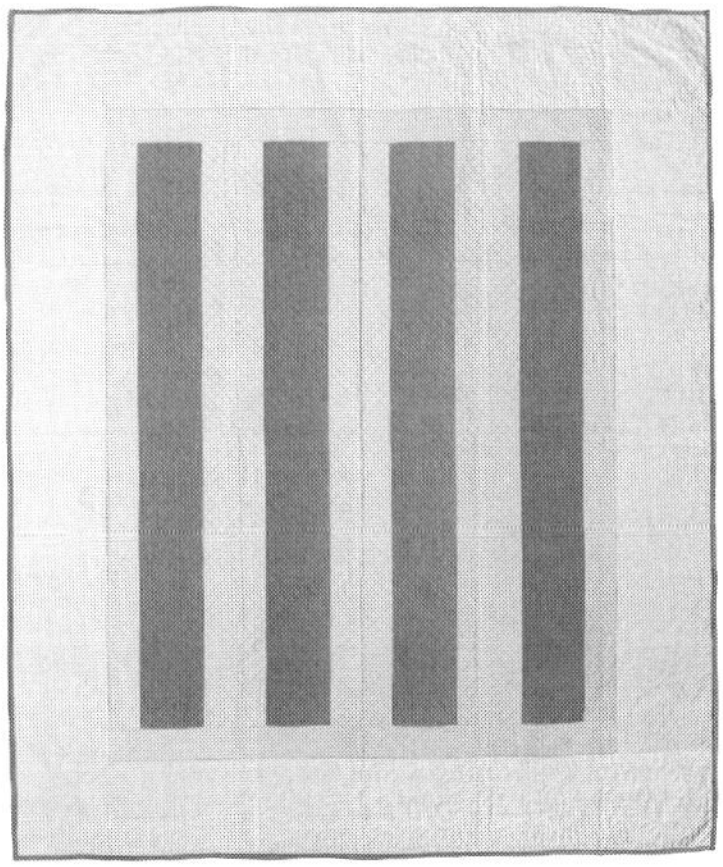
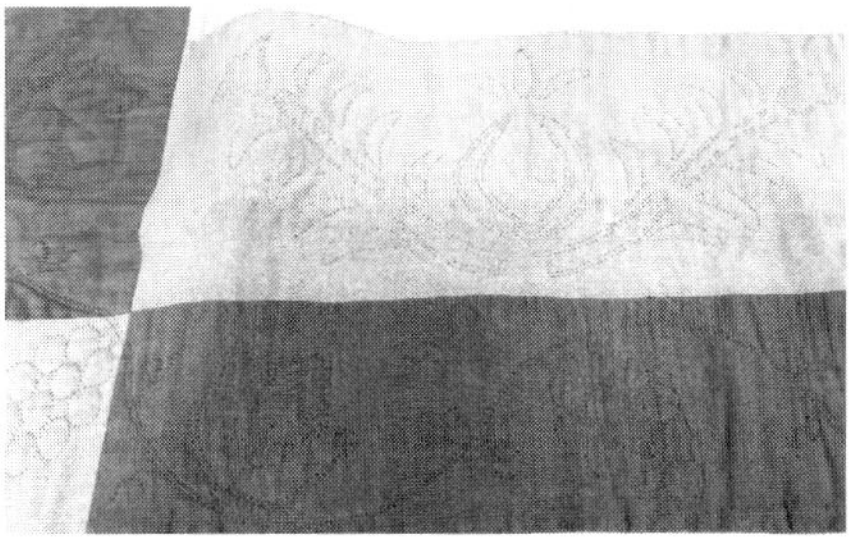
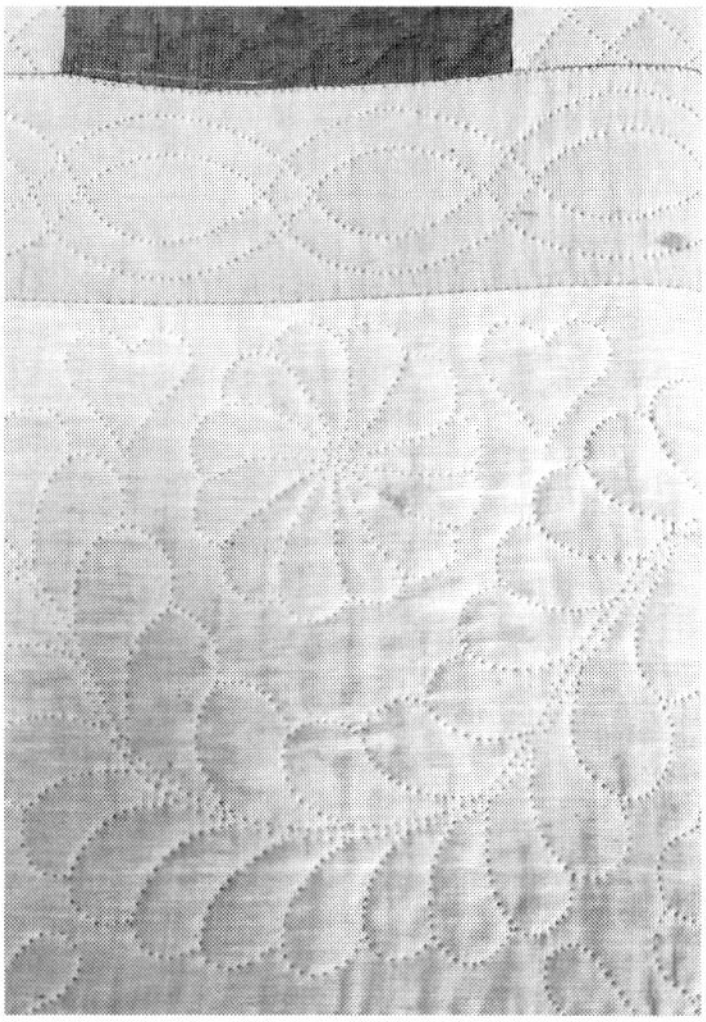

右上下：写真1-23　上：ペンシルヴェニア州ランカスター郡で1910～1930年頃制作のウールのバーズキルト。幅広のボーダーに、ハート、丸い花のようなかたち、フェザー（羽毛）などが豊かにキルティングされている（H0279280）。下：ボーダーのハート、バーの両側の基底部のケーブルキルティング（筆者撮影）／左上下：写真1-24　上：ペンシルヴェニア州で1920年代に制作されたバーズキルト（ベッドカバー）。薄い明るめの青、緑、茶色などのウールに、フェザーなどのキルティングがなされている（H0279291）。下：ブドウやパイナップル模様のモチーフのキルティング（筆者撮影）

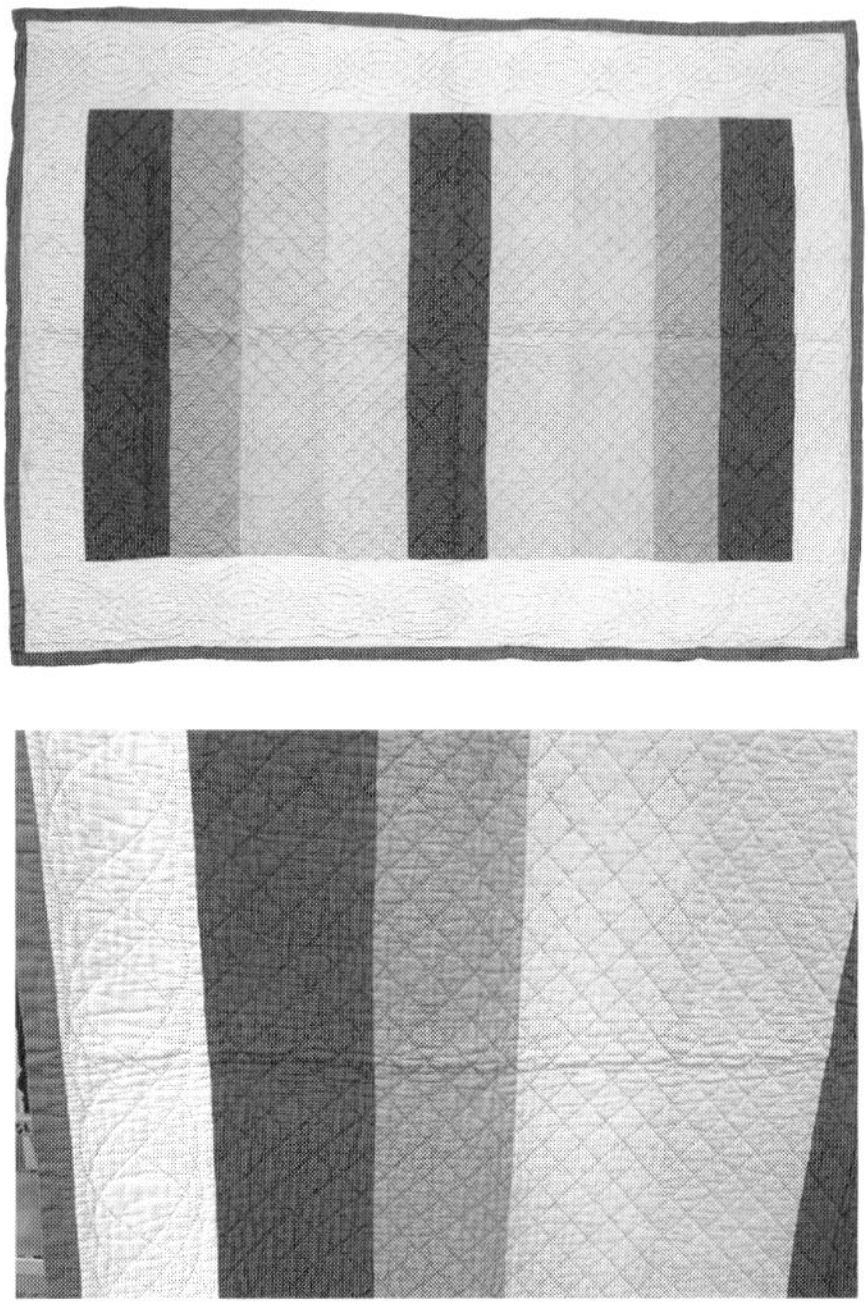

写真1-25　上：1920〜1940年代に制作された中西部のバーズクリブキルト（子ども用ベッドカバー）。濃淡のある青、ライトグリーンなどの無地の綿をミシンでつなぎ、黒糸でハンドキルティングされている（H0275145）。下：キルティングの詳細（著者撮影）

西部の綿のクリブキルトである。濃淡のある青、ライトグリーン、ライトティール（teal）ブルー（緑がかった青、あるいは暗い灰色がかった青）など無地の綿をランダムな幅で配したデザインで、バインディングには鮮やかな赤紫のフェイル織コットンが使われている。ミシンでつなぎ合わせ、ハンドキルティングは黒色の糸で、1・5インチ四方の格子状にバーを斜めに貫き、側面と両端には二種類のケーブルキルティングが施されている。

アーミッシュがこのような印象的なパターンのキルトの数々を作ったのは、米国に移民した後、およそ一八〇〇年代後期から一九四〇年頃までのことだといわれている。(67)

キルトからみえるアーミッシュと近隣の人びととの交流

アーミッシュキルトとその文化を研究者してきたパトリシア・ヘアは、ランカスター郡など、ペンシルヴェニア州南東部の地域で発見された目録やキルトから、キルトの伝統は、ペンシルヴェニア州のドイツ系移民の近隣に暮らしていた英国人入植者によって導入されたと考えられる、と述べている。そして、隣のチェスター郡やフィラデルフィア郡の一八世紀の絹やウールのホールクロスのクエーカーキルトと、ランカスター郡の初期のアーミッシュキルトが多くの点で似ていることを指摘している。(68)

また、歴史家のドロシー・オスラーは、センターダイアモンドなどの特徴的なパターンは英国ウェールズからの移民がつくったウェルシュキルトの影響を受けており、アーミッシュは周囲の他の人びとと日常的に交流していたことが推測されると述べている。ウェルシュキルトは、赤、深い赤い色、栗色、紺、緑、紫、茶色、さらには黒色がよく使われ、ウールで、中心から広がるメダリオンスタイルのキルティングが施されているところも共通の特徴的な点である。(69)

ウェールズのキルトの歴史は一七世紀、あるいはそれ以前に遡り、防具や下着として使われていた。貧しい人びとは手織りのウールを使い、キルティングをして布団を作っていた。産業革命が起こり、一八四〇年頃に北イングランドなどから安価なプリント布が入るようになり、キルト作りが人気となった。一八五〇年頃にはウェールズで柔らかく軽いフランネルの生産が増え、青、赤、黒、緑が出回り、ウェールズ特有のキルトが生まれた。この地では、特に炭鉱夫の未亡人が生計を立てるために、趣味としてではなく、家でできる仕事として作ったキルトが多いことも特徴である。(70)

一九世紀ウェールズからの移民は、宗教的・民族的アイデンティティをもち、アーミッシュがすでに暮らしていたランカスター郡南西部や、西部への移動の経路であった場所などに後から、移動していた。実際、ランカスター郡のニューホランドの南から東へ二〇マイルほどの広がりをもつ山間地ウェルシュマウンテンは、東端のチャーチタウンの近くの鉄鋼で働いていたウェールズからの移民にちなんでその名をつけられた。(71)この地域の北側の豊かな農地や南のペケア谷（Pequea Valley）には農場がみられ、いずれもアーミッシュが暮らしていたことが知られている。とはいえ、幅広のボーダーに施されたフェザーなどのキルティングは、アーミッシュに特徴的なものであるという報告もある。

フォークアートとしてキルトが注目されるようになり、キルトから地域のふつうの人びととの生活文化を照らし出す活動が共有されつつある。(72)それらは、地域に生きてきた人びとの歴史と文化を、朽ちやすい布からたぐり寄せる活動として注目されている。簡素を旨としつつ、鮮やかなコントラストやクラフトマンシップで注目されたキルトを制作したのは、どのような人びとであったのだろうか。次章以下では、アーミッシュの信仰と深くかかわる生活実践から、そのことを考えていく。

第2章　かれらの良き生き方のたどってきた道——信仰と行い

1　再洗礼派——聖書にもとづく新しい共同体

アーミッシュの人びとが属するキリスト教の教派、再洗礼派は、いつ、どのように始まったのだろうか。いつ、アーミッシュと呼ばれ、どのようなグループに分かれてきたのだろうか。かれらが土地や時代の移り変わりのなかで定めてきた暮らしのさまざまな生活の決まりは、再洗礼派の歴史との深いつながりをひもとくことで見えてくるのである。

再洗礼派の活動は宗教改革の時代の一六世紀ヨーロッパでふつふつと動き出した運動のようだといわれている。それは、聖書を読み自らの意志でイエス・キリストの教えに従う生活実践を目指した人びとにより始まったものであった(1)。

宗教改革の前の世紀には、印刷によってより多くの聖書が庶民に読まれるようになっていた。印刷された本によって新たな知識を得られるようになった人びとはそれらを議論することができるようになり、さまざまな新しい運動が盛んになった。中世の時代に、キリスト教会はより大きく影響力をもち、教会と国家は切り離せないものとなった。同時代には、再洗礼派だけが改革者というわけではなく、多くの改革者たちは教会が信仰を創造し回復させるイエスの教えを再発見することを望んでいた。熱心に議論されたことがらとして、教会と国家の分離、神との関係、司祭や教会のより多くの道徳的な指導者などに関することがあげられる。人文主義者やルネサンス期の思想家たちもまた、改革のために活動し、中世の終わりには、ヤン・フス（Jan Hus c. 1369–1415）などの初期の改革者たちが、教会の腐敗に立ち向かっていた。(2)

一五一七年にはドイツで、マルティン・ルター（Martin Luther 1483–1546）が九五箇条の論題を提示し、ヨーロッパの諸侯と手を組みつつ、プロテスタント改革をはじめていた。また、スイスの東部出身のフルドリヒ・ツヴィングリ（Huldrych Zwingli 1484–1531）は、それまで「聖書日課」により読む個所を決められていた聖書の読み方を、一字一句逃さず読む連続講解説教を行うことで、チューリッヒで宗教改革を進めてきた。(3)

こうして教会が市民活動と軍事活動とともにあった時期に現れた再洗礼派は、中世の国家教会制度に疑問を投げかけ、真の教会は世界の腐敗した影響から距離を置き、イエス・キリストの教えに従った人びとのみで構成されると主張した。(4) スイス、アルザス、南ドイツ、そしてチロル地方では、一五二五年から一五二七年のコンラート・グレーベル（Conrad Grebel 1498–1526）、フェーリックス・マンツ（Felix Manz c. 1498–1527）、ゲオルク・ブラウロック（Georg Blaurock c. 1491–1529）などを皮切りに、再洗礼派のリーダーたちによって多くのコングリゲーション（宗教的集会　信者の集まり（congregation））が組織された。(5) コングリゲーションは、ここでは、集会、信徒、会衆という意味で使われている。後述するように（第4章）、アメリカのアーミッシュのあいだでは、コングリゲーションは、礼拝をともにする教会メンバーの生活全般にかかわる教会コミュニティとしての教区という意味で使用されている。教区は、“district”（教会メンバーが居住する地区）と表現されることもある。なお、一般的には教区は「布教の便宜のために設けた区域」（『新明解国語辞典』）とされる。

アーミッシュの起源とされるスイスブレズレンは、聖書のみにもとづく生活を重視し、ルターやツヴィングリによるものよりさらに徹底的な改革を目指した。(6)

最初に大人に施された洗礼は、一五二五年一月、スイスのチューリッヒで行われた。各地の政治当局がその動きを違法であると宣言したにもかかわらず、再洗礼派は秘密裏に信仰を実践し、数年のうちにオランダからポーランド、スロバキアまで、ヨーロッパ全土にグループがみられるようになり、かれらは互いを「キリストの兄弟姉妹（brothers and sisters in Christ）」と呼んでいた(7)。

スイスブレズレンが、徹底的な改革を求めていた様子は、現在もアーミッシュたちによって語り継がれている。たとえば、プレーンピープルの伝統と生活に寄与する目的で一九六八年に創刊された月刊誌『ファミリーライフ』(8)（*Family Life*）には、当初ツヴィングリの改革派教会（リフォームドチャーチ）に参加していたフェーリックス・マンツが、この教会では幼児洗礼が続けられていることを容認せず、再洗礼派としての決意を固め、他の数名の仲間とともに大人だけが洗礼を受ける教会を創始したことが記述されている(9)。このマンツについては、改革地域におけるスイスブレズレンの最初の殉教者であり、コンラート・グレーベルとともにスイスの再洗礼派運動の創始者、そして今日のアーミッシュ教会で信仰の父とされているとの説明も加えられている(10)。

物心つかない子どもになされる幼児洗礼は、親をはじめ子どもにかかわる人びとが属する教会に子どもを迎える儀式であり、税金や徴兵などに関する情報を与えるという意味で世俗的にも重要な機会であった(11)。それに対して再洗礼派の場合は、信仰を確信し聖書にもとづきイエス・キリストに従う生活をともにすることを決意した者が、神と人びとの前でなされる約束として成人洗礼を受ける(12)。そのために、再洗礼派の運動は、世俗権力からも宗教集団からも管理が難しい者たちを生み出すことになった。また、信教にもとづく再洗礼派の無抵抗の主張は、軍事活動への参加拒否につながり、再洗礼派が活動を始めた初期から迫害を受けた理由の一つであった。

再洗礼派は、さまざまな拷問、火あぶりや水に沈める弾圧に晒された。しかし再洗礼派の人びとは、居所を変え各地を転々として礼拝を続け、捉えられた者は無抵抗の姿勢で殉教していった。

かれらの迫害の経験は、千ページ以上に及ぶ『殉教者の鑑』(*Martyrs Mirror*)(一六六〇年にオランダ語で出版、後にドイツ語、英語でも出版)に記され、世代を超えて伝えられ、聖書と同様に再洗礼派の人びとが身近に備えるものとなっている。[13]迫害の記憶はアーミッシュの賛美歌集「アウスブント(*Ausbund*)(Auss Bundt)」にも刻まれている。

2 自分たちの聖書の理解を示した「シュライトハイム信仰告白」

厳しい迫害にあってまで貫きとおそうとした信仰とその実践は具体的にどのように示されたのか。それについては、再洗礼派運動の早い時期に編まれた「シュライトハイム信仰告白」が、一つの指針を与えている。信仰告白とは、キリスト教の教義の信仰にまつわる考えや方針をまとめた文書である。

一五二七年二月二四日、聖マティアの日に再洗礼派のリーダーの一グループは、スイス、シャフハウゼン州のシュライトハイムで重要な会合を開いた。そして、スイスと南ドイツの再洗礼派の神学的理解についてコンセンサスにいたった七点を議決した。すべての人が理解できるような言葉で書かれていたこの信仰告白は、各地で行われていた運動に指針を与えようとするもので、再洗礼派の指導者たちによって書かれた、今日でも重要な文書の一つとされ、[14]元ベネディクト派の修道士から指導者に転身したミヒャエル・ザトラー(一五二七年没)が、主たる執筆者とされている。この信仰告白に関するより詳しい説明や第一次資料については注に示したが、[15]以下では、現代において再洗礼派の信教と歴史を説明した資料のなかからラザフォード(Brinton Rutherford)による要約をみていこう(括弧内は筆者)[16]。

第一に、本当に悔い改め、キリストが自分の罪を取り除いてくださったことを告白し、自らそれを求め、そして生まれ変わって新しい生活を送ることを教会に示す者のみが洗礼（baptism）を受けるべきである。このことはすべての幼児洗礼を除くことになる。

第二に、教会の兄弟姉妹（brothers and sisters of the church）は、マタイ18にしたがって、教会の中で、時として誤りや罪に陥っている人たちを、秘密裏に二回、そして三回目には、公然と諫めなければならない。これは、主の晩餐（the Lord's Supper（コミュニオン））の前にマタイ5の御霊（Spirit）の定めに従って行われ、私たち（信者）が愛と一致をもってパンを割って食べ、杯から飲むことができるようにしなければならない。

第三に、主の晩餐は、自分で求めて洗礼を受けて（voluntary believers baptism）教会に入会し、教会の兄弟姉妹と一致して生活している人たちによって祝われる。晩餐は記念の食事であり、それ以上のものではない。

第四に、教会の兄弟姉妹は、この世の王国と神とキリストの王国、暗闇の王国と光の王国との間に明確な分離を示すような生き方をしなければならない。このような分離は、クリスチャン（キリスト教徒）が敵に対して武力や国家の力を行使することに参加できないことを意味する。キリストが言われたように、敵を愛し、悪人に抵抗してはいけない。

第五に、神の教会の牧師は、パウロが言ったように、非クリスチャンの間で評判の良い者でなければならない。この務めは、教会の中で聖書を読み、諭し、教え、警告し、戒め（懲らしめ）、禁止（放逐（ban））すること、すべての兄弟姉妹の成長のために祈りを導き、主の晩餐のためにパンを捧げ、キリストのからだ（the body of Christ（教会））の世話をして、キリストのからだが建てられ、中傷する者が止められるようにしなければならない。…

第六に、神は国家の力を使って悪人を罰し、死刑にするように定められているが、神の民はそのような活動に参加してはならない。神は、善を守り保護するために国家の力を適切に使うように定められた。しかし、弟子としてキリストに従う者には、「これ以上罪を犯すな」という命令、禁止、破門だけが、誤りに陥って罪を犯した者を警告するために使われることがある。キリスト教徒は他人の命を奪うことを禁じられている。キリストの模範と教えに従うキリスト教徒は、善の擁護と保護のために、悪しき者に対して国家の力を行使してはならない。キリスト教徒は、法廷でお互いに裁きを求めるべきではない。また、キリスト教徒は、国家の力を行使する政府の立場に立つべきではない。イエスはその申し出から離れて歩まれ、私たちはかれの模範に従うことになっている。

第七に、議論を解決したり、約束を封印したりするために誓いを使うことは、キリストによって禁じられている。私たちは、すべての事柄において、自分の言葉を守るだけである。…神は誓いを立てても立てなくても約束を守らないことはできないが、誓うことは人びとがかれらの約束を守ることができるようにするわけではないので、キリストが言われたように、私たちは全く誓うべきではない。その代りに、私たちは単に「はい」は「はい」を意味し、「いいえ」は「いいえ」を意味するようにすべきである。

「シュライトハイム信仰告白」は、「赦し」について、以下の文章で結ばれている。

あなたがたが知らずに行ったことは、〔もしも〕正しく振る舞わなかったと告白するならば、信仰深い祈りによって赦される。赦しは神の恵みによる赦罪と、イエス・キリストの血によって、私たちのいっさいの欠陥と負い目にもかかわらず、私たちの交わりのなかで完成される。(17)

これらの言葉には、信仰をもつ生き方は教会メンバーの交流と協働において行うことができるものであることが示されている。

3　再洗礼派における論点とコミュニティ

「シュライトハイム信仰告白」に表現されているように、一人一人の成人が信仰を確信することが出発点として重視されたが、それのみならず、信仰を実践するために教会コミュニティメンバーの協働が切に要請されていた。それは、なぜなのだろうか。「シュライトハイム信仰告白」は、その時点での一つの見解を明示しようとしたものだが、世俗からの分離の程度や無抵抗・非暴力などの捉え方には多様性がみられた[18]。本節では、再洗礼派をほかの改革者と大きく隔てた実践に向かわせた初期の再洗礼派の考え方とその展開について、主として再洗礼派に関する歴史家C・アーノルド・スナイダーの著作（Snyder, From, *Anabaptist Seed*, 1999）を参照し、たどってみよう（括弧内は頁[19]）。

3－1　神の意志と救い

再洗礼派の教義は、まったく新しい発明というわけではない。ほとんどすべての再洗礼派は正統的な三位一体主義の信念を持っており、プロテスタント宗教改革の基本原則にも同意していた（22）。再洗礼派を独特の教会改革運動にしたのは、かれらがキリスト教と宗教改革の教えに共通であった点を強調し、解釈した方法であった（10－11）。

どのようにして神の意を知るのか

どのようにして神の意を知ることができるのかについて、再洗礼派は、聖書（Scripture）、聖霊（Holy Spirit）、コミュニティ（Community）、そしてキリストを道標とした（12－14）。

再洗礼派は、聖書を改革の規範とすべきであるとしたが、聖書の最良の解釈者は聖霊を受け取った人びとであると信じていた（聖霊は、信者を、再生し、導き、活性化し、清めると信じられている[20]（括弧内は筆者））。この初期の再洗礼派の考え方は、特に、聖書の解釈を、教育のあるなしをとわず、男性と女性に同様に開いた点で、極端に急進的であった。とはいえ、洗礼を受けた者の一部が預言し、「聖霊に導かれた」と主張する問題もみられたのでコングリゲーションの中で文字と聖霊の両方を見分けることとなった。さらに、すべての聖霊に関する主張は、キリストの人生と言葉に照らして検討されなければならないことが強調された。神の意志は聖書で明らかにされ、聖霊の力を通じてすべての信者によって解釈され、信者の集まりのなかで見分けられ、そしてキリストの尺度によって試されることとなった。

どのようにして救われるのか――自由意志、新生、弟子

いかにして救われるのか、「信仰による救い」について、ルター、ツヴィングリ、カルヴァンと同様に、再洗礼派も真剣に受け止めたが、救いのプロセスに関しては異なる説明をした。

第一に、再洗礼派は、信仰は大人だけが理解できるものであると信じていた。このことが、内なる信仰の外のしるしとされた洗礼に影響した。再洗礼派は、救いは恵みの賜物であることに同意したが、新約聖書の多くの箇所から、無償ではなく、信者も自分たちの役割を果たすべきであると読みとったのである。

第二に、再洗礼派は、信仰にいたることは新たに生まれることを意味し、個人による選択を含む積極的な

精神的プロセスであるとした。このことは、たとえば、次のように言葉で語りかけられていた。

あなたがたは、この世と妥協してはならない。むしろ、心を新たにすることによって、造りかえられ、何が神の御旨であるか、何が善であって、神に喜ばれ、かつ全きことであるかを、わきまえ知るべきである。（ローマの信徒への手紙12：2）

そして最後に、再洗礼派は、真の信仰が日常生活の行いの中で実を結ぶ必要があると信じていた。かれらにとって救いとは、最後まで忍耐を必要とする人生の過程（life process）であった。キリスト教の道を歩むためには、自己犠牲、狭い道を積極的に選択すること、そして人間的な努力（human effort）が必要であった。再洗礼派が常に使っていた言葉は、「信仰の従順（the obedience of faith）」である。キリストによって罪が赦されたことを信じるということは、悔い改めと回心の過程を経て、現世において、言葉と行いでキリストに従う者、弟子となることを目指したことを意味する（18－19）。

3－2　独特の教会改革と教会――コミュニティ、聖書リテラシー、目に見える教会

再洗礼派はキリスト教の教義の革新者ではなく、プロテスタント改革派の信者であったが、一般的なキリスト教の教えをどのように解釈したのかという過程は、かれらがつくってきた教会に独特の側面をもたらした。

この教会には、神の御心を解釈する「祭司的」な者は存在せず、解釈し、見分けるメンバーによって構成された共同体（コミュニティ）が存在する。すべての教会のメンバーは聖書を読み書きできるようになるように促されていた。再洗礼派の大多数は読み書きができなかったにもかかわらず、大部分の聖句を記憶して

いた(20)。

再洗礼派の救いの理解は、真の教会は、神の恵みの申し出に「イエス」と答えることを選んだ人びとによって構成された、目に見える教会(visible church)になることに結びついた(20–21)。

3–3 再洗礼派教会のきまり

再洗礼派の教会改革運動は、一部の信者がカトリックやプロテスタントとは異なる教会の慣習(ordinances)を制定したことから始まった。

再洗礼派たちは、聖書が明確に命じたことにもとづいてのみ、教会の儀式を確立することに関心を持っていた。これは一六世紀には、一五〇〇年間教会で発展してきた儀式や象徴的な言語を根本的に簡素化することを意味した。その代わりに、少なくとも三つの基本的な教会の儀式——信者の洗礼(Baptism of believers)、教会の規律(church discipline)、主の晩餐(the Lord's Supper)——は、初期の再洗礼派教会の実践の中核となった。洗足(foot washing)は、一六世紀の後半に追加された(23)。

洗礼

信仰を確信した大人の洗礼は、再洗礼派運動の最も目立つ特徴であった。成人の洗礼のための聖書の論拠は、イエス・キリストが弟子たちに向けて述べた言葉「だから、あなたがたは行って、すべての民をわたしの弟子にしなさい。かれらに父と子と聖霊の名によって洗礼(バプテズマ)を授け、あなたがたに命じておいたことをすべて守るように教えなさい。私は世の終わりまで、いつもあなたがたと共にいる」(マタイ28:19–20)[21]からとられた。再洗礼派にとって、聖書の洗礼の意味は、内なる信仰の外的なしるしであった(24)。[22]

教会の規律

教会の規律の聖書の根拠はマタイ18：15−18にあった。再洗礼派が「禁止（the ban）」と呼んだ教会の規律の第一の機能は、罪を告白し、それを赦し（forgiving）、罪人をコングリゲーションに再入させる方法を提供することであった。禁止の第二の機能は、改革された教会の神聖と純粋（holiness and purity）を維持することであった（28−29）。

主の晩餐

信者の洗礼と教会の規律への服従は、主の晩餐を受けるための前提条件であった。晩餐は、日々の生活の中で信仰を示す人びとによって祝われることを意味していると考えられていたことは、初期の再洗礼派の指導者バルタザール・フープマイヤー（Balthasar Hubmaier c. 1480-1528）の言葉にも表れている。

水の洗礼が信仰の誓いの象徴であるように主の晩餐は兄弟愛の義務のしるしである。水は神に関係し、晩餐は私たちの隣人に関係している。

一六世紀の再洗礼派の集会では、主の晩餐を祝うことは、交わりへの新たな決意を示す印であった。パン（斤）と主の杯を分かち合うことで、メンバーは互いに命を捧げる意思を示していた。一六世紀には、再洗礼派の囚人たちは、ほとんどの場合、刑務所の中で拷問を受け、仲間の教会のメンバーの名前を言うように求められた。迫害の中で、主の晩餐をともに祝うことは、共通のコミットメントと目的の強力なシンボルであった（32−33）。

洗足

洗足の儀式は、初期の再洗礼派のすべての集会で実践されていたわけではなかったが、その実践が最も広まったオランダで、一六世紀後半から一七世紀にかけて作られた信仰告白に入っている。

洗足の習慣は、主にイエスが「制定し、命令した」ため、「儀式」と考えられており、その象徴的な意味は、謙遜と継続的な浄化（生きていくうちにどうしてもつけてしまう霊的な汚れを取り去る）[23]に関連していると説明されている。一七世紀後半、スイスブレズレンによる「ドルトレヒト信仰の告白」の採択には、洗足の儀式としての採択も含まれており、南部でもその習慣が受け入れられるようになった（33－34）。

3－4　弟子として——信仰に生きる行い

再洗礼派は、キリスト教者の生活は誠実（integrity）なものでなければならず、信仰が、それに対応する外面的な行動で表現されなければならないと確信していた。具体的な方法は、最初の頃は明らかではなかったが、再洗礼派の運動が進展するにつれて、弟子としての自覚的な兆候として、真実を語ること（Truth-Telling）、経済的分かち合い（Economic sharing）、平和主義（Pacifism）の三点がみられるようになった（37－38）。

真実を語ること

弟子であることは、主の命令に従うことを意味する。だが、一六世紀の信者にとって、イエスの最も困難な言葉の一つは、「誓ってはいけない」（マタイによる福音書5：34－37）というかれの命令であった。

一六世紀の政治社会は、忠誠の誓いによって結ばれていた。誓いは、ギルドに参加するとき、都市の市民権を更新するとき、そしてすべての法廷で必要とされた。一六世紀に宣誓を拒否することは、政治的・社会的秩序の外に身を置くことを意味する。また、イエスキリストの弟子たちは、真実を語るだけでなく、真実を生きること、すなわち、言葉と行いが完全に一致する人びとでなければならないと考えられた（38－39）。

経済的分かち合い

すべての再洗礼派信者に期待される信仰と再生の証の一つは、必要のある人びととの経済的分かち合いであった。自分の所有物を「譲る（yielding）」ことは、自分が死んでキリストの中でよみがえり、地上のキリストのからだに完全に身を委ねたという目に見えるしるしであった。かれらのスピリチュアルな「譲歩（yielding）」（Gelassenheit）は、物質的なものの所持の「譲歩」で目に見えるようにされるべきである。再洗礼派は、信仰によって新たに生まれた人びとは、何よりも神への愛と自分自身と同様に隣人を愛することを示す方法で経済生活を送るものと信じていた[24]。

一五二〇年代と一五三〇年代のモラヴィアの再洗礼派コミュニティのいくつかとその後のハッタライト（Hutterite（フッター派））では、メンバーは財産に対するすべての主張を放棄した[25]。しかし、より多くの、どの再洗礼派のグループにあっても、困窮者を助けるために保管された「共通の財布」があった。メンバーであるということは、貧しい人びと、未亡人、孤児を世話し、一般に「一つの体のメンバー」として生きることを意味した。信仰のコミュニティの外でも、寛大さの顕著な事例もいくつかあった（40－41）。

平和主義

平和主義のルーツとして、コンラート・グレーベルのように、イエスの足跡を辿ることから、キリストとともに苦しみ、暴力によって他人に苦しみを与えない、という明確な指針が得られると確信していた再洗礼派がいた。だが、なかには、終末論的な予言を信じ、「再洗礼派の都市」として知られたドイツ北部のミュンスターで、イエスの復活に備えて神の意志を実行していると考えて武装した再洗礼派が、ほぼ一年半（一五三四－一五三五）都市を占拠する事件も起こった。[26]

この後、神の意志を見極めるためのガイドラインはイエス・キリストであり、イエスの言葉と模範が最終的なものであると人びとは合意した。第一に、キリストは神に従って十字架につけられ、第二に、暴力や敵への憎しみさえも禁じ、代わりに愛を命じる主の明確な聖書の命令があった。そして最後に、暴力に参加することは、精神の完全性の原則に矛盾した。一五四〇年までに再洗礼派は、洗礼を受けて生まれ変わったクリスチャンが暴力に参加することを拒否する、広いコンセンサスを得た。しかし、平和主義のクリスチャンはどのように悪と暴力の世界とかかわるのか、という今日まで続いている問題が残っていた。

無抵抗

無抵抗に関し、再洗礼派の大多数は、「悪人に手向かうな」（マタイ5：39）のイエスの言葉に導かれるようになった。かれらはこれらの言葉が意味することを、世界から分離し、そのガバナンスに関与しない、と理解した。これらの「無抵抗の（nonresistant）」再洗礼派は分離主義者であった（45）。[27]

非暴力（nonviolence）

平和主義の再洗礼派の間で、少数派は教会を世界から切り離すことはそれほど絶対的ではないと考えた。その根拠として、たとえば、聖書の「悪に負けてはいけない。かえって、善をもって悪に勝ちなさい」（ローマ12：21）という言葉があげられよう。一六世紀の南ドイツの再洗礼派の指導者・神学者であったピルグラム・マーペック（Pilgram Marpeck. c. 1495-1556）は非暴力の意味を明解にしようと取り組んでいたが、イエスの信奉者たち（followers）は（再洗礼派以外の教派も含む）、清浄な砦を守ろうとするかのように自分たちを世界から孤立させるようなことはせず、むしろ、世界に向かって神の愛を示し、信仰をもたないものを招き入れようとするだろうと考えた[28]。

マーペックの教会に対するより積極的なビジョンは、しかしながら、一六世紀の少数派であり、ほとんどの再洗礼派は主に激しい迫害のために、教会が可能な限り世界から切り離されるだろうと確信していた（46）。マーペックの議論にみられるように、平和主義についても、無抵抗なのか、暴力によらずに世界に働きかけ続ける非暴力の考え方をとるのかについては、再洗礼派のあいだで現代まで続く議論と実践の違いとなって表れている。

弟子として生きること（discipleship）

結局、暴力という難しい問題は、イエスの手本をみながら、弟子主義の原則に従って解決されてきた。信仰により生まれ変わった弟子たちはイエスに従う。かれらは真実（truth）を語り、真実を生きる。かれらは地上の所有物に対する主張を取り消した。かれらは悪のために悪を返すのではなく、善をもって悪に対応するのである（47）（42－46）。

これまで見てきたように、信仰告白の提示や議論、そして実践の過程には、再洗礼派のなかに、さまざまな考え方が存在したことがうかがえる。アーミッシュの祖とされているスイスブレズレンのなかにも、世俗との分離の程度について微妙な違いがあり、世界に語りかける姿勢をとる人びとが存在した。とはいえ、再洗礼派の人びとは、聖書に示されていると思われることを信じ、それを表現し、教えを実践する弟子として生きることは、決して一人ではなく、いつもキリストともに歩むことに他ならない、というキリストの言葉を道標としたであろう[29]。だが、一般社会のなかで日々の生活のなかで信仰を実践することは、工夫を要する困難なものであった。

4　ヨーロッパにおけるアーミッシュ（アーミッシュメノナイト）の分裂

ここまでに示した一六世紀の再洗礼派の運動と関連するグループは、主として、メノナイト（メノー派）、アーミッシュ、ハッタライト、ブレズレン（Brethren）として展開してきたが、これらのいずれにも、世界との分離の程度をそれぞれ選び取り、生活実践の変化に寛容なものから、伝統を重んじるものまで、多様な生活実践を選択している。

無抵抗、宣誓拒否、世界からの教会の分離は、再洗礼派のうちほとんどのハッタライトとスイスと南ドイツに起源をもつメノナイトのあいだで、規範的なものとなった[30]。そして、スイスのメノナイトを起源とするアーミッシュについても、思想的には「シュライトハイム信仰告白」の分離主義の継承者とみられている[31]。のちにアーミッシュは主として米国に移民し、一般社会における生活の近代化のなかで、さらにいくつものグループに分化していく。アーミッシュにも、いくつかのグループがあって、本章の最初で触れたような、オールドオーダーアーミッシュだけを指すのではない。

第3章以下で検討するように、再洗礼派のなかでも、一般社会との分離や生活のきまりについて、明解な態度を持ちそれを見える教会として示してきたアメリカのオールドオーダーアーミッシュという存在が、独特のアーミッシュキルトの誕生にかかわっていると考えられる。本節では、まず、ヨーロッパにおいてアーミッシュが、再洗礼派メノナイトから分かれてきた過程をみていこう。

アーミッシュは、一六九三年に、現在のスイス、ドイツ、そしてフランスのアルザスにおいて生まれた宗教グループである。[32] アーミッシュは、一七世紀後半になって、人びとが長引く宗教戦争に疲れ、「迫害の衰退」という状況のなかで、変化する状況への対応の違いとなって誕生してきたものである。一六〇〇年代半ばまでに、スイスとドイツの再洗礼派は、より遠くのアルプスの渓谷に移動するか、ライン川渓谷に北上して、三〇年間の戦争で荒廃した土地や建物の再建に携わるようになっていた。[33] 再洗礼派が地域でより受け入れられる状況を喜ばしく思う人びとがいる一方で、再洗礼派としてのアイデンティティを明確にすることを重視した者も出てきた。そうした指導者が、ヤーコプ・アマンであった。

アマンは、それまでスイスの再洗礼派のあいだでは年一度のみ行われていたコミュニオン（聖餐式）を年二回に増やし、洗足を儀式化するなど厳格なきまりをもうけた。コミュニオンは、教会メンバーがすべて考え方を統一し調和に至っていることを確認する機会であった。また、弟子の足を洗ったイエスの奉仕と謙遜の行為にならうとアマンが主張した洗足は、ドイツの再洗礼派と異なり、もともとスイス系メノナイトあるいは再洗礼派においては行われていなかった。

さらにアマンは、悔い改めない罪に陥った人びとに対する象徴的な社会的忌避（social avoidance）を伴う厳しい「シャニング」の徹底を主張した。

一六世紀オランダのメノナイトの間では、シャニングの実践に関し厳しい対立があり、完全なシャニング（full）と部分的なシャニング（partial）の二つのタイプが区別された。部分的シャニングは、元のメンバーはメンバーシップを失いコミュニオンから除外されるが、礼拝に参加することはできる。だが、完全なシャニングは、食事や仕事にかかわることを含む日常生活におけるより大きな分離を意味する。シャニングに関する議論が、一六九〇年代のスイスとアルザスにおけるヤーコプ・アマンに率いられたアーミッシュとメノナイトの分離にかかわっている。アーミッシュは、強いタイプのシャニングを求めたが、スイスブレズレン（メノナイト）は部分的なタイプを採用した。[34]

アマンは、破門とシャニングは罰ではなく、きまりを守らないメンバーが神に対する罪の深刻さを自覚し悔い改めることを促す方法であると説明していた。アマンは、かつてシャニングと洗足の儀式を教えていた、オランダ再洗礼派メノナイトの「ドレトレヒト信仰告白」に依拠して、かれの主張の妥当性を示した。(35)シャニングについては、長きにわたった議論に関し、一六三二年にいったん合意がなされていた。オランダのドルトレヒト（ドルト）で行われた歴史的会合で、オランダと北部地方のメノナイトのリーダーが教会の統合の証として「ドルトレヒト信仰告白」を提示したのである。(36)

この「ドレトレヒト信仰告白」には、信者の洗礼、洗足、破門された者のシャニング、宣誓しないこと、無抵抗（聖書における平和主義）、そして教会の規律など、キリスト教神学や実践に関する事柄が含まれている。一六六〇年に、アルザスのミニスターたちに承認され、一六九三年のアーミッシュの創成に影響を与えた。そして米国において、一七二五年に、ペンシルヴェニア州のフランコニアおよびランカスター・メノナイト・コンフェランスで承認されて以来、「ドレトレヒト信仰告白」は、ほとんどのスイス南部のドイツ系を起源とする伝統的なメノナイトと、事実上すべてのアーミッシュグループによって信仰と実践のガイドとして広く使用されている。(37)

一六九三年の夏の終わりから秋にかけて、アマンと数人の支持者がアルザスからスイスに旅し、スイスの再洗礼派にアマンの改革案を提示した。出会いはうまくいかずスイスの再洗礼派や特にかれらの長老であるハンス・ライストと対立し、(38)アマンはライストら数名を異端者として破門した。最も論争された二つの問題は、世俗的な社会からの分離の程度とシャニングの慣行であった。具体的な実践としてアマンが主張した事柄としては、帽子のスタイル、身体のための衣服、靴、ストッキングなどの服装の統一が挙げられる。また、かれは、髭を整えることや、国教会の礼拝に出席することにも反対を唱え、出席者を何人も破門した。(39)

ライストは穏健派を代表する立場にあり、分離主義の徹底には賛成ではなかった。その背景として、異宗派との平和共存の経験やスイスの改革派信徒たちの交流があった。一七世紀に「共鳴者」(Treuherzige, true-hearted〔親友〕) と呼ばれた再洗礼派に援助を行う人びとは改革派〔国教会〕の信徒たちであった。[40]

アマンの派閥は最終的にアーミッシュとして知られるようになった。アマンのスイスとプファルツ(パラティネート)の支持者の多くは、アルザスの谷に移動した。一六九四年から一六九六年の間だけでも、スイスのベルン州から六〇世帯ほどがやって来て、一六九九年までにアーミッシュの家族が渓谷の農場の多くを所有し、地元の木材や製材業に深くかかわっていた。一七一二年、フランスのルイ一四世がアルザスの領地から再洗礼派の追放を命じ、二〇年間繁栄してきたサントマリーオーミーヌ周辺のアーミッシュコミュニティの人びとは南ドイツの他の地域やライン渓谷、または王室アルザスに隣接する地域に移動した。[41] このように、アマンとその支持者たちが、アマンの名にちなんでアーミッシュ(アーミッシュメノナイト)と呼ばれるグループの最初の人びとである。

第3章　北米に移住したアーミッシュ――さまざまなグループの誕生

1　アメリカへの移動（マイグレーション）

再洗礼派のなかには、宗教的迫害の経験から何度も居所を変えたり、信教の自由やより良い経済的機会を求めて移住した者もいた。一六世紀半ばから一九世紀半ばにかけて、再洗礼派の人びとは、オランダ、スイス、オーストリア、ドイツからフランス、ポーランド／プロイセン、ロシア、モラヴィア、そして北米に生活の場を広げた(1)。

北米を目指した人びとのアメリカへの入り口は、主としてアメリカのペンシルヴェニア州であった。ここは「ペンの森」として知られ、宗教的寛容を掲げ信教の自由を保障したクエーカー（Quaker）教徒ウィリアム・ペン（William Penn 1644-1718）を頼って、さまざまな宗派の人びとがこの地を目指した。アーミッシュとメノナイトは、ペンの誘いに最も早く応えたグループの一つである(2)。

スイス、オーストリア、ドイツなどドイツ語圏からやってきた移民は、ペンシルヴェニアジャーマンと総称されてきた(3)。再洗礼派をはじめ、クエーカー、エフラータクロイスター、シェーカー、モラヴィアンなどが組織された(3)。一七三七年にスイスの友人に宛てたダースト・トムの手紙には、新しい居住地の様子が次のように書かれていた(4)。

ここには、メノナイト、敬虔派、ルーテル派、アーミッシュ、セヴンスデーアドヴェンティスト教会、カトリックなどたくさんの宗派の人びとがいる。異なる国から来たすべての人びとは、互いにとても仲良くしている。

北米に移民した再洗礼派は、七二〇〇以上のコングリゲーション（教区、教会メンバーが居住する地区、教会コミュニティ）を形成し、およそ六〇万三九〇〇人のメンバーを擁している（2018アナバプティストセンサス）(5)。メノナイトとアーミッシュの教区の集まりである居住地（セトルメント）は、ペンシルヴェニア州、オハイオ州、インディアナ州に集中している。

メノナイトは、プロイセン、ロシア、そして北米に移動した。メノナイトの北米移民は一六八三年に始まり、ドイツとオランダのメノナイトとクエーカー一三家族がペンシルヴェニアへやってきて、フィラデルフィア近郊ジャーマンタウンに居住地を拓き、一七一七年から一七三二年にランカスター地域に落ち着いた(6)。アーミッシュは、西南ドイツのプファルツとして知られるライン川の上中流地域やフランスのアルザス、スイスを出発地として、北米を目指した。アーミッシュの移民には、大きく二つの波があり、一七〇〇年代と一八〇〇年代に宗教の自由や社会経済的な状況の改善を求めて大西洋を渡ったドイツ語を話す移民のごく一部だった。一七三六年から一七七〇年の間に、約五〇〇人のアーミッシュがフィラデルフィアの港を通って到着し、ペンシルヴェニア南東部に定住した(7)。

最初のアーミッシュ居住地は、バークス郡の北中部である(8)。一七三六年に、二家族が到着し、その後、おそらく二〇〇人ほどの居住地に成長した(9)。次に、数家族が、ランカスター郡にやってきて、オールドコネストガ・セトルメントと呼ばれる居住地を拓いた。さらに、一七六七年までにやってきたアーミッシュは、サマセット郡を目指し、一八世紀には三つの教区が形成された。一七九一年からは、北東部のミフリン郡にもアーミッシュ居住地が拓かれた[10]。

現在もオールドオーダーといわれる比較的厳格なアーミッシュが居住することで知られている、ペンシルヴェニア州ミフリン郡のキシャコキアズ谷（バレー）にある農場で生まれたリー・カナギー（Lee Kanagy 1915-2012）は、回顧録のなかで以下のように最初にやってきた祖先の様子を記している[11]。

この谷の初期の入植者の中には、スコッチアイリッシュのプレスビテリアンやドイツのルーテル派の人びとがいて、アーミッシュよりも五〇年早く到着していた。一七八九年までにキシャコキアズ谷には四つの長老派教会があった。この地域は、ミフリン郡とジュニアタ郡の全域からなる。いくつかの古い記録によると、最初のアーミッシュは一七九一年にこの谷に到着した[12]。

一八一五年から一八六〇年の間に、約三〇〇〇人のアーミッシュ移民の第二波が北米にやってきた。新しい移民は、経済的な機会と強制的な兵役からの自由を求めていた。これらの一九世紀のアーミッシュの多くは、直接五大湖周辺の州とカナダのオンタリオに移動することを選択した。

北米への移民によって、一八〇〇年代後半にヨーロッパのアーミッシュ教会は衰退し、一九三七年に、プファルツの村イクスハイムにある最後の小さなアーミッシュ教会が近くのメノナイト派と合併した。他方、北米では繁栄し、一八〇〇年代半ばまでに、アーミッシュの移民とその子孫がペンシルヴェニア州からアイオワ州に二四を超える定住地をもつようになった[13]。

2　一九世紀米国における「オールドオーダー」運動

ヨーロッパにおいて、聖書にもとづく生活を目に見える形で遂行することを目指したアーミッシュは、アメリカでどのような生活をしてきたのだろうか。ヨーロッパからやってきた再洗礼派の人びとが遭遇した経験は一般社会における変動であり、かれらはそれをどのようにとらえるのか選択を迫られてきた。社会の変化への対応は、慎重な姿勢、変化を考慮し自分たちの信条とのあいだに問題がないと考えられる場合はそれを受け入れる態度まで幅がみられる(14)。

メノナイトの人びとは、とりわけ、その生活実践が多様である。メノナイト教会ＵＳＡやメノナイトブレズレンなどのメンバーは、主流文化の多くの側面に参加し、現代的な服を着て都市部に住み、高等教育を追求し、最新のテクノロジーを使用し、さまざまな職業に従事している。こうした同化的なメノナイトは、世界中に多くの教会を展開しており、多様な民族を擁している。他方、伝統的なメノナイトには、オールドオーダーメノナイトが含まれる。かれらは、オールドオーダーアーミッシュのように、工業化する社会を問題視し、一八〇〇年代後半にオールドオーダーとしてのアイデンティティを明確化した。かれらもまた、馬とバギーを使用し、ペンシルヴェニアダッチ（ドイツ語の方言）を話し続けている。だが、アーミッシュとは異なり、ミーティングハウスで礼拝し、男性はひげをたくわえておらず、女性の服は模様があることが多い(15)。

アーミッシュは、聖書の解釈にもとづく生活実践の違いによっていくつものグループに分かれてきた。そもそも今日のアーミッシュを象徴するものである服、交通手段、家庭用品、装飾芸術における色と形の基準は、一八世紀には明確には定義されていなかった。比較的小規模のコミュニティに暮らす人びとは、アーミッシュ以外の教会員と結婚することもあった。だが、一八世紀末から、アーミッシュたちは「世界から離れる」(一般社会から距離をとる)感覚を抱くようになる。独立戦争期、伝統的な「平和教会」の人びとは、兵役拒否した場合、罰金、投獄、二重課税などを経験した。一七七〇および一七八〇年代に、公的迫害に晒されたことは、アーミッシュたちに一般社会からの分離や疎外の感覚をもたらした。戦争後の数年間、これらの教会の中で会員資格の新しい基準が確立され、引き締めが起こった。[16]

一九世紀の北米で、周囲の社会とは異なる原則にもとづいたキリスト教生活のスタイルを維持しようとする意識的な試みとして、オールドオーダー運動(Old Order movement)が起こった。文化的・宗教的に大きな枠組みに部分的に同化してしまうことを恐れた、厳格派のアーミッシュとメノナイトのコミュニティは、キリスト教者の生活についての独特の理解を維持するために、別々の教会共同体を組織した。[17] オールドオーダーコミュニティは、古くから続く静的なものではなく、新たに創成したものなのである。

2-1 アーミッシュのあいだの変化のきざし

一九世紀前半期から半ばにかけてのアンテベラム(南北戦争前)期のアメリカは、個人的な充足を求める消費者文化と愛国的な態度が明確となりつつあり、さらに、米国の宗教的復興(リバイバリズム)では個人の経験が焦点化されるなど、[18] 社会の激変を経験していた。個人の宗教経験を重視する敬虔派や福音主義の人びとは、儀礼に従うことによって互いに支え合うコミュニティを創ろうとしてきたアーミッシュやメノナイトの宗教実践に大きな影響を与えた可能性が指摘されている。[19]

一八六二年二月二〇日、ペンシルヴェニア州ランカスター郡のアーミッシュのビショップ、デヴィッド・ベイラー(David Beiler 1786-1871)は、七六歳で回顧録を完成させた。[20] かれは、「この六〇年以上の間の大きな変化についても、当時の様子と現在の様子を話そう。自分で経験したことのない人は、ほとんど信じられないだろう。人も天候も変わったように思う」という言葉で語り始めた[21]。

まず、ベイラーは、生活が便利になり、人びとがより多くのものを利用するようになったことを記述している。

当時（およそ六〇年前　括弧内は筆者）は…教会に行くときは、特に若い人たちは裸足で行っていたことを覚えている。私たち信徒の間では立派な靴やブーツの話はなく、軽快な乗り物のことも知らなかった[22]。今から六〇年前、私たちの間では、今のように世間の流行（fashion of the world）に合わせて高級な日曜礼拝用のシャツ…が使われていたわけではなく、また、店で購入した奇妙な色の服を着ることもなかった。自家製のもので満足し、それを喜びとしていた。妻や娘たちは、冬の間糸を紡いで過ごした。春には亜麻の種を蒔いた…。ほとんどの農家では、紡ぎ車のハム（hum）（鼻歌　ブンブンいう音）や歌う声が聞こえてくるのが当たり前だった。…わが国に氾濫する大量の輸入品や、低価格で手に入る国産の綿製品は、手作りの材料をほとんど駆逐してしまい、大人になった娘たちはもはや紡ぎ方を学ぶことはない。…六〇年前の鋤には金属がなかった。木でできていた。当時は耕耘機も脱穀機も馬が引く熊手も全く知らなかった。手作業だった。…当時、若い人たちはもっと家にいて、仕事をしていた[24]。

さらにベイラーは、日々の生活が全体としてより贅沢になったと観察している。

当時、二か月、三か月、それ以上の期間を親戚や知人の間で過ごすことはなく、軽薄なことに時間を費やし、貴重な恵みの時間を冗談や無益な会話で浪費することもなかった。当時は、毎年冬になると何か月も学校に通うことはなかった。人は、読み書きを学ぶことで満足していた。謙虚な状態（humble state）や庶民（common man）にとっては、これ以上は必要ないと考えられていた。当時は、現在のように世間の習慣に沿った立派な家や納屋はなかった。必要に迫られた住居で満足していた。…馬は馬小屋につながれていなかったことを今でもよく覚えている。馬具ももっとシンプル（simple）で、…ワゴン（wagon 荷馬車）は塗装されておらず、鞍や馬具も世間の流行に左右されないものだった。[25]

…コーヒーもあまり飲まれず、スープや粥が多かった。…訪問することもそれほど一般的ではなく、食卓には多くの種類の食べ物が並んではいなかった。一般的には、すべてがもっとシンプルだった。

当時は家の掃除や装飾にそれほど時間をかけておらず、家の調度品はもっとシンプルなもので十分だった。模様入りの食器はほとんどなかった。ソファや書き物机、整理ダンス、カーペットもなかった。木靴は今でもよく覚えており、革靴は高価すぎるものだった。洋服はもっとシンプルだった。[26]

ベイラーは、日々の生活がより容易な手段で迅速に行えるようになり、「オールドオーダー（old order（古い秩序））は一部の人びとの間でますます使われなくなり、いくつかの点では、もはやそれほど正確に解釈されず、従われなくなった」と記している。[27] 現代においては、保守的なオールドオーダーアーミッシュのシンボルの一つと目される馬車についても、ベイラーは、たとえそれを利用する場合でもシンプルであることを重視していた。実際、どのような形や色、設備をもつ馬車を採用するのかは、グループによって厳しく決められていたのである。ペンシルヴェニア州ミフリン郡のアーミッシュの間では、白、黄色、黒の三色のうち、白が最も保守的、黒が最も先進的と言われている。[28] 後に、近代化のなかでさまざまなものが安く手に入るようになると、それらは贅沢品とはみなされなくなり、アーミッシュたちのあいだでもより寛容に受け入れられる傾向にあった。馬車や陶磁器、そしてズボンなどがそうしたカテゴリーに入るものである。[29]

ベイラーによれば、人びとのあいだでは、自由な時間が増え、訪問も容易になった。しかし、この新しい形の訪問は、共同作業や日曜日の訪問といった儀礼的な文脈の外で行われるようになっていた。ベイラーは、働くことも訪問も、困難の中で行う儀礼であることで、人びとが苦労して手作りし自己を周りの者に捧げ（submission）、コミュニティを創っていくという、救いに向かう道につながるものであり、それが閉ざされることを憂慮していた。ゲラーセンハイトに関し検討したサンドラ・L・クロンクは、仕事、相互扶助、訪問などの社会的儀礼の中で、コミュニティがゲラーセンハイトを十分に発揮できることを確認することができた、と分析している[30]。

ベイラーは、宗教実践を支え合う場である教会コミュニティが、人びとの考え方の違い（different opinions）が現れることによって、かつてのように、一つのもの（uniform）として調和し、まとまって（unite）協働できるものでなくなっていることに警鐘をならしていた。ベイラーは、彼の教会で実際起きた分裂について、以下のように報告している[31]。

人口の増加に加え、風俗習慣の異なる外国人が多く移住してきたため、時代が進むにつれ、多くの教会が組織されるようになった。…二三年か二四年ほど前、他の団体（メノナイトなど　括弧内筆者、以下同様）で信仰告白をしてバプテスマ（洗礼）を受けたが、再バプテスマを受けずに私たちと一緒になりたいという人たちについて、不安（unrest）が生じた。再度バプテスマを受けさせようとする者がいたため、意見の異なる人びと（people of differing opinions）が分かれた（divided）。

こうした変化のなかで、各地でアーミッシュのリーダーたちが、信者のコミュニティを大切にしてきた自分たちの集会形式の教会をどのように導くのかについて悩んだ様子は、いくつかのアーミッシュ会議記録に表れている。一九世紀に入ってからは、伝統的な社交儀礼を脅かすような事柄について、牧師たちの会議で宣言がなされた[32]。すでに一八〇九年には、ペンシルヴェニア州のアーミッシュの聖職者会議で、コートやスタイリッシュなズボン（男性）、帽子、装飾用の櫛（女性）などの高慢な（proud）服装を禁止するきまり（article）が承認されていた。一八三七年の規律では、さらにはっきりとしたことが記されている。子どものシャツの絹の首飾りや高い襟について、服装を誇りとすることが甚だしいと非難された。家の中では、建築物の形、ズボンの色、派手な家具、戸棚、鏡など、いかなるものも見せてはいけないとされた。さらにミニスター（説教者（minister））（詳しくは第4章2-1参照）たちは、「今のように乗り物を二色に塗り分けることはできない」と宣言したのである[33]。

2-2 アーミッシュ教会の分化

一八五〇年以降は、異なる考え方を持つグループの間で緊張関係が高まり、分離が各地で進行した。分離を理解するうえで重要なのは、教会メンバーの生活に関するきまりである「オルドヌング（Ordnung）」（教会員の合意にもとづく教会のきまり“Ordnung”は「秩序」を意味するドイツ語である）に関する議論である[34]。

たとえば、一八四〇年代のインディアナ州北部では、オハイオ州とペンシルヴェニア州からやってきた、最初のアーミッシュの間の違いが際立ってきていた。オハイオ州から来たアーミッシュは、ペンシルヴェニア州から来た人びとに比べると、伝統を重んじるタイプではなく、高価な美しい服を着ることやより長い期間教育を受けることも、政治に関連する機関の事務所で働くことにも寛容であった。結局この教会は、一つの家で礼拝できないほど人数が膨れ上がったのを機に、二つの教会地域に分かれた[35]。

アーミッシュは、隔週日曜日に順番に当番となっている家で礼拝する。だが、礼拝専用の建物を持ちたいと考えるようになったグループが出てきた。一八五三年には、イリノイ州のアーミッシュが、継続的に使用する目的で最初のミーティングハウスを建設し、オハイオ州やインディアナ州でも同様のことが続いた[36]。分離したグループは、ミーティングハウスにおける礼拝を取り入れ、最初のアーミッシュであるスイスブレズレンによって使用された最も古い賛美歌集「アウスブント」ではなくよりモダンな賛美歌集を使用するようになった[37]（第4章2－1も参照）。また、一般に厳しいシャニングに疑問を抱いていた。

もう一つの大きな問題は、日曜学校（サンデースクール）に関するものであった。一八〇〇年代初期に米国のプロテスタントの間で、聖書に関する統制のとれた教育を行うという目的で、日曜学校が広まった。一八五〇年代には、オハイオ州のアーミッシュの子どもや若者たちのなかには、地域の教会が共同で運営する合同日曜学校に参加する者が現れた。一八六三年に、アーミッシュ教会のリーダーが、最初の継続的な日曜学校をミーティングハウスで始めた。だが、これに反対する人びとは、宗教教育は家庭で行われるべきものなのに、日曜学校は親と子どもを引き離してその教育機会を奪い、さまざまな宗派の者が書いた画一的な教本を使用する、と批判したのである。日曜学校は、礼拝後の教会コミュニティの「コミュニティフェローシップ（community fellowship）」（懇親）を阻害するとの反対もなされた[38]。

実際、一九世紀の福音派の運動（Evangelical movement）は、日曜学校、リバイバルミーティング、聖書研究会、改革活動など、さまざまな宗教的実践や儀礼をもたらし、これら新しい実践は、アーミッシュやメノナイトの社会的・教会的儀礼の多くに影響を与えたことが指摘されている[39]。

2－3 「オールドオーダーアーミッシュ」の析出

このように、さまざまな議論がなされたが、一八五〇年代においては、主張の違いにもかかわらず、アーミッシュたちはまだ自分たちは一つのアーミッシュであると考えていた。オルドヌングに関し議論し、新しいアーミッシュが登場する第一の画期は、一九世紀半ばである。

高まる緊張の中で、ペンシルヴェニア州からアイオワ州までのアーミッシュ教会のリーダーが毎年集まり、共通の懸念について話し合い、オルドヌングを確認しアーミッシュの将来を考える、「ミニスターズミーティング」（サーバンツミーティング（Diener-Versammlungen））が一八六二年から一八七八年まで実施された[40]。なかでも一八六五年は、伝統を重んじるアーミッシュと変化を受け入れるアーミッシュの分離の画期となった。変化に寛容なグループがリードしてきた、ミニスターズミーティングにおいて、保守的なグループのミニスターたちは、華美な服装、派手な家や馬車、世俗的なビジネスを行うことなどの妥協できない点を共同で明示し、およそ三分の一の保守的グループは、このミーティングから脱退した。

一八六五年にオハイオ州ホームズ郡で開催されたアーミッシュ会議は、多くの保守的なグループの代表の署名がなされており、おそらく、オールドオーダーの人びとが集まったものだと推測されている。この会議においては、世俗的な（worldly）大会や見本市（フェア）への出席、建物への避雷針の設置、世俗的な流行（worldly fashion）に合わせて作られた華やかな色やストライプ（縞模様）、または花柄の服の使用などが非難の対象となった。また、会議では、世間の流行に合わせて髪の毛を分けない、人の写真を持ち歩いたり壁に掛けたりしてはいけない、世俗的な商売、そして最後に、派手な色の壁、窓のカーテン、大きな鏡、絵など、不必要で豪華な物の使用の禁止などが決められた[41]。

結局、一八六〇年代のアーミッシュ教会の約三分の二はメンバーの家で礼拝をすることを止め、教会の建物を建てた。一九〇〇年代初頭までに、これらの変化志向のアーミッシュ教会は、より変化に寛容なメノナイトに同調し、メノナイトグループまたは別のグループに正式に加わった。変化を受け入れるアーミッシュは、より世俗的な生活をしているメノナイトに近いという意味で、「アーミッシュメノナイト」と呼ばれるようになった。

伝統を守ろうとするアーミッシュは、「オールドオーダー」を意味するオルドヌングの伝統的な理解に従っていたので、変化を受け入れる者たちは、かれらを「オールドオーダーアーミッシュ」と呼んだ。伝統を重んじるアーミッシュたちは、自分たちを「オールドアーミッシュ（Alte Amish）」と表現していた。[42]

儀礼に関するきまりの厳格な実践を求めて、スイスメノナイトから分離し、ヨーロッパからアメリカに移住してアーミッシュメノナイトとも呼ばれた一つのグループの人びとは、一九世紀半ば以降、より変化を取り入れる傾向のあるという新しい意味を付加した「アーミッシュメノナイト」と、古くからの伝統を守ろうという決意を固めた「オールドオーダーアーミッシュ」に分かれたのである。[43]

3　二〇世紀の社会の変化とさまざまなグループの分離

二〇世紀にアーミッシュは、さらなる社会の激変のもとで、教育や軍事活動への参加に関する問題や、自らの内部の多様な見解に向き合ってきた。その過程で、家ではなく教会で礼拝し、電線からの電気や電話、自動車の所有を許容するビーチーアーミッシュメノナイト、ニューオーダーアーミッシュなどが現れた。

ビーチーアーミッシュメノナイトの登場

一九二七年代以降、一八九〇年代以降の「厳しいシャニング」に関する論争とかかわる分離が進行した。ペンシルヴェニア州サマセット郡のアーミッシュ教会は、すぐ南のメリーランド州のアーミッシュメノナイト教会に移りたいという一部のメンバーの申し出に、どのように対処するのか判断を迫られていた。教会の監督は「厳しいシャニング」の主張者だったが、一九一六年に准監督となったモーゼス・M・ビーチー（一八七四–一九四六）は、アーミッシュメノナイト教会に移った人びとにシャニングを適用しないと明言した。

一九二七年六月、監督とビーチーの支持者は別れることを選び、大多数はビーチーに従った。

ビーチー教会は、革新的とされていた日曜学校を受け入れ、電線をひき電気を使うようになり、さらに、自動車の所有と使用に対し寛容な態度を示した。服装のきまりも緩和され、農業においても機械化が進んだ。

カンザス州のビーチーアーミッシュメノナイト教会

分離し新しい教会を創るにあたって、話し合いを重ねて穏便に進めた例もみられる。カンザス州のデヴィッド・L・ミラーは、一九五八年にビーチーアーミッシュメノナイトとなって、新しい教会としてセンターアーミッシュメノナイト教会の創立をリードしてきた[44]。

写真3-1　アーミッシュメノナイトのミーティングハウス「センターアーミッシュ教会」（カンザス州パートリッジ　2009年10月27日撮影）

写真3-2　自宅にてアーミッシュメノナイト教会の分離の経緯について語る、デヴィッド・ミラーと妻（カンザス州パートリッジ　2009年10月29日撮影）

デヴィッドは、かれらがオールドオーダーアーミッシュから離れた理由として、外部に開かれた「より訪問者に優しい（more visitor friendly）」教会をめざしたことをあげている。ミーティングハウスをもつことは、外部の者が参加しやすい環境を作ることでもあった。彼は、ドイツ語で行われる礼拝の内容を、誰もが理解することが難しいと感じる経験もしていた。およそどの地域でも、ほとんどのオールドオーダーの人びとは、ペンシルヴェニアダッチ（Dutch）と呼ばれるドイツ語の方言であるペンシルヴェニアジャーマンで会話する（ダッチは、オランダのことではなく、方言でDeitschと表現されているもので、綴りは統一されていない、話し言葉である。少数だが、スイス方言を話す者もいる）。礼拝では、アーミッシュやオールドオーダーメノナイトの多くはドイツ語を使用しており、賛美歌、説教、祈り、教会の儀式はドイツ語で行われる。かれらは、ハイジャーマン（High German 高地ドイツ語）で書かれたマルティン・ルター翻訳の聖書（Christian Bible）、賛美歌集「アウスブント」、「プレイヤーブック（prayer book）」などのテキストを使い続けてきた(45)。デヴィッドは、「分離は痛みを伴うもので誇れることではないが、避けられないものである場合にはどのように対処する（handle）か」が重要だと述べている。

写真3-3　ミーティングハウスにおける礼拝（カンザス州パートリッジ　2009年11月01日撮影）

二〇〇〇年代初めに、オールドオーダー教会を離れてビーチーアーミッシュメノナイト教会のメンバーになったイーシュは、ミーティングハウスを使用するようになり、むしろ礼拝に集中できるようになったと報告している。カンザス州ヨーダーで育った彼女は、礼拝の準備として家中の掃除を行う負担が重いものであったことや、ドイツ語で行われる礼拝の内容をすべて理解することが難しかったと述懐している。かれらが家庭で話す言葉はあくまでもドイツ語の方言であり、また、かれらの読み物や書き物の多くは英語であるという状況にある(46)。ここ六年間（二〇〇八年現在）、多くの若い人びとが新しい教会に参加している。かれらが属していたオールドオーダーアーミッシュ教会もこうした人びとに理解を示したので、かれらは厳しいシャニングを経験せずメンバーシップを変更することができたという(47)。

二〇世紀を通じて、ビーチー教会はオールドオーダーアーミッシュ教会から移動する多くのメンバーを受け入れてきたが、同時に、アーミッシュや再洗礼派とはかかわりがなかった人びとが信仰と日常実践に魅力を感じて参加する道も開いてきた[48]。実際、礼拝は、誰もが参加できる雰囲気である。この地域で農業をすることを希望してアイオワ州から移り住んで来た家族、東部のエール大学を卒業しこの教会では皆に面白い話をして聞かせるトリックスターの役割を果たしている人など、これまでの人生でさまざまな経験をしている人がいる。伝道や支援のため遠隔地にいる者や病気で礼拝に参加できないメンバーの状況は、必ず報告され皆に共有される[49]。

ピーチェイ教会

変化を受け入れる教会のありかたは、同じような考えをもつ北米のアーミッシュたちを惹きつけた。

一九〇九年秋から一九一〇年冬にかけて、ペンシルヴェニア州ランカスター郡では、五分の一ものオールドオーダーアーミッシュが、かれらの教会から離れた。ピーチェイアーミッシュ（Peachey Amish）と呼ばれるこの分離したグループは、新しい教会コミュニティをミフリン郡で組織した。教会から離れた者の多くが、一九〇九年の秋、元メンバーへのシャニングの実践をより寛大なものとする嘆願をしたが退けられたので、自分たちだけで礼拝するようになった。

一九三〇年以降、自動車を受け入れたランカスター郡の革新的なアーミッシュの人びとは、一九〇九年から一九一九年の「厳しいシャニング」論争を機に、オールドオーダーアーミッシュから離れたほとんどすべてのピーチェイ教会のメンバーであった[50]。かれらは、一九五〇年にビーチーアーミッシュメノナイトの教会と合併した。

ニューオーダーアーミッシュとアーミッシュブラザフッド

二〇世紀後半には、テクノロジーの適用に関する考え方の相違による緊張が再び高まった。一九六六年には、およそ一〇〇家族が、農場でトラクターなど現代的な機材を使用することなどを望み、ペンシルヴェニア州ランカスター郡のオールドオーダーグループから離れ、「ニューオーダーアーミッシュ（New Order Amish）」（新派アーミッシュ）と呼ばれる二つの教区を形成した。続く三年間には、オハイオ州ホームズ郡でも分離が起こり、ニューオーダーとなる人びとが現れ、他の州でも、この運動に同調し、新しい教区を創る者がいた。これらの人びとは、「アーミッシュブラザフッド」（アーミッシュ兄弟団）と自らを呼んだ。

ニューオーダーの人びとは、オールドオーダーに近い存在であろうとする一方で、信条やテクノロジーに関する変化を求めてきた。かれらのテクノロジーの適用は多様である。ミーティングハウスを使用する者もある一方で、教会メンバーの家で行う礼拝の形式を、ドイツ語を用いて続けているグループもある。[51]

写真3-4　ニューオーダーアーミッシュの家族（カンザス州パートリッジ　2009年10月31日撮影）

夫婦と子どもの三人で暮らしているカンザス州ハッチンソンのニューオーダーアーミッシュのミラー夫妻によると、できるかぎり自分たちの信念を示したいので、日曜日には馬車を使うという。[52] 家の前には、自動車と馬車の双方を駐車している。かれらは、電気を使用しているが、夕食後に話をするためにアーミッシュメノナイトの友人夫婦と私と夫が訪れると、ロウソクを灯した庭で収穫したばかりのリンゴをむき、星空のもとで静かに自分たちの生活について話してくれたのである。この夫婦は、ウクライナから養子を迎えるために、飛行機でウクライナへ旅をした。養子を迎え育てることは信教に合致しているので、飛行機の利用は問題にはならないという。

二人は仲間たちとともに、祖父母の時代の生活について、子ども時代に聞き取ったことがらを集めて書籍を出版してきた[53]。オールドオーダーアーミッシュは出版などで一般社会に信条を表現することは控えるが、かれらはアーミッシュとしての生活実践について、子どもたちが知り議論できるようになるために資料を残すことを重視しているのである[54]。

以上のように、一九世紀に明確化したオールドオーダーの存在と分離の過程は、どれも、アーミッシュとしてのよい生き方を模索する人びとの経験を照らし出すものであった。そして、米国におけるアーミッシュの間で異なる暮らし方が選択されたことが、一九世紀後半期になってオールドオーダーアーミッシュがキルト作りを始めたとき、特徴的な無地の布を組み合わせたアーミッシュキルトが生み出されることになったことにも影響したとみられているのである[55]。

第4章　日々の生活を慈しむキルト——アーミッシュの生活実践とその意味

再洗礼派の歴史において、聖書が示していることをどのようにして知るのか、そしてどうしたら救われるのかが二つの重要なテーマであった。そのためには、第一に、聖書の教えを知るためにコミュニティの人びとが協力して考えること、第二に、教えに従ったゲラーセンハイトにもとづく生活として、服装や生活全体において謙遜な人であること、懸命に仕事をして互いに助けあえるようにすること、平和主義、ほんとうのことだけを語ること（将来を誓うというあいまいさも避ける）など、弟子としての生活を実践すること、そして第三に、その実践を可能とする環境を整える方法が模索されてきた[1]。オールドオーダーアーミッシュは社会の変化のなかで、実践においては多様化してきた再洗礼派のなかでも、儀礼の手順などを含む生活全体を包括するきまりを守ってきた。本章では、伝統を重視する（traditional）、保守的（conservative）なグループとしばしば形容されてきたかれらの暮らしに注目することによって、ゲラーセンハイトの現代における意味や意義を考えていく。

すべてのオールドオーダーアーミッシュにおいて共通の生活実践は、郊外での居住、地域の小規模の教会、信者の家における礼拝、非専門職の牧師、ドイツ語を基礎にした方言、馬車による移動、テクノロジーの選択的使用、8学年までの学校教育、教会がきまりを定めた服装、軍隊への不参加などである[2]。それらの多くは、アーミッシュの生活を規定するオルドヌングによって示されている。それに違反し悔い改めない場合は、破門されシャヤニングが実施される。オルドヌングは生活全般に関するきまりであり、小規模な教会コミュニティの儀礼と家族をとおしても実践される。家庭では、それぞれが決めて実践できる領域があるが、そこでもアーミッシュらしい生き方について熟考される。

アーミッシュは、聖書のなかでも、とくにイエス・キリストに従う暮らし方を目指している。弟子の足を洗い、重い病気を患ったり疎外された人びとの声を聴き、そして人間の罪を背負って十字架にかけられたキリストの弟子として生きる姿勢は、信じる価値に従うゲラーセンハイトと包括される（序章1節も参照）。ゲラーセンハイトは、アーミッシュの価値観、シンボル（象徴）、儀礼、かれらの性格、社会組織など、アーミッシュの生活のさまざまな側面に浸透している。(3)

ゲラーセンハイトについて総合的に研究を行ったサンドラ・クロンクは、ゲラーセンハイトのもつ力について、以下のように指摘している。(4)キリストは、神の御心に完全に身をゆだね、自らが十字架上で苦しみ死ぬことを許した。降伏と服従によって救われる力を持つ、このキリストのイメージを通して、オールドオーダーの人びとは、神が不屈の力で世界に働くことを見ている。キリストの愛は屈服と服従を特徴としていたが、決して弱いものではなく、一方で、根本的な変化をもたらす力があった。オールドオーダー運動は、この逆説的な無力の力（power of powerlessness）をコミュニティで具現化しようとしたものである。儀礼や行動のルールに従うことで、オールドオーダーの人びとは、キリストが啓示し、初期の再洗礼派の指導者たちが教えた神の秩序を生きていると信じている。初期の再洗礼派は、英語ではイールディング（yielding（屈服しやすい、従順な、服従しやすい））などと表現されることがらの理解を包括する言葉として「ゲラーセンハイト」を使っていた。この言葉は、現代のアーミッシュやメノナイトの間ではあまり使われていないが、その意味するところは、オールドオーダーの生活に欠かせないものとして受け継がれている。

オルドヌングというきまりを含む、アーミッシュが守ろうとしてきた実践の数々は、ゲラーセンハイトをどのように表現しているのだろうか。本章では、アーミッシュの生活とそれらをめぐる議論と揺らぎに注目し、そこにこめられたかれらのよい生き方を照らし出していく。衣服に関するきまりや、装飾品をもちいないことは、アーミッシュとして生きている姿勢を明示することと関連している。本章では、そうしたきまりのもとで作られる生活用品である裁縫道具やキルトについてもとりあげて、それらにこめられた世界を探る。

1　頼り頼られる決意

アーミッシュの人びとは、信仰生活の基盤として互いに実質的に助け合う者たちの集まりとして、教会コミュニティのありかたを構想してきた。その構想にしたがって、近代的な国家の制度にもとづく社会保障に頼るのではなく、共有資源を生かした相互扶助や日常生活のなかで気遣い助け合うインフォーマルヘルプを充実させることを追求してきたのである。

1-1　顔の見える助け合い

再洗礼派のあいだでは、相互扶助について、キリスト教者として言葉をかけることや経済的な配慮により、互いに重荷を分かち合う義務があると考えられてきた。一九世紀になると、北米では商業的な生命保険が適用可能となったが、再洗礼派の人びとはこれが個人主義を増強し、神や教会コミュニティを頼りにする気持ちを弱めると考えて禁止した。

だが、一九世紀から二〇世紀にかけて、かれらの間に新しいかたちの相互扶助が現れた。相互扶助の組織や支援活動である。一八六〇年代になると、メノナイトとブレズレンが、火災や嵐による被害に対処するために保険会社を設立した。二〇世紀初期には、自動車の利用の増加などに対処するために生命保険の必要性が認識され、一九四五年に創始されたメノナイトミューチュアルエイドをはじめ、再洗礼派教会とかかわるいくつもの企業が、交通事故、火事、持ち家、健康にかかわる問題、ロングタームケア（長期ケア、介護）、生命、障害などに関する保険と類似のプランを開発してきた。

制度としての公的な社会保障をよしとせず、相互扶助の精神によって支え合うことを重視してきた伝統を重んじるグループは、商業的な保険の適用によって人びとは災害や緊急の場合に神と教会に助けを求めることを怠ってしまうと考えて、保険を否定している。アーミッシュの人びとは税金を払ってはいても、社会保障を受けることを望まない。[5] 国家や社会の制度の中で、顔の見えない支援をしあうことを認めていないのである。

とはいえ、緊急事態において、アーミッシュ同士が助け合うことと矛盾しないかたちの資源の蓄積とその管理、運用システムの構築は必要だと認識されてきた。かれらは商業保険を購入せず、メディケア（米国の医療制度）などの公共プランにも参加していない。その代わりに、かれらは教会を中心とした相互扶助プログラムに頼って、財産の損失、医療費、さらには中小企業の製造物責任でコミュニティメンバーを支援する。[6] そうした活動は、教会をベースとしたボランティア活動として行われる。礼拝で寄付を集めることも、そうした目的のために不可欠である。

その基盤には、いつも傍らに居て気に留めるという生活スタイルがある。日常における生活全般への気づかいや交流は相互扶助の基盤となっているが、そのことが、仕事の時間のみならず余暇を楽しむことを含め、日常生活を慈しむことと深く結びついている。

1-2 かわらぬ小さなコミュニティで暮らし続ける人びと

オールドオーダーアーミッシュ（アーミッシュ）の人びとにとって、日々の生活が繰り広げられるコング

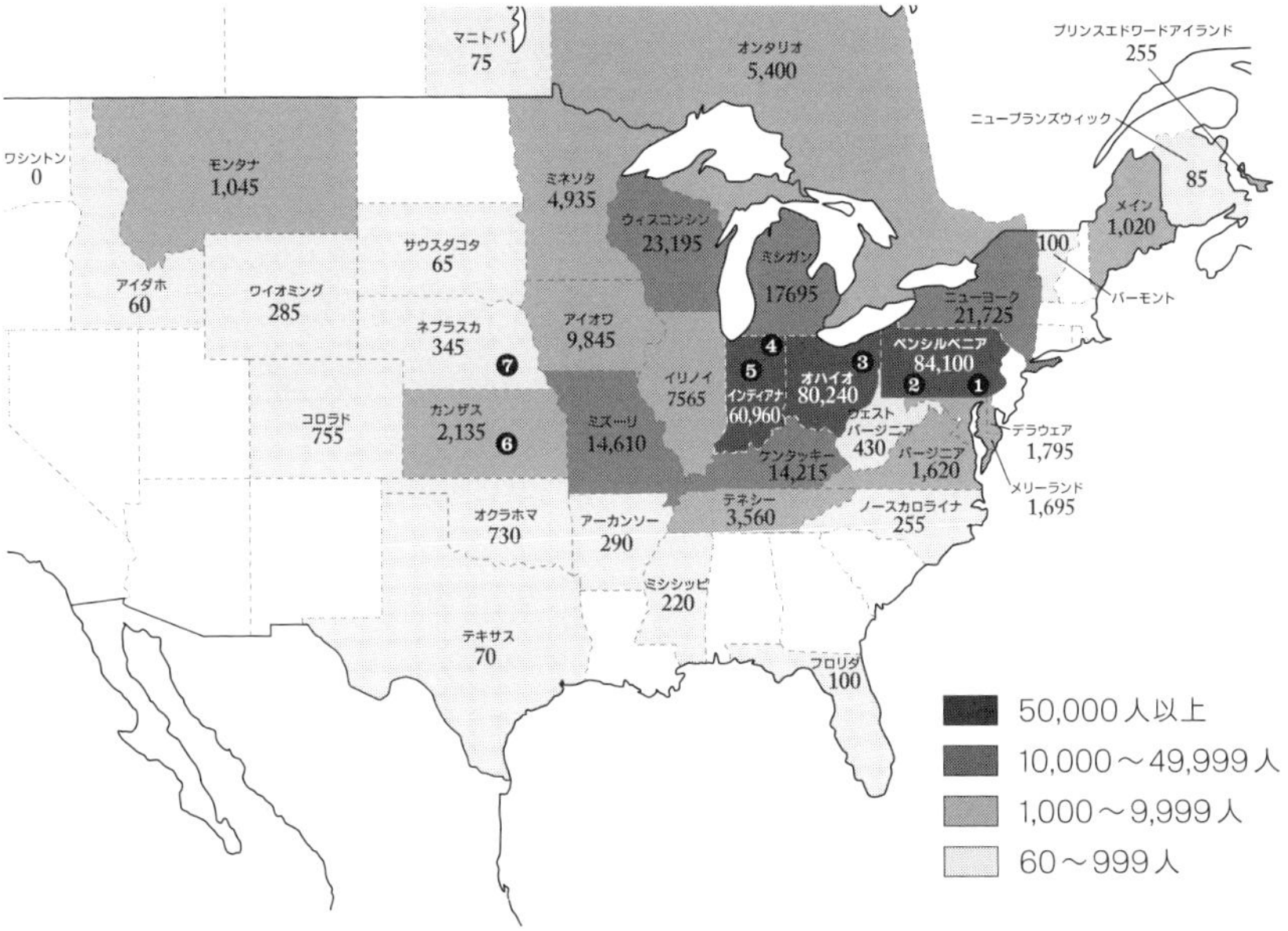

主な現地調査地（キルト及び情報収集）

❶ ペンシルヴェニア州ランカスター
❷ ペンシルヴェニア州ベッドフォード
❸ オハイオ州カントン
❹ インディアナ州シップシェワナ
❺ インディアナ州ココモ
❻ カンザス州ハッチンソン
❼ ネブラスカ州リンカーン

図4-1　北米における交通手段として馬車を使用しているアーミッシュの分布（“Amish Population 2021”をもとに作成）および主な現地調査地

リゲーション（教区）は、教会メンバーとその家族が相互扶助の暮らしをする基本単位である教会コミュニティとして重要な意味を持っている。

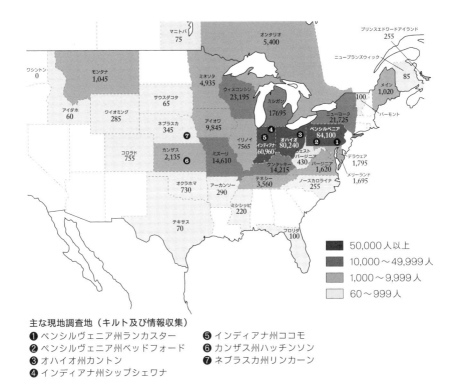

アーミッシュは、およそ二〇から四〇家族や世帯が道や小川で区切られた教区で暮らしている。平均して二五家族、大人七五人（子どもを含めると一五〇人を超えることもある）が一つの教区を構成している[7]。そして、いくつかの教区がまとまって居住地（セトルメント）を形成している。一つの教区のみからなるものから大規模なものまでさまざまな大きさの居住地がある。二〇二一年には、北米に六〇五の居住地があり（米国：五八四、カナダ：二一）、教区の数は二七一八にのぼっている。

北米のアーミッシュコミュニティは、米国三一州およびカナダ四州に広がっており、オハイオ州、ペンシルヴェニア州、そしてインディアナ州に全体の六三パーセント以上が暮らしている。二〇二一年現在の北米のアーミッシュ人口推計（成人と子ども）は、三五万五六六〇人である（図4－1）（この推計は車ではなく馬車を使用しているアーミッシュ全体を対象としている。南米にはボリビアとアルゼンチンに二一〇人が暮らしている）。[8]

オールドオーダーアーミッシュは平均五人以上の子どもを育てており、そのうち、八五パーセント以上の子どもがアーミッシュとなることを選択するので、二〇世紀には人口が著しく増加した。一九〇〇年には、北米には約三七〇〇人のアーミッシュがおり、一九九〇年には一二万七八〇〇人（成人会員数約五万六二〇〇人）、二〇〇八年には二三万一〇〇〇人に増加したと推定されている。[9]

1－3　検討され続ける規律「オルドヌング」

オールドオーダーアーミッシュは、服装やふるまいなど生活実践に関し定めた文書化されていない、特定の教区の規則集であるオルドヌングに従って生活している。[10]

北米のアーミッシュはどのコミュニティやグループにおいても、原則的には、一六三二年にオランダのメノナイトによって記された「ドルトレヒト信仰告白」に従い守り続けている（第2章3節、4節も参照）。[11] 実際、アーミッシュによって編集された祈祷書に頻繁に含まれている「敬虔な生活のルール（"Regeln eines Gottseligen Lebens", "Rules of a Godly Life"）」において、最初に並んでいるのは、教会が洗礼を受ける候補者を指導するために使用したドルトレヒト告白の一八の信仰箇条に始まり、生活に関する教えをわかりやすく記述したものである。起源は不明だが、最初の既知の版は一七三六年に登場した。その後カナダのオンタリオ州のミニスター、ジョセフ・ストールによって原文オランダ語から翻訳され、ドイツ語とその英語訳が併記されたものは、アーミッシュに親しまれ参照されてきた。[12] とはいえ、移住先の環境や社会の変化のなかで、聖書に記されていないことは、自分たちで考えてこなければならなかった。

オルドヌングは、聖書の解釈と信教にふさわしい生活実践を考えて創られてきた規則集で、聖書の解釈が明確なものと流動的なものがみられるが、明確な部分については、シンボルとしても重要視されている。そしてオルドヌングは、謙虚と質素という方針を含み、日常の状況に向けられた過去の世代が集積してきた知恵である。それは口承の伝統であり、覚えるルールではなく、生き方だと理解されており、「物事を行う方法」としばしば説明されてきた。教会で共通に決められているオルドヌングの例としては、服装、帽子やボンネットなどのスタイル、馬車の色やスタイル、教会の礼拝、使えるテクノロジー、教会における結婚、法律関係のことがらの禁止などである。

オルドヌングのありかたについて、あるミニスターは、「平和、愛、満足、平等、団結を生み出す」と記している。さらに、一般社会の人びとも、個人主義のもとで自由な選択をしているつもりでも流行に左右されており、かれらよりもアーミッシュは自由だ、とも主張している。[13] 確かに、オルドヌングは、聖書の文言に従うだけでは乗り切れない現代の生活と未来を見据えて、アーミッシュがともに作り上げてきた、そしてこれからも作り続けてゆく良い生き方あるいはウェルビーイングへ道標ともいえよう。

オルドヌングは、各々の教会の考え方を表明する役割を担うものでもあり春と秋に年二回開かれる「コミュニオン」開催前の教区民会議で確認され、合意に至れば修正され新しい規則として採用されることもある。

コミュニオンは、教会コミュニティのメンバーが規律に関して一致した意見をもち、悪意を抱いたり不満をもったりする者がなく、その後もともに生きる決意をしてともに食事をする、重要な機会と捉えられている。そもそもコミュニオンの回数を二回に増加し重視したことも、一七世紀末ヨーロッパでアーミッシュが生まれた理由の一つであった（第2章4節も参照）。他の多くの宗派では、コミュニオンにおける聖体拝領

（カトリック教会でキリストの血と肉としてぶどう酒とパンを受け取ること）は個々のメンバーと神との正しい関係のしるしだが、アーミッシュの信仰では神との関係やお互いの関係はともに重要なものである。それゆえ、聖体拝領の前の週は、訪問して、告白、赦し、そして償いが多く行われる。[14]

現代社会のなかでオルドヌングで禁じられていることは、自動車の所有、電線から電気を引くこと、テレビやパーソナルコンピュータの所有、高校や大学など高等教育機関への通学、軍隊への入隊、離婚などである。聖書に明記されておらず、オルドヌングにも明示されていないことについては、一人一人の価値観に照らして考え、コミュニティのメンバーと話し合って決定してゆく。ペンシルヴェニア州ランカスター郡のサム・リールは、農場の端に店を持っていて一般の人びととしばしば交流しているが、子どもたちへの影響に配慮して、農場や家に「イングリッシュ」が近づくことを避けている。もちろん写真撮影には応じない。写真が認められないことに関しては、ポーズをとって被写体となることが謙遜という教えと相容れないとか、偶像崇拝を禁じた聖書の教えに反するなどの説明がなされてきた。[15] 臓器移植など現代の医療技術を認めるかと質問すると、子どものためなら適用する可能性があるという。[16]

2　聖書にもとづき互いに助け合う場所――教会コミュニティ

2-1　礼拝とフェローシップミール

アーミッシュが多く居住する地域では、礼拝のある日曜日には蹄の音が響きわたり人びとが忙しく移動する。礼拝は、二週間ごとにメンバーの家でドイツ語を用いて行われる。オールドオーダーアーミッシュの礼拝には、メンバー以外の人びとが参加することはほとんどない[17]。後にも示すように礼拝は神やメンバー同士の関係性を感じ深める重要な時だからだと考えられる。

ここでは、ペンシルヴェニア州ランカスター郡のアーミッシュと親しくしており、座席に余裕がありそうなときには礼拝に参加させてもらうこともあるというメノナイトのヴァーナ（Verna）からの聞き取りやアーミッシュによって書かれたものを参照し、礼拝についてみていく[18]。ヴァーナの祖父母がアーミッシュであったので、ヴァーナは幼い頃からアーミッシュと親しい関係を保ち、通常はアーミッシュのみが務めるアーミッシュスクールで教えたこともある（第7章1－1も参照）。ヴァーナによると、ランカスターでは、日常生活において、若い女性や女児は黒いエプロンをつけて過ごしているが、礼拝には白いエプロンをつけて出かける。

写真4-1　日曜日に礼拝に参加するために馬車（バギー）を走らせているオールドオーダーアーミッシュの女性（ペンシルヴェニア州ランカスター郡、2007年6月10日撮影）

写真4-2　礼拝が行われる家にやってきた人びとと馬車（ペンシルヴェニア州ランカスター郡2007年6月10日撮影）

約三時間持続する礼拝の形式は、アーミッシュの生活において最も変更のない部分であり、さまざまなコミュニティやグループの慣行はほとんど均一である[19]。人びとは、背もたれのないベンチに座り、始めと終わりに古いドイツ語の賛美歌集「アウスブント」に従ってゆっくりしたテンポで歌う。楽器による伴奏はない。「アウスブント」は、初期の再洗礼派が監獄のなかで作ったものが最初のものである。ヴァーナによると、礼拝で二番目にいつも歌われるのは、“Lob Lied［Praise Song］”と呼ばれている「O God and Father, Thee We Bless（O Gott Vater, Wir Loben Dich）」である。この賛美歌は、十六世紀初頭の再洗礼派によって書かれたとされている。よりモダンな生活をしているアーミッシュのなかには、「アウスブント」以外を歌うグループもあるが、オールドオーダーアーミッシュは、「アウスブント」を歌い続けている。一曲を歌う時間もテンポによって異なり、より厳格なアーミッシュは、たとえば二八分という長い時間をかける。ハーモニーや伴奏を使わない理由は、音楽の心地よさに気を取られると、言葉の意味に十分に集中することが妨げられる恐れがあるからだという。また楽器は、高価で贅沢だといわれることもある。[20] ちなみに葬式のセレモニーもほぼ同じ形式で行われるが、賛美歌を歌わないので、一時間ほどで終了するという。

儀礼のかたちはかわらなくても、「アウスブント」から発せられるメッセージには変化がみられる。一九世紀初頭、アーミッシュやメノナイトの賛美歌は、公式に変更された。それは、アメリカのメノナイトが新しい賛美歌集に敬虔派（ピエティスト）の賛美歌を追加したときである。メノナイトは「アウスブント」を使いつつペンシルヴェニア州にやってきたが、かれらは他のドイツのグループが出版した賛美歌を持ち込んだり、すぐに使い始めたりした。これらの新しい賛美歌は、一般的に敬虔派の思想を反映していた。アーミッシュも、こうした賛美歌集のなかでも、古い「アウスブント」の曲の割合が多い一つを愛用してきた。アークロンクは、賛美歌の中には、個人主義、慰め、内向性といった新しいテーマを導入したものもあり、最終的には、一部の教会員を、社会的儀礼や共同体の創造にもとづく以前の救済プロセス（redemptive process）から遠ざけた可能性もあるが、他方で、多くの賛美歌は、初期再洗礼派が経験した迫害の時代が過ぎ去った後も、ゲラーセンハイトの意味を探求し続ける人びとに語りかける部分があったと、賛美歌の変化の影響の両面性に言及している。敬虔派の賛美歌には、人間関係、利己的な欲望、さまざまな出来事など、日常の経験と関連してゲラーセンハイトを語る歌が用意されていた。[21]

礼拝などのセレモニーをリードし教会を整える、ビショップやミニスター、ディーコン（執事（deacon））は教会メンバーから選ばれる。かれらは、聖書の慣例にもとづいて（Acts 1:23-26）、投票と神の御心を表現すると考えられている「くじ（lot）」によって決定され、無報酬である。専門職としての牧師を持たず、また、すべての人が聖書にもとづく信仰において平等であることを表現している。くじは、アーミッシュたちのあいだで謙虚さが重視されていることと、教会の運営のためにリーダーをもつことの矛盾を調整する役割を果たしている。「くじ」による決定に従うことは、神の意に従うゲラーセンハイトの表現であり、結果として、多数決により少数派の考えが排除されるという状況が起こらないことにつながっている。(22)

くじは、「アウスブント」にはさんだ文字を書いた紙をひいた者がその職を務めることになるが、くじをひく候補者は、メンバーの希望を総合して決められる。ペンシルヴェニアダッチで「仕える人びと（奉仕者）」と呼ばれるリーダーたちは、それぞれ役割を担い、教区を指導、監督し、運営する。一般に一人であるビショップ（監督）は「全力の奉仕者」で、通常二つの教区を監督し洗礼、結婚式、コミュニオン（聖餐式）、葬式、聖職受任式、会員集会をつかさどる。二人であるミニスターは「本の奉仕者」で、礼拝で説教し、年二回もたれるコミュニオンで、監督を助けて、葡萄酒とパンを配る。そして、一人であるディーコンは、「貧者に対する奉仕者」である。通常、ディーコンは説教をしないが、貧しい人のためのお金を管理し、不従順なメンバーと話し合ってオルドヌングを執行し、結婚を希望するカップルの相談にのり、礼拝で聖句を読む。ミニスターのみが監督の候補となることができる。(23)

礼拝の後には教会メンバーがともに食事するフェローシップミール（fellowship meal）で親睦を深める。食事のメニューは、鶏や豚などの肉料理、マッシュポテト、肉汁で作ったグレイヴィ、温野菜、サラダ、たくさんの種類のパイなどのデザート、レモネード、コーヒーから構成され、大皿に用意された料理を回してサービスされる。ヴァーナによると、最近のランカスターの礼拝後の食事には、ジャム、カプチーノ、ピーナッツバター、チーズ、キュウリのピクルス、アップルパイ、乾燥リンゴ、アップルバターの一種、プレッツェル、ミートボールなどがみられるという。

アーミッシュの人びとは、礼拝のない日曜日にはサンデービジティングを行う。ポーチやリビングに置かれた椅子に座って、家族や友人との語りあいをゆったり楽しむことが、信仰に叶う暮らし方だと捉えられている。もちろん静かに過ごす日もある。それゆえに、日曜学校を行うことも、アーミッシュにとっては受け入れることのできない点として、グループの分裂の原因となったのである（第3章2－2参照）。

このようにアーミッシュたちの生活の重要な部分を構成している教会とは、建物ではなく、信仰をともにする人びとの集まりのことである。教会メンバーの家における礼拝は、イエス・キリストの初期教会のありかたに従う信仰形式だった。それはまた、迫害のさなかに山中の洞窟やメンバーの家で密かに礼拝を続けることによって保ってきた教会を彷彿とさせるものでもある。

また、聖書に示されたこの世のものの共有について、ハッタライトのように財産を共有し共同生活をするのではなく、家族を基盤として教会コミュニティを維持しているアーミッシュにとって、家で礼拝を開くことは、メンバーの状況を知り助け合うための情報を得るためにも重要である。定期的な礼拝のほか、結婚式や葬式といった個人の人生とコミュニティのありかたに影響を与えるセレモニーも、家で行われる。だからこそ、礼拝の形式を変更したり、礼拝のためのミーティングハウスを建てたりすることは、アーミッシュから分離するグループを生み出す問題となったのである。(24)

2－2　馬車で移動できる距離の意味

馬車の使用は、オールドオーダーグループの象徴でもあり、オルドヌングのなかでも、礼拝と同様に、変更がほとんどない部分である。第3章でも言及したように、オールドオーダーが明確化する一九世紀には、馬車を使うこと自体も、歩いたり馬に乗ることに比べると、近代的で贅沢なことだと批判の対象になったが、現代では、車ではなく馬車を使うことがきまりとなっているのである。馬車の幌の色（バギートップ）はグループによって異なり、オハイオ州やインディアナ州では黒色、ペンシルヴェニア州では、ランカスター郡の灰色をはじめ、黄色や白の馬車がみられるというように、色とスタイルがきまっている。比較的厳格な人びとが居住しているペンシルヴェニア州北部のミフリン郡を訪ねた時、明るい黄色が使われていることが印象に残っている。前述のように（第3章）それはネブラスカアーミッシュの馬車であったが、確かに、白や黄色は厳格な人びとが使う色で、黒はよりモダンだとされているのだ。同じ色やかたちの馬車で走ることによって、かれらは、一般社会の人びとにも、また、自分たちの間でも、自分たちの存在と考え方を知らせているかのようである。

写真4-3　アーミッシュの馬車が走ることに注意を促す標識（ペンシルヴェニア州ランカスター郡　2008年11月20日撮影）

馬車は一般道を車とともに走るので交通事故の危険も多く、馬車の後ろに遅速車標識をつけることを義務付けている地域もある。だが、このことを、世の中の変化を一方的に押し付けるとして、従おうとしない伝統を重視するスワーツェントルーバーアーミッシュのようなグループもあり、裁判になったケースも多くみられる(25)。他方、ファイバーグラスを使った車体やソーラーパワーを使った方向指示器を適用するコミュニティもある。

　馬車を使用することは、常に一〇マイル程度（一五～一六キロ程度）の近隣で生活することを意味するとしばしばいわれる。馬車は、日曜日に教会メンバーの家で行われる礼拝に向かうのに十分な距離を走るものである。ランカスターのアーミッシュ、ゾル・ストルツフス（Sol Stoltzfus）に聞くと、馬車で出かける距離はだいたい七マイルくらいまでだと答えていた。

自動車は、便利なものとして二〇世紀の最初の四半世紀に普及したが、アーミッシュは、自動車を所有したり運転したりすることを認めていない。これを利用することは、人びとの関係性や時間の使い方に変化をもたらすと憂慮されてきた。高価でステイタスシンボルでもあった自動車は、簡素や謙虚であることとは相いれない。したがって、伝統的な立場を貫くアーミッシュには、どうしても必要の場合に利用することはやむを得ないが、常に利用できるかたちで自動車を所有することは認められなかった。他方で、アーミッシュでない人びとがバンでアーミッシュたちを乗せることはよく行われている。アーミッシュは鉄道やバスを利用するが、ほとんどのアーミッシュが飛行機は一般的に使わない。だが、病人などの緊急時の搬送のためのヘリコプターは認められている(26)。

馬車で移動する生活を保つためには、馬の世話をすることが必要だ。馬車は、教会や買物など、同じ目的地を目指す家族や知人などが一緒に乗る機会が多い。自動車で人びとが一人で遠くへ出かけるようになると、家や家の近くで過ごす時間も減ってしまい、人びとが日常的に互いの状態を感じられる距離にいられなくなるおそれがある。対面で挨拶しあったり、立ち止まって話したりすることは、互いの状態を感じとることを助けていると考えられている。

アーミッシュが集住する地域において印象深かったのは、馬車の速度にあわせて私たちが自動車で移動していると、笑顔で挨拶してくれる多くの人びとに会ったことである。馬車を繰りながら、片手をあげる人、自転車に乗っていても、笑顔で目をあわせる人たちなどである。自動車か馬車かという違いを越えて、速度と挨拶しようという姿勢が大切なのだと感じさせられた瞬間である。

こうしたオールドオーダーアーミッシュの姿勢に対し、変化に寛容な人びとは、自動車を取り入れてきた。たとえば、ビーチーアーミッシュメノナイトは、服装に関して、比較的伝統的な形式を保持してはいたが、自動車とその他の新しい技術の適用が、オールドオーダーアーミッシュからかれらを明確に分かつものとなった（第3章参照）。とはいえ、そうしたグループにあっても、派手すぎないと考えられる自動車を使うことや、コミュニティ内で批判を浴びないかという憂慮や逡巡が報告されている[27]。人びとは、異なる生活実践を安易に取り入れたわけではなく、自らの信教やコミュニティの人びととの共存を考えてきたのである。

2-3　ともに働く農業

自然に生かされ、季節のリズムを感じる

オールドオーダーのアーミッシュやメノナイトの最も望ましい仕事は、大地とかかわる農夫であるとされている。農村での生活の大切さについて、アーミッシュの人びとは、聖書の一節から、聖書の時代には罪や欲望、邪悪なものは都市に関連していたこと、聖書における指導者はしばしば農村の人びとの中から採用されたことを指摘してきた。「土を耕す（tilling the soil）」ことは「土に活気を与えること（replenishing the earth）」であり、かれらがそれを行うのは「大地は神のもの」だからという説明がなされてきた[28]。

アーミッシュの特徴的で優れた農業の伝統が形成されたのは、ヨーロッパにおける迫害の経験も関連している。アーミッシュはもともと農夫とは限らなかったが、郊外や山中へ逃れた再洗礼派の人びとは、痩せた土地で恵まれない気候のもとでも新しい農業を工夫せざるを得なかった。一七世紀に、再洗礼派の人びとは土地を元気にするために、同じ土地に植える作物を変化させること、灌漑、有機肥料の使用、そしてクローバーやアルファルファの栽培などを行っていた。一八世紀には家畜を飼って牛乳を生産し、チーズ作りで知られるようになった。

北米にやってきたアーミッシュは、家族で土地を手作業で丁寧に世話できる大きさの農場で、生計をたてるためだけではなく、自分たちの生き方を続けられる仕事として農業を重視した。

ペンシルヴェニア州では、他のドイツ系移民と同様に、かれらもライムストーンの土地（石灰岩地帯）を

肥沃だと信じてそこにコミュニティを形成し、整った農場——手入れが行き届いた塀、果樹園、肥沃で生産性の高い土地、豊富な牧草地など——を作り上げてきた。アーミッシュは、より安く肥沃な土地を求めて移動する傾向にあったアイルランド移民たちが残した土地の世話も行って、農地を広げた。[29]

協力して働きともに楽しむ

農業は、家族やコミュニティにおける生活と切り離されることなく行える仕事である。二〇世紀後半まで、アーミッシュのほぼすべての世帯が土地を耕作していた。二〇世紀半ば、アーミッシュの農場は通常、小規模で多様化しており、数頭の牛、豚、鶏、四〇から五〇エーカー（約一五〜二〇万平方メートル）の干し草、トウモロコシ、小麦に加えて、たばこ（ペンシルバニア州ランカスター）やコショウ（インディアナ州ナパニー周辺）なども扱っていることがあった。[30] 最近では、とくに、ペンシルヴェニア州など大都市に近く土地が比較的高価な地域では、八〇エーカーも手に入れることができればよい状況といえるという。そうした土地を家族や教会コミュニティで丁寧に世話して農業や酪農を行っている。

家族が一緒に働き食事するという傍らにいる生活は、仕事中も家族生活であり、子どもに自然のリズムや働くことになどについて実践のなかで教える教育の大切な時間である。仕事の時間が決まっていることは、コミュニティの人びとと共有する時間を確保することでもある。人びとは、季節や曜日によって行う活動の種類を同じくし、夕方や週末の時間を、さまざまなコミュニケーションに使い、コミュニティメンバーの情報を得ることもできる。

農業は、人びとが仕事を分かち合い、協力して耕し、産物を分かち合いながら暮らすという、相互扶助と共生を目に見えるかたちで実践できるものである。実際、生活が苦しいコミュニティメンバーが農業を諦めて他の仕事に就いたり遠くへ移住したりすることに陥らないように、農地での仕事を融通し分け与えて、窮

地にあったメンバーが農業を再開できるよう支援することはしばしば行われている。(31)

一八九〇年代の不景気ののち、一九一〇年から一九一四年には、アメリカの農業において大きな収益を記録した時期が到来した。全体としての経済の好調が背景にあるが、新しい機械が現れたこともこれと大きく関係している。機械化されたトラクター農業が第二次世界大戦後に田園地帯を席巻したが、ほとんどすべてのアーミッシュコミュニティでは、馬で耕作し続けた。(32) トラクターは農場では使用されず、農場外でバッテリーとしてのみ使用されている。

少人数で効果をあげる目的で機械化を進めるようなことは、相互扶助の要素を豊かに含む農業という仕事の一つの意味を失わせることになってしまう。たとえば、農業用トラクターを導入して単独で農作業が効率的にできるようになると、「集まって陽気に仕事を楽しむ(work frolics)」ことを大切にする価値観に影響を与えるおそれがあった。アーミッシュの統一性を感じる機会はいろいろあるが、かれらが農業をしている時がその一つだ。ペンシルヴェニア州ランカスター郡で夏に出会ったアーミッシュの男性たちは、揃いのシャツとズボンをつけ、麦わら帽子をかぶって一心に作業していた(写真4-4)。

写真4-4　ともに農地で働くオールドオーダーアーミッシュ（ペンシルヴェニア州ランカスター郡、2007年6月11日撮影）

バーンレイジング

「バーンレイジング(barn raising)」は、「ともに納屋の棟上げをする」という意味で、相互扶助と協働を明示する象徴的な活動として知られている。農夫の仕事に不可欠な納屋が焼失してしまうと、教会コミュニティメンバーは、数日は仕事を休み、直ちに新しい納屋づくりに取り組む。ときには異なるアーミッシュグ

写真4-5　オールドオーダーアーミッシュの農場の手作業でまとめたトウモロコシの包葉（インディアナ州　2011年10月8日撮影）

ループが協働することもある。ペンシルヴェニア州ランカスターで、早朝に車を走らせていると、朝靄のなかで木材を運び黙々と働くアーミッシュたちの姿を目にしたものである。そうした日には、女性たちも料理やレモネードをもちより協力する。この習慣は、予定された集まりではなくとも、必要とされるときには他のなにをおいてもメンバーが生活できるように助け合い、一つのことを成し遂げようとする姿勢を表現しているとともに、美味しいものを共々に食べて会話する思いがけない楽しみの時間をも、コミュニティの人びとに与えている。

このような相互扶助とかかわる活動としては、病気の者のかわりに収穫の刈り取りを行うことなどがあげられる。「楽しみ」を伴う共同作業としては、リンゴをむいてアップルバターやサイダーを作る「シュニッツィング（Schnitzing）」や、トウモロコシの包葉を取る「コーンハスキング（corn husking）」も行われ（写真4－5）、作業後に、ゲーム、食事、歌を楽しむ(33)。

アーミッシュの家庭で育った一九一五年生まれのリー・カナギーは、かれの若い頃のパーティーの様子を次のように描写している(34)。

秋には、トウモロコシのハスキングパーティーが素晴らしい社交イベントだった。トウモロコシは刈り取られ、乾燥させるために大きな丸いショック（shock）に入れられた。それから、ハスキングパーティーでは、ショックの束が輪になって置かれ、ハスキングされたトウモロコシが山の中央に投げ込まれた。刈り取られたトウモロコシは、再び大きなショックにセットされる。トウモロコシを入れたショックが畑に並んでいるのを見ると、カボチャには霜が降り、ショックの中には飼料が入っていて、秋が来たという感じがした。トウモロコシの包葉を剝いた後は、甘いサイダーやレモネードなどの飲み物を飲んだ。その後、納屋の床をきれいに掃除し、二つの灯油ランタンを奥の小部屋の頭上から間隔をあけて吊るし、その後、フォークダンスが始まった。これらのフォークダンスは、清らかな楽しみ（clean fun）で、若者が互いを知るための時間であり（a time for young people to get to know each other）、イングリッシュ（アーミッシュ以外の人びと（括弧内は筆者））の社会で行われる社交ダンスとは一線を画したものだった。私たち若者の何人かは、グループで歌われる言葉に合わせて、マウスオルガンやハーモニカを演奏して一定のリズムを出していた。

若者たちには、季節ごとに、仕事と楽しみの時間をともに過ごす機会がふんだんに用意されていたのである。

生活をうたうアーミッシュのキルト

アーミッシュキルトには、自然環境を表現するキルトと同様に、生活の場や生活に使用するものから連想したパターンが使われていることも、特徴の一つとなっている。

◈工具のイメージのキルト

一九二〇年頃インディアナ州で制作された写真4－6の綿のアーミッシュクリブキルトのパターンは、モンキーレンチ（Monkey Wrench）バリエーションである。納屋のドアの穴（Hole in the Barn Door）とも呼ばれる。モンキーレンチは工具で、「納屋のドアの穴」は、ドアの穴から牛が顔を見せるようなイメージと言

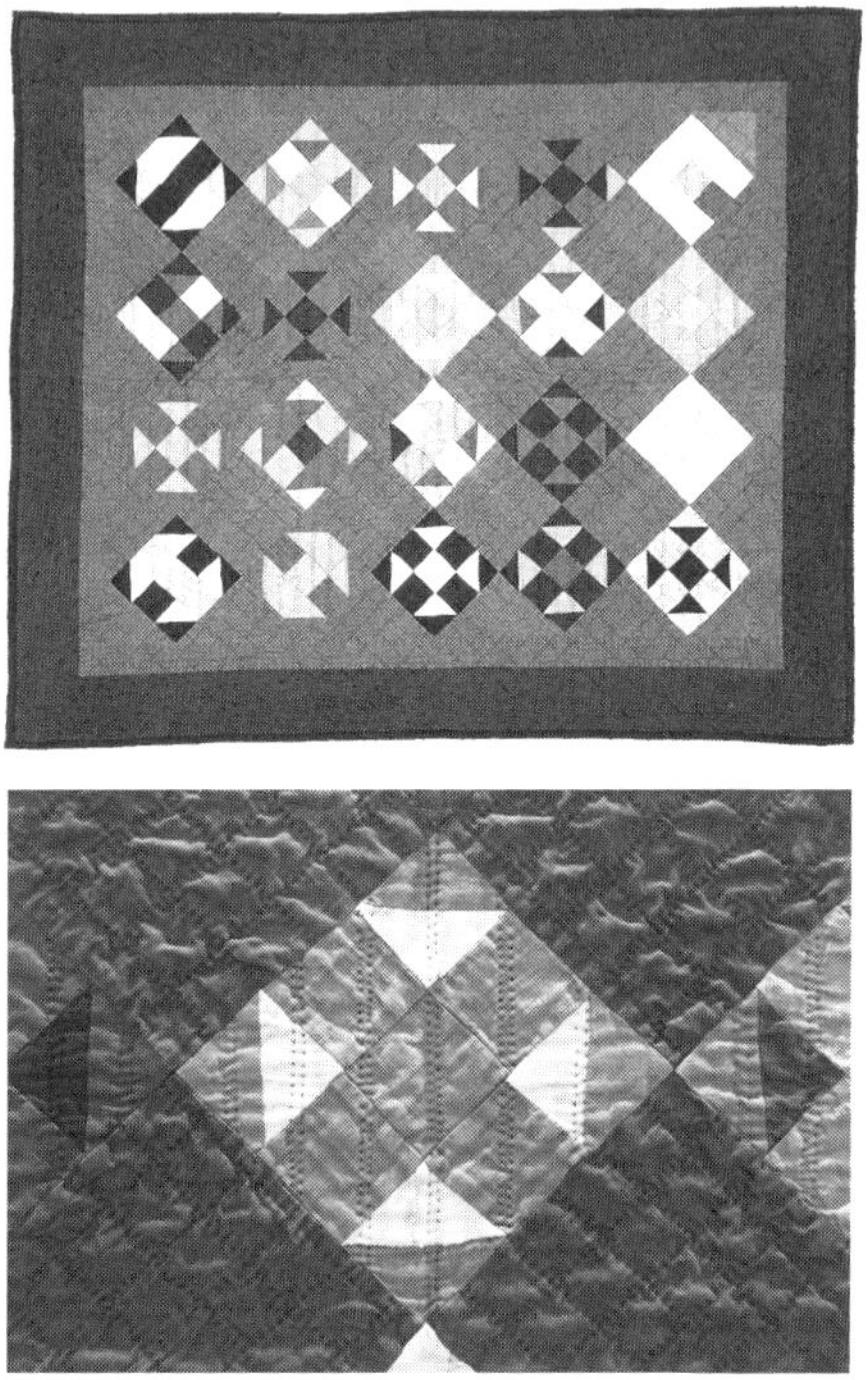

写真4-6　上：1920年頃インディアナ州で制作された綿のモンキーレンチバリエーションのアーミッシュクリブキルト（子ども用ベッドカバー）。濃い青色の中に、濃い赤、ゴールデンイエローなどの布が配され黒いアウターボーダーに囲まれている（H0269517）。下：デザインエリアの二重線の細かなステッチのキルティング（筆者撮影）

われる。(35) 裏面も青と黒の布をはぎ合わせてあり、細かなステッチでキルティングされている。

インディアナ州のキルト作りにおいて特有なのは、濃いバーガンディの赤、深いゴールデンイエロー（黄金色の黄色）、そしていくつかのオレンジの使用であった。インディゴブルーも非常に人気があり、シャツからドレスの裏地、ドレスからキルトまで、あらゆるものに使われていた。(36)

写真4－7は、一九三五年頃のペンシルヴェニア州バックス郡の無地の綿のキルトで、メノナイトがつくったものである。おそらく、オールドオーダーアーミッシュと同様に、馬車を使用し簡素な服装をしているオールドオーダーメノナイトだと推測される。制作者は、サッシングに日付と自分がこのパターンを呼んでいる名前、"CHiNESE COiN FEB. 15. 1935."を刺繍していた。このパターンは、バーバラ・ブラックマンがまとめた『ピースドキルト百科事典』(37) でも #1850のパターンにかかわる二二の名前の中から、Monkey Wrenchとして確認されているものである。濃い色の無地と対照的な背景の無地で構成された三〇個の九インチブロックが列をなして配置され、濃淡のあるミディアムブルーのサッシュ（帯）が施されている。デザインフィールドは、濃いブルーの四インチのストリップで囲まれ、その両側には幅の異なる落ち着いたラベ

ンダー色のアウターボーダーがある。外側のボーダーは白の裏に折り返してバインディングにして、ミシンで縫い付けている。ミシンでつなぎ、紺色の糸でダイヤモンドのグリッドを描くように、ハンドキルティングが施されている。ブルーのボーダーに小さな穴が二つあり、ペンキが飛び散っていることから、日常生活で使用されていたものとみられる。

ログキャビンのキルト

◇ログキャビンバーンレイジングコンフィグレイション

ログキャビンのキルトには多くのパターンがみられるが（第1章1-1も参照）、このパターンは、社会保障を適用せずに相互扶助を重視し、「ともに納屋の棟上げをする」（バーンレイジング）アーミッシュのキル

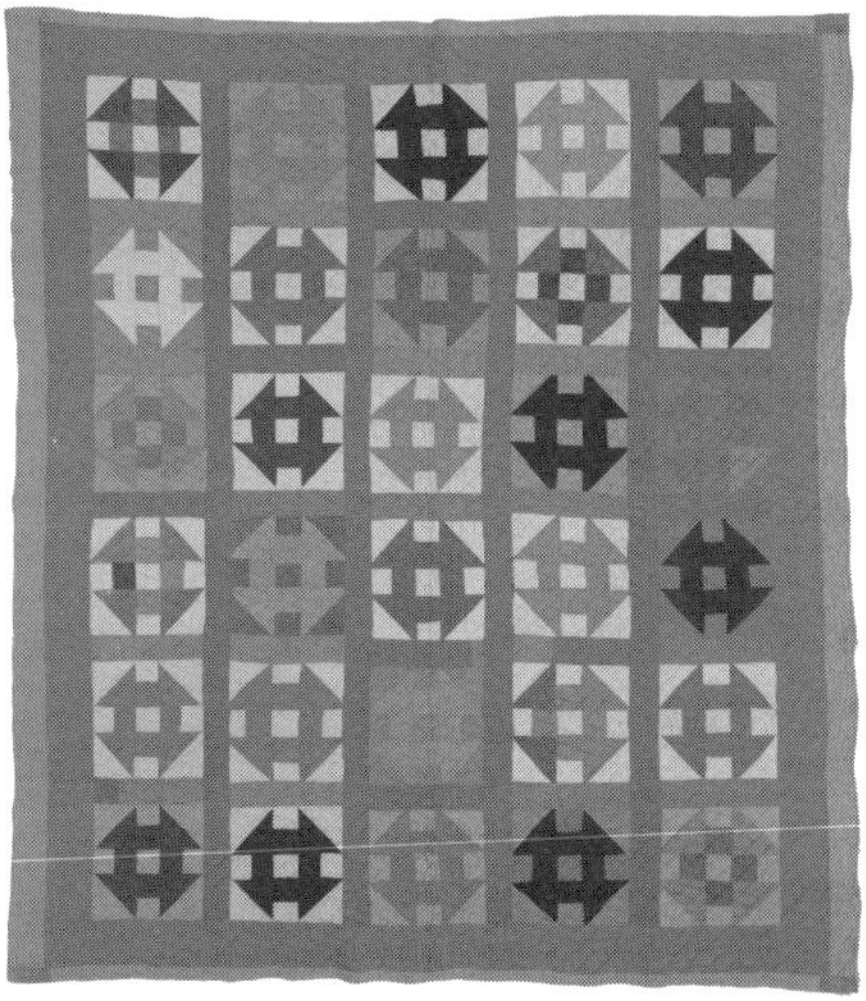

写真4-7　上：1935年頃ペンシルヴェニア州バックス郡のメノナイトがつくったモンキーレンチパターンの無地の綿のキルト（ベッドカバー）。濃い色と対照的な色で構成されたブロックが配置され、濃淡のあるミディアムブルーのサッシュ（帯）が施されている（H0275151）。下：制作者がこのキルトにつけたとみられるパターン名、年月日などのステッチ“CHiNESE COiN FEB. 15. 1935.”がなされたサッシング（帯の部分）（筆者撮影）

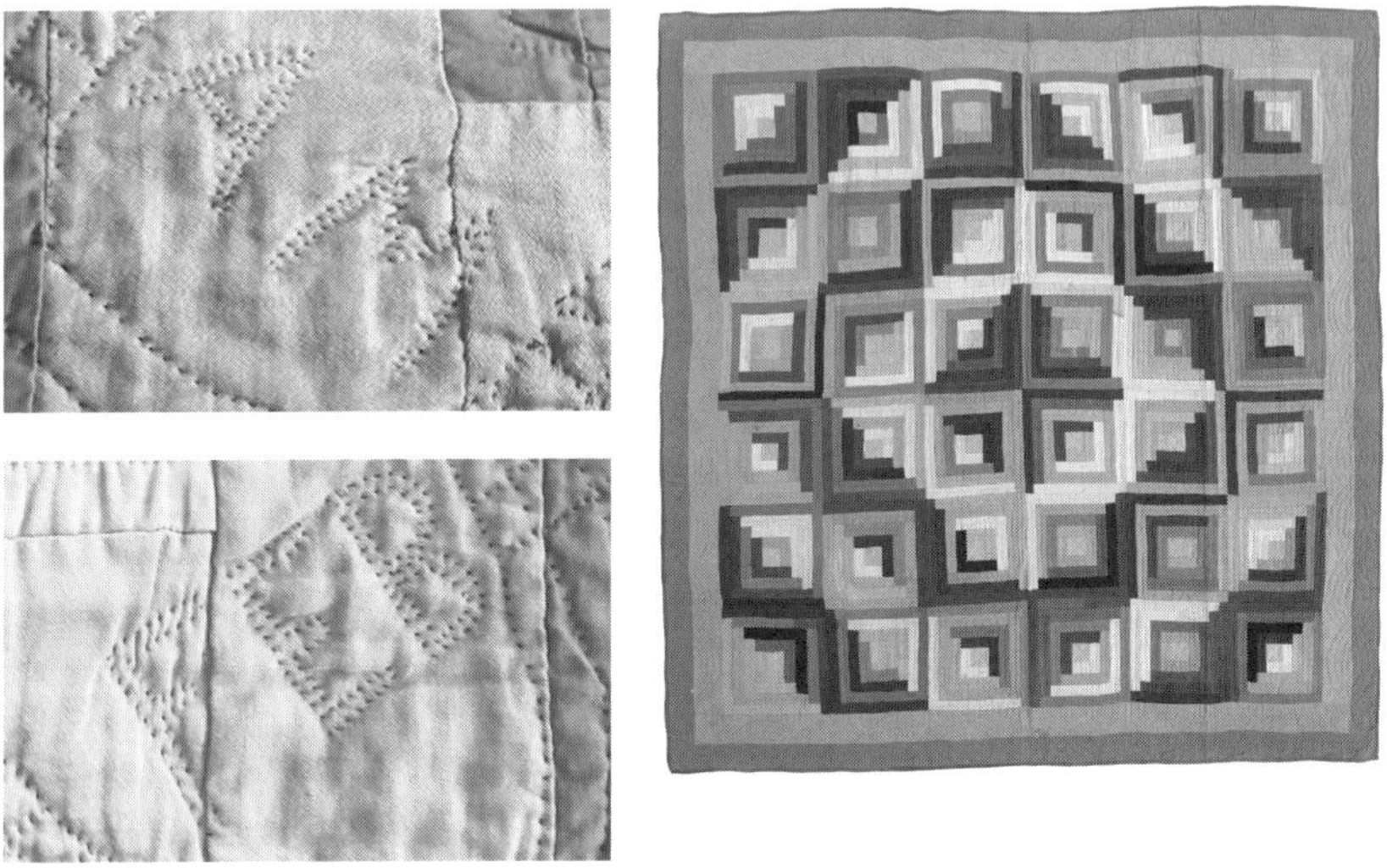

写真4-8　右：インディアナ州で1921年頃作られた、イニシャルや年月日がステッチされた華やかな綿サテンのアーミッシュキルト（ベッドカバー）。パターンはログキャビン（バーンレイジングコンフィグレーション）（H0279282）。左上：角のイニシャル“AM”のステッチ。左下：角の“FEB”（2月）のステッチ（左上、左下ともに筆者撮影）

トに多く使われている。インディアナ州で一九二一年頃作られたキルト（写真4－8）には、華やかな印象の光沢のある綿サテン、裏にはギンガム生地が使われ、ボーダーにはケーブルキルティングがなされている。角に年月日と、贈り手あるいは受け取り手のイニシャルとみられる“AM”が縫い込まれており、結婚や新しい土地へ出立する人びとへの餞などであったと推測される。このキルトは、アーミッシュのサラ・ミラー（Sara Miller）が収集したコレクションに含まれていたものである。[38]

◇ログキャビンコートハウスステップスバリエーション

一九二〇～一九三〇年頃アイオワ州で作られたキルト写真4－9は、ログキャビンのバリエーションである「コートハウスステップス」（裁判所の階段（Courthouse Steps））と呼ばれるパターンである。ジャケットやショールなどに使用されているさまざまな黒やグレー、バーガンディやボルドー色の布の小片が利用されており、目立たない黒糸をもちいて細かいステッチでチューリップなどのキルティングがなされている。

写真4-9　上：1920～1930年頃アイオワ州で作られたログキャビンコートハウスステップスバリエーションのアーミッシュキルト（ベッドカバー）。服に用いられるさまざまな黒やグレー、バーガンディやボルドー色の布をつなぎ合わせ、チューリップモチーフなどのキルティングが施されている（H0279294）。下：白い裏地側からみたチューリップモチーフなどのキルティング（筆者撮影）

3　新しいテクノロジーへの対応

初めて私がアーミッシュの暮らしの場を訪ねた一九九九年に話をしてくれたペンシルヴェニア州ランカスターのサム・リールは、「私たちは伝道はしないが、生活そのものによって信仰を表現している」と述べていたが、その生活には、馬車以外にもいくつものきまりがある。それらは、象徴として、コミュニティの人びとのアイデンティティにかかわり、また、一般社会へ向けた結束を示す表現でもある。

3-1 電気

電気は、不要なものを人びとの生活や家庭にもたらし、テレビ、ラジオ、インターネットは人びとに悪い影響を与える原因になりうると考えられている。電気配線を設置することは、その後に技術革新が続き、また、アーミッシュコミュニティとは異なる価値観を持つであろう電力会社との間に、依存関係が生まれる恐れがあると考えられている(39)。

観光化が進んでいるペンシルヴェニア州ランカスター郡のコミュニティでは、周囲の変化のなかで仕事を続けていくためにも、電気のかわりに圧縮空気、油圧ポンプ、プロパンガスなどの活用が図られてきた。

写真4-10 アーミッシュが暮らす地域の風車（オハイオ州ミラーズバーグ 2011年9月30日撮影）

農場では、ガソリンとディーゼルエンジンも使われている。というのも、ここでは、酪農家は、ディーゼルエンジンを活用した農場をもたざるを得ないからである。一九五〇年代に搾乳機の使用は認められたが、その後、州の規制により、一般に販売されている牛乳は、貯蔵タンク内で特定の温度に冷却することが必要となった。それから、タンクはミルクをかき混ぜる電気装置を持たなければならないというきまりができた。アーミッシュは、これを、発電機で充電されたバッテリーを使用することによって実現した。この発電機はディーゼルエンジンによって駆動され、搾乳装置と冷凍装置は充電されたバッテリーの電源により駆動している。

エンジンの音はしばしば農場の畑でも聞こえる。アーミッシュの大多数はトラクターを使用していないが、多くは馬がひいている場合に電動の農業機械を許可している。こうしたものの最も一般的なものは、ヘイベーラ（乾草梱包機）

である。ガスまたはディーゼルエンジンによって動力を与えられているが、トラクターのかわりに、馬たちがひいているのである。トラクターに関しアーミッシュは、車に近いとみなし、注意を払っている。したがって、アーミッシュの多くは、サイレージカッターや脱穀機など、畑のみで使うためにトラクターを限定的に使用している。トラクターが外で人を運ぶために使われないように、ゴム製のタイヤではなくスチール製のホイールをつけている。

他方、同じオールドオーダーのなかでも、最も保守的なアーミッシュは、たとえ、馬がひいていてもガソリンやディーゼルエンジンで動くすべての農業機械を使用しない。トウモロコシも手で刈り入れ、牛乳も手で搾る。ミルクは、古いタイプの金属の缶で保存される。冷却は、冬に池や湖からとってきて保存していた氷を用いる。(40)

このようにアーミッシュは、信念と生活のバランスを考えて工夫をかさねてきたが、アーミッシュが暮らす地域では、かわらず、馬車と同様に、風車が一つの目印となっている。風車は、井戸水を汲み上げるだけでなく、農作物を荒らす鳥を追い払う役割も果たしている。

◈風車のキルト

風車をモチーフにしたピンホイール（Pinwheel（風車））と呼ばれるキルトは、三角形の布を合わせて作られる。写真4－11の「アーミッシュピンホイール」キルトは、一九〇〇年から一九二〇年に、インディアナ州ハワード郡で、シルヴィア・ホステトラー・トロイヤー（1903-1989　写真1－13、1－14、5－5のキルトの制作者あるいは関係者）の母親である、ホステトラー夫人によって作られたと信じられている。

七インチのピンホイールブロックは、淡いピンクあるいはバラ色と対照的な二色目の色で構成されている。これらのブロックは、ミディアムブルーの無地の正方形と交互に色配置され、デザインエリアは、バラ色のインナーボーダーとミディアムブルーのアウターボーダーで囲まれている。白いモスリンの裏地に、ミシンでつけられたバインディングはミディアムブラウンである。これらの色はアーミッシュの典型的な服の色である。ミシンでつなぎ合わせ、きれいなハンドキルティングが施されている。三角形はすべてアウトライン化された後、キルティングで二つの三角形に分割され、セッティング用の四角形は一インチ間隔で連続したキルティングのラインで四つの三角形に分割されている。バラ色のインナーボーダーは一インチ角の格子を対角線上にキルティングし、アウターボーダーは一インチの対角線上にキルティングしている。洗濯されているが、大切に使われてきたとみられる[41]。

インディアナ州のアーミッシュの間では、時折プリントされた生地を使うこともキルト作りの特筆すべき点の一つである。キルトの圧倒的多数は無地の生地のみだが、少量のプリント生地の使用はある程度受け入れられていたようで、無地の中にドットや格子縞などのデザイン素材が散りばめられていることがある[42]。

写真4-11　上：アーミッシュの衣服の典型的な色が使用されている風車をモチーフとしたアーミッシュピンホイールキルト（ベッドカバー）。1900～1920年に、インディアナ州のホステトラー夫人によって作られたとみられる。ミシンでつなぎ合わされ、手縫いで細やかなキルティングがなされている（H0275150）。下：キルティングの詳細（筆者撮影）

ランタン

ランタンは、現在もアーミッシュの家庭で使われる灯りだ。最も保守的なアーミッシュのあいだでは、灯りはガスではなく、古いタイプのケロセンランプが使われている。(43) 写真4-12のランタンは、インディアナ州ゴーシェンのアーミッシュの家の納屋で開催されたガレージセールで入手したものである。名前（Cletuw と Linda）の間にハートマークと"June 23, 2004"と書かれており結婚祝いなどの贈り物であったと推測される。

写真4-12　イニシャルがペイントされたインディアナ州のアーミッシュのランタン（ランプ）(H0269534)

家中を隅々まで温める暖房セントラルヒーティングは、子どもたちが個室で過ごすことを可能とするなど、家族が居間のストーブの周りに集まることを阻害すると憂慮されてきた。だが、一九〇〇年以降、最も保守的なグループにおいても、テクノロジーの採用については変化がみられる。アーミッシュは大家族なので、洗濯は女性たちの大仕事である。そこで、電気ではなくガソリンエンジンを使用して直接攪拌し、ゴムローラーで洗濯物をしぼる様式の洗濯機は、受け入れられ使用されている。ホンダやカワサキなど日本のメーカーの小さなエンジンはアーミッシュのあいだで大人気だ。かれらは発電用のツールとして、空気圧縮機や油圧ポンプを動かすためにディーゼルエンジンを動力として使用している。

洗濯後のアイロンは、電気ではなく、ストーブで熱したアイロンを使い続けているグループもある。だが、アイロンかけそのものをしないですむ化学繊維を使った布は問題なく受け入れられ、服が作られるようになっている。(44) とはいえ、長いラインにきれいに並べて洗濯物を干す方法に変更はない。いまでも、アーミッシュが多く暮らしている場所では、青空に無地の洗濯物が規則正しく並べて干され風にはためいている（写真4-13）。たとえば、ペンシルヴェニア州ランカスター

写真4-13　オールドオーダーアーミッシュの家と洗濯物（ペンシルヴェニア州ランカスター郡　2007年6月11日撮影）

郡では、洗濯の曜日はおよそ月・金と決まっており、家で行われる結婚式は、洗濯の都合も考慮して木曜日に多く行われるという。

洗濯機以外にも、ペンシルヴェニア州ランカスター郡など大きなアーミッシュ居住地では、プロパンガスが受け入れられ、料理や暖房のみならず照明や冷蔵庫に使用されている。実際アーミッシュの台所は、電気のスイッチがないことを除けば、現代的な外見である。電気を使用しないアーミッシュはプロパンガスで料理し、ミシンは足踏みで動かす。ミシンに関しては、電気を使わないものであれば、アーミッシュの女性たちがこれを前向きに使っていたと推測されている。たとえば、一八八六年のアーミッシュの女性の日記に、ミシンを借りて裁縫する様子が記されている[45]。

ガソリンエンジンで動くチェーンソーや草刈機、ランニングシューズ、バーベキューグリルは受け入れられた。外からの影響の大きさが予想されにくく、また対面による関係性を阻害する恐れがあるコンピュータによる通信については、利用しない姿勢を保持している。ビデオカメラやビデオカセットレコーダーは、パソコンと同様、長期的に見て外の世界との関係性を変容させる可能性があると禁止されてきた。

3-2　電話

電話は、現代文明の象徴であり一般社会につながるものであるとして、基本的には認められていない。また、個人間の会話を増やし、コミュニティ全体のかかわりを阻害する可能性も問題視されてきた。

一九一〇年以前には、ペンシルヴェニア州ランカスター郡のアーミッシュは、二〇世紀の新しい道具をどの程度受け入れていくのか、決定してはいなかった。一九〇〇年代には、かれらは、電話を限定的に使用していた。一九一〇年まで、かれらは、家のなかに電話を備えるという便利さを否定していただけであり、電話を利用すること自体は、禁じられたことはなかった。だが、分離にかかわる問題が、電話回線上でやりとりされた情報やゴシップによって拡大したとみた教会は、電話を禁止することを決定した。

一九一〇年に、ピーチェイアーミッシュ教会が突如として家に電話を設置することを認めたことは、オールドオーダーアーミッシュがこの道具に対する反対への確信を強めた。テクノロジーの適用により寛容なグループが、短期間に、農業用トラクターや自動車、そして電話を次々と適用したことにより、オールドオーダー教会は、断固として新しい機械を否定する態度を固めた。[46]

写真4-14　アーミッシュの農場の端に設置された電話ボックス。電話をする約束を交わしたうえで、電話を待つ人もいる（ペンシルヴェニア州ランカスター郡　2007年6月11日撮影）

とはいえ、緊急の場合に備えて、数家族が共同使用できるように、農場の端の目立たないところに電話ボックスが設置されている（写真4－14）。

電話を家の中に備えることはタブーであり続けているが、電話の設置場所については緩やかな判断をしているグループもある（第5章3節参照）。最近、とくに若い人びとのあいだでは、携帯電話の使用がみられる。これらについても、仕事の関係など説明がなされれば、認められるケースもある。

楽しみに関連する変化は、最も慎重に対処されている領域である。ラジオ、テレビ、CDプレイヤーは、どこでも許されていない。もちろん若い人のあいだには、教会に問い合わせず隠れてそっと使っている者もいる。だが、英語やドイツ語で歌うことは楽しみで、近所の人びとのためにクリスマスキャロルを歌う子どもたちもいる。大人も子どももよく本を読み、ゲームやパズルもよくなされる。そして、とくに女性のあいだでは、縫い物、編み物、そしてキルトなどが楽しみとしてなされる。(47) とくに手芸は、生活必需品を作るという名目で、堂々と時間を使える活動である。

4 身につけるもの

4-1 服装に関するきまり

写真4-15 アーミッシュ女性用衣装。左上：ラベンダー色のドレス（ワンピース）(H0269479)、右上：ケープ（H0269480)、左下：エプロン（H0269481)、右下：白のヘッドカバリング（H0269493)

アーミッシュの男性は帽子、シャツとズボン、女性はヘッドカバリング（キャップ）をつけ、一般に、ドレス（ワンピース）、ケープ、エプロンをセットとした無地の服を着ている（このスリーピースは、スーツ（suits）とも呼ばれている）寒い季節にはボンネットやショールをつけることもある（写真4－15）。華美で贅沢とみられているボタンは子どもたちの服のみにつけられ、成人はピンやフックを使用する。

慎み深く謙遜な人であることは、身体のかたちを目立たせないことや、赤や黄色、オレンジなどの目立つと感じられる色のものを身に着けないことで表現されている。一般に、柔らかな緑、青、スミレ色、そして黒、茶、グレーなどの中間色を着ている[48]。エプロンは白、黒、あるいはドレスと同色である。ケープやエプロンはボタンではなくピンで留める。これらのきまりは教会ごとに異なる[49]。

成人男性と男子は、暖かい季節には農作業などにつばの広い麦わら帽子を使用し、訪問や礼拝には黒いベストとズボンを着用する（写真4－16）。シャツは、写真4－21のキルトの制作者であるインディアナ州のアーミッシュのサラ・ヨーダー（Sara Kauffman Yoder）が夫のためにつくったものである。ベストとズボンのセットは、インディアナ州エルクハート郡のアーミッシュの農場の片隅に設けられた店舗で購入したものである。アーミッシュはほとんどの衣類を女性が仕立てるが、男性の服は大きく重いこともあり購入することもある。ここ三〇年ほどは、洗濯が容易なので、化学繊維も多く使われるようになったといわれる（二〇一三年現在[50]）。

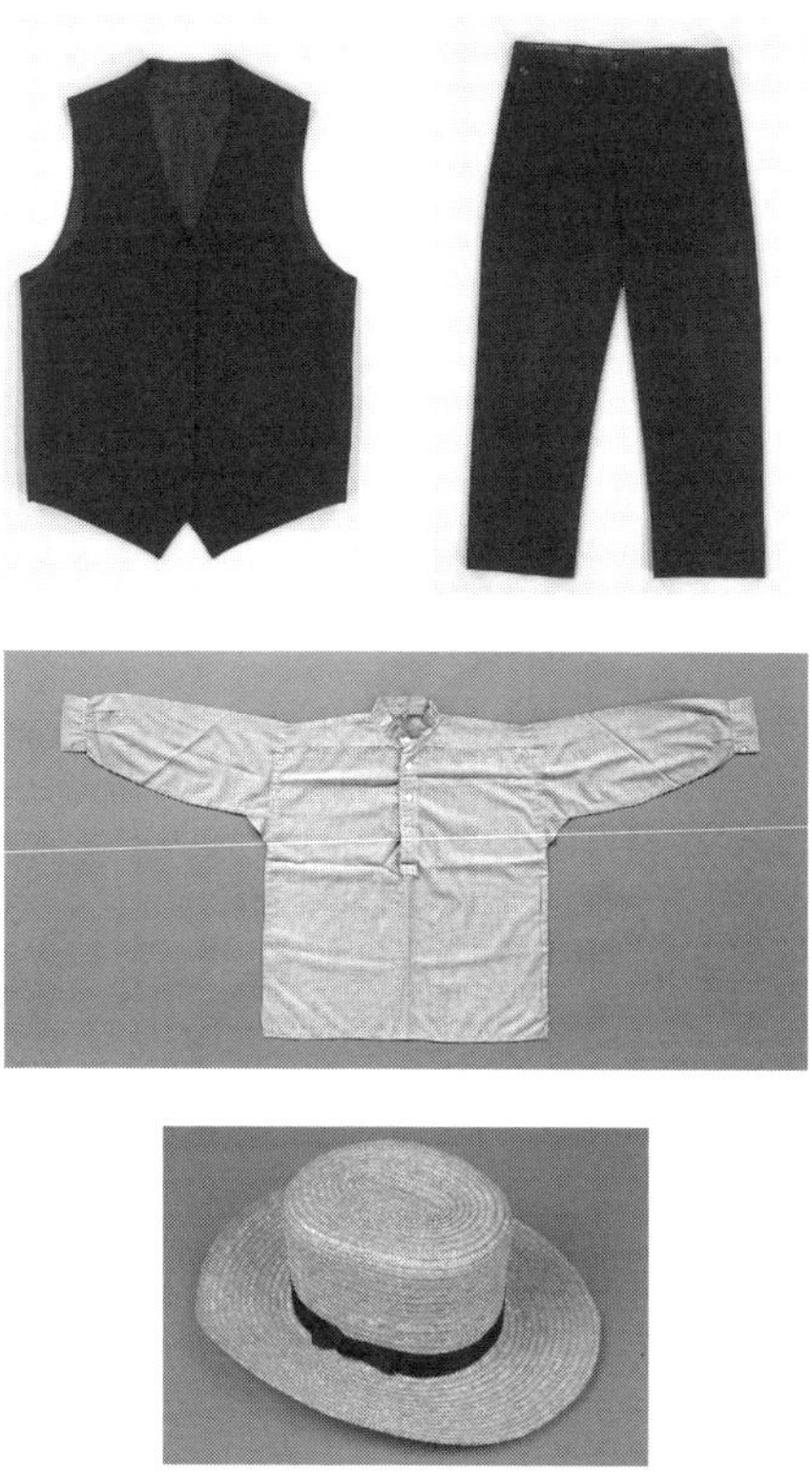

写真4-16　アーミッシュ男性用衣装。左上：ベスト（H0269496）、右上：パンツ（H0269497）、中：シャツ（H0279306）、下：麦わら帽子（H0269530）

男児も成人男性と同様の服装が基本だが、カラフルな明るい色のシャツを着ることもある。写真4－17のシャツとズボンは、二〇一三年にインディアナ州ハワード郡ココモ近郊の元アーミッシュであった家族より、譲り受けたものである。この家族は、メノナイト教会に移動した後にも、アーミッシュであった頃の無地の服を保存していたが、母親は五〇代になり、子どもたちも大きくなったので手放すことを決めたという[51]。

女児は、成人女性が着用しない明るい色や赤などの華やかな色のドレスも着ることがある（写真4－18）。また、女児も髪を後ろでまとめて、白や黒、デニムのヘッドカバリングをつける。ドレスの上に、エプロンやピナフォア（エプロンドレス）をつけることもある（写真4－19）。

服のきまりは、アーミッシュらしさを構成する一つの要素であり、オルドヌングのなかでも変わらない部分である。さまざまなアーミッシュグループのあいだには、考え方の違いがあるが、すべてのアーミッシュにおいて共通なのは、プレーンで慎み深い（modest）装いをすることを重視していることである。聖書に書いてあるとおり、成人男性は髭をはやし、女性は髪を切らずにカバーをすること、ズボンをはかないことを守ってきた[52]。

現代においては、アーミッシュの女性のシンプルな服装がおしゃれだと注目され、一九九〇年代初頭、ファッション雑誌『ヴォーグ』に「アーミッシュファッション」の特集が組まれたこともある。ほとんどのアーミッシュは、服装のきまりの背景にある歴史をあまり知らないともいわれる。アーミッシュにとっては、プレーンな服装は自分たちのやり方（way of doing things）なのである。だが、現在アーミッシュ自身が服や装いについて考えていることの一端は、『ファミリーライフ』に掲載された（第2章1節も参照）記事「プレーンな服を着る理由」にうかがうことができる[53]。

第一の理由は、もちろんモデスト（modest）のためで、世界のスタイルや流行が教えてくれるものではなく、聖書が言うような服を着たいからである。もう一つの理由は、この世の子どもたちよりも、神の子どもたちと同一視されたいからである。…外側の装飾は禁じられている。宝石類は何の役にも立たないので、私たちは禁止されていると考える。…服を着て自分を飾ることは禁じられている。女性は髪を

写真4-18　落ち着いた赤色のアーミッシュ女児ワンピース（H0269502）

写真4-17　アーミッシュ男児用衣装。左上：薄黄色のシャツ（H0275213）、左下：麦わら帽子（H0275202）、右：吊りバンド付きパンツ（H0275217）

写真4-19　右：茶色のアーミッシュ女児用衣装　ワンピース（H0275198）、左：ピナフォア（H0275197）

切ってはいけないので、三つ編みなどの方法で髪を管理する必要がある。私たちは、髪の毛を編むことではなく、飾ることが禁止されていると考えている。金であっても、歯科医院での治療など、何かの役に立つ目的であれば、身につけてもよいと考えている。

アーミッシュの女性たちが一目でそれとわかるヘッドカバリングについては、歴史のなかでそれが当然のことであったという理解が示されている。

再洗礼派は、女性の頭を覆うことについてほとんど書いていなかった。信仰一八箇条「ドルトレヒト、1632」（ドルトレヒト信仰告白　筆者記載）には、それについての言及すらない。その理由は、かれらがそれを信じていなかったからではなく、頭を覆うことが疑問視されなかった時代に生きていたからだ。一〇〇年前までは、神を信じる女性はおろかまともな女性は、頭を覆わずに人前に出ることはなかった。私たちの歴史図書館には、一九四〇年の『ナショナル・ジオグラフィック』誌からの切り抜きがあり、フランスの田舎の家にいる老婦人が写っている。彼女がカトリック教徒であることは間違いないが、彼女のヘッドカバリングがアーミッシュのキャップとてもよく似ているので、アーミッシュかと思ってしまうほどである。(54)

やはりアーミッシュやオールドオーダーメノナイトの女性服にもみられる、ケープについては、「モデスト（modest）という言葉は、貞淑な（chaste）、上品な（decent）、気取らない（unpretentious）という意味」としたうえで、聖書の教えにもとづき、モデスト（謙虚）であることによって、信仰によい環境を作るという説明もなされている。

私たちのオールドオーダーメノナイト教会では、ケープをつけることが習慣となっている。…なぜケープをつける必要があるのか、説明できない母親たちの話を聞いたこともある。伝統の遺物だという意見もあるのは理解できる。Iテモテ2：8－9で、パウロは、「私は、…女性が慎ましやかな（modest）服装で装うことを望む」と述べている。ケープがないと、私たちは自分の姿を余計に見せてしまう。…しかし、慎ましやかな服を着ることによって、私たちは純粋で神聖な考えを持つために、お互いに助け合うことができる。(55)

アーミッシュの装いに関するきまりの厳しさは、その誕生にかかわったヤーコプ・アマンの影響を受けている。一八世紀に支持者とともにアーミッシュを組織したヤーコプ・アマン（第2章参照）は、服装や身だしなみについても、メンバーの服装が統一されていること、すなわち、帽子、服、靴下や靴のスタイルなどが同じであるべき、髭を整えないことなどのきまりを提示した。(56)一六九〇年代に、一六九三年のアーミッシュ（当時はメノナイトの中の厳格派）とメノナイト（当時はメノナイトの中の寛容な人びと）の分裂のときの指導者であったヤーコプ・アマンとハンス・ライストの間で、髭も争点になっていたという。ハンス・ライストは髭をトリミングし整えることを許可していたのである。髭を生やすことを支持する聖書の原則は、被造物は創造主に服従すべきであるという教えである。(57)

アーミッシュはその誕生のときから、聖書に書いてあることを忠実に実践するという初期再洗礼派のありかたを重視しており、この世と距離をおく暮らし方を明示するものとして服装や身だしなみは重要だったのである。とはいえ、ヨーロッパのアーミッシュのなかには、華やかな格好をした人びとも見られ、服装の統一性は、決定的なものとは捉えられていなかったと考えられる。

アーミッシュが、服のきまりを厳しくしたのは、むしろ北米移住後だといわれる。前述（第3章参照）のように、一九世紀半ば以降、教会の建物の建設、自動車や電気、電話などの使用を認めるグループが分離し、それまでのアーミッシュとは異なる生活実践を選択するようになった時、伝統を守ろうとした人びとは、

右：写真4-20　1900〜1920年代に、インディアナ州ラグレンジ郡で制作された黒布で縁どりされた青いウールの女児ワンピース（H0279305）／左：写真4-21　インディアナ州のアーミッシュの女性サラが、1970〜1980年頃に、衣服の古布で作った伝統的なデザインのウールのパッチワーク表布。バーズあるいはチャイニーズコインズ のバリエーション（H0279298）

オールドオーダーというアイデンティティを明確にしたのである。最初にアーミッシュのあいだで不協和音が顕著になった際も、服装の問題は明示的であった。結果として、保守的なグループは、内部にも外部にもユニフォーミティ（統一性（uniformity））を表現するようになった。

4-2　手作り――素材を生かす工夫と実用のなかの楽しみ

服は、一般に手作りされており、無地の布を使うという制限はあるものの、そこには、作り手が凝らしてきた工夫や楽しみのあとがみられる。

二〇世紀初期に制作されたという女児ワンピース（写真4-20）はインディアナ州ラグレンジ郡で収集したものである。ウールのドレスで、黒の布で縁どりなどがあることから、教会用かよそゆき用とみられるが、ポケットもついていて実用的である。裾のひだは飾りというわけではなく、子どもが大きくなったら糸をはずして長さを調整できるようになっている。

古布を用いたキルト

身につけるものは、アーミッシュキルトに使われる布とも関係している。写真4-21は、インディアナ州ラグレンジ郡のアーミッシュの女性サラ・カウフマン・ヨーダーが、一九七〇年から一九八〇年頃に、衣服に使用された古布で作ったウールのキルトトップ（表布）である。この表布のように、一九六〇年代から一九八〇年代には、一九〇〇年から一九六〇年頃までに作られ着古したドレスを利用して、観光客用の壁掛けなどがさかんに制作された。バーズあるいはチャイニーズコインズのバリエーションのパターンだが、レベッカ・ハーラーによれば、現在（二〇一六年）では、あまり人気のない伝統的な（traditional）なデザインだという。

◈ターコイズブルー（トルコブルー　青緑色）の「スターキルト」

女性は服を手作りすることを習い、なかにはキルトを作る腕をあげる者もいる。写真4－22は、モチーフとしてスター（星）を使った綿のキルトである（スターパターンは一九世紀中作られたが、多くは一八四〇年代以降に作られた）。人びとの行く手を照らし出すようなスターのキルトは、アーミッシュだけではなく、米国一般のキルトにおいても人気があり何種類ものパターンが編みだされてきた。

アーミッシュの女性にとって、自分や家族の服を縫えるように裁縫技術を習得することは不可欠であり、成長の証とされている。このキルトには、ターコイズブルー（トルコブルー　青緑色（turquoise blue））の布が使われている。これは、一九五〇年代頃のインディアナ州のキルトとその特徴を共有している。キルトを作った一九四八年生まれのメアリ・ヨーダー（Mary Yoder）は、キルト制作で知られるオハイオ州プレーンシティ（Plain City）出身の母のサラ・ヨーダー（Sara Kauffman Yoder）から裁縫を習い、一六歳で初めてキルトを作り、自分への贈り物としたという[58]。表布はミシンでつながれ、裏布を前に折り返すセルフバインディングは手縫いである。ターコイズブルーのボーダーやスターブロックには花のようなかたちのキルティングがなされている。

写真4-22　上：ターコイズブルー（青緑色）の綿布が使われ、1950年代頃のインディアナ州の特徴的なスター（星）モチーフのキルト。アーミッシュのメアリが母親から裁縫を習い16才頃に初めて制作した（H0279293）。下：ターコイズブルーのボーダーやブロックのスター外側の花のような形のキルティング（筆者撮影）

◆デニムを使った暖かいコンフォーター

デニム布は、アーミッシュが一般社会から取り入れて、農作業などに従事するときに使うようになったものである。布の形、大きさ、種類を気にせずつなぎ合わせるクレイジーキルトは、布の稀少な開拓時代の日常の必需品であった。一九世紀半ばの米国では多くの場合、高度な縫製技術をもつ専門職者によって豪華な生地を使用して作られるようになったが、一九三〇年から一九四〇年頃にインディアナ州でアーミッシュによって作られた写真4－23の「デニムクレイジーコンフォーター（Denim Crazy Comforter）」は実用的なものである。デニムやコーデュロイの古布を利用した冬期用コンフォーターで、男性や少年のコートやパンツの再利用とみられる。ゴーシェンのベネディクト・カウフマンの家（estate）で見いだされたもので、このコンフォーターをみると、当時の男性服に使われていたデニム生地の色がとても豊富だったことがわかる。

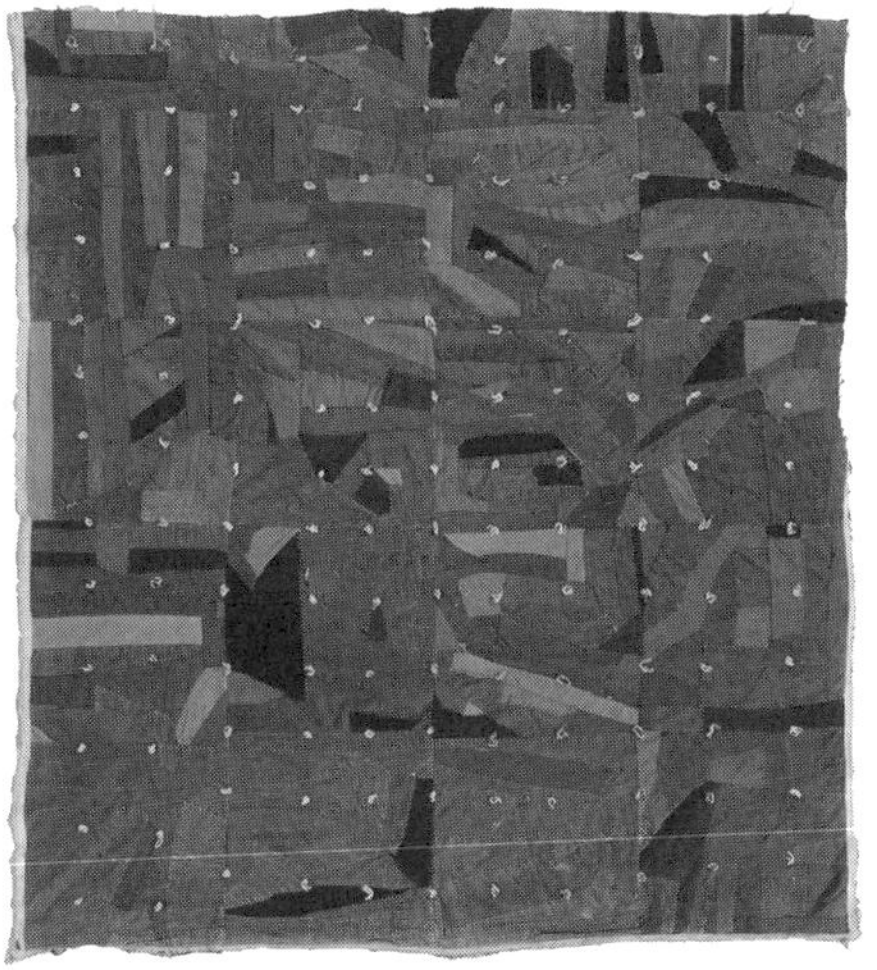

右：写真4-23　インディアナ州で1930～1940年頃に作られたデニムやコーデュロイなどの古布を利用した冬期用デニムクレイジーコンフォーター（掛け布団）（H0275154）
左：写真4-24　男性のスーツや女性のケープからとられた黒い四角のウール布に、羊毛の糸を縫い付けて作られた20世紀前半インディアナ州のスター模様のパッチワーク用ブロック（H0279315）

こうした厚めのキルトは、しばしば結び目でつながれている。

毛糸のキルトブロック

写真4－24のスター模様の布は、一九〇〇年から一九五〇年頃にインディアナ州で作られた、キルト用ブロックである。男性のスーツや女性のケープからとられた黒い四角のウール布に、短い毛糸が縫い付けられている。[59] このタイプのキルトは、一九世紀のヴィクトリア朝時代には、アメリカ一般でも枕カバーやディスプレイとして作られたが、アーミッシュは他の人びとが作らなくなっても一九三〇年代頃まで暖かいベッドカバーなどとして作り続けたという。[60]

アーミッシュの人びとは簡素を旨としているが、かれらが作る日用品には、動物や植物などのモチーフが取り入れられて、楽しい雰囲気を醸し出している。たとえば、鶏やイチゴの形をした裁縫道具がある。

アーミッシュチキン

「アーミッシュチキン（Amish Chicken）」と呼ばれる裁縫用具は、二〇一一年にキルト収集に先立ち、ペンシルヴェニア州ランカスター郡のアンティークショップの片隅で出会ったものである。「アーミッシュチキン」は、とくにペンシルヴェニア州で多くみられるものだという。持ち運びがしやすいように、はさみ、糸車、針刺しがセットになっている（写真4－25）。

◈イチゴのピンクッション

ガラスのコップを使ったイチゴをモチーフにしたピンクッション（写真4－26）は、インディアナ州ゴーシェンのアーミッシュの納屋のセールで購入したものである。

写真4-25　鶏型裁縫セット「アーミッシュチキン」（Amish Folk Art Chicken Sew Center）（H0269524）

写真4-26　イチゴをモチーフとしたピンクッション（針山）。インディアナ州のオールドオーダーアーミッシュが納屋でおこなっていたセールで販売（H0269535）

5　離れていく仲間への厳しい制裁「シャニング」の意味

5－1　シャニング

アーミッシュのあいだでは、教会コミュニティから離れる人びとへのシャニングが実践され続けている。

前述したように（第2章4節参照）、そもそも、ヨーロッパでアーミッシュがスイスメノナイトから分離した理由の一つもシャニングの徹底だった。

再洗礼派の歴史のなかで、信仰を実践しようとする再洗礼派の教会の規律の聖書の根拠はマタイ18：15－18にあった。再洗礼派が「禁止（the ban）」と呼んだ教会の規律の第一の機能は、罪を告白し、それを赦し（forgiving）、罪人をコングリゲーション（信徒の集まり）に再入させる方法を提供することであった。禁止の第二の機能は、改革された教会の神聖と純粋（holiness and purity）を維持することであった[61]。

現代のアーミッシュのあいだでは、シャニングは、洗礼によって誓った生き方の約束について、それを忘れ、裏切るような行為をする人びとにむけた注意喚起であり、教会コミュニティを整えるための備えという意味がある。問題行動に関する告白は、姦通や訴訟を起こすなど聖書に記された罪に対して行われる場合もあれば、禁止されている技術を適用したりカジノに行ったりすることなど、オルドヌングに違反することや、プライドや自己中心性を示した時になされる。問題の軽重によって、ミニスターに告白する場合もあれば、公の場で告白することもある。破門されるような例は、告白をこばんだ者、反省を示さない者、礼拝に出席しない、車を買って住んでいる州から離れるなど教会と離れたいという意志が明解である者などである。こうした者に、後悔して教会に戻るよう繰り返し勧められた後で、破門がなされる。ひとたび破門されると、コミュニオンなどの儀式に参加することを拒否されるだけではなく、シャニングの対象になる[62]。

二一世紀には、シャニングは、元メンバーとのあいだで全ての社会的関係をやめることではないが、同じテーブルで食べること、元メンバーが運転する車に乗ること、元メンバーから贈り物、金銭、物品、サービスを受け取ること、そして、ともに事業することなどが禁じられている。シャニングの対象となっている人は家族と生活することも可能であろうが、会話は認められてもともに食事することはできないなどの制限がある。教会メンバーは、非常時や特別な場合は元メンバーを助けることとなっている。

シャニングされた人は、教会メンバーの前で悔い改め正式な詫びをすればいつでも教会に再び迎えられる。より穏やかなシャニングを行っているグループでは、元メンバーが他の再洗礼派のグループに加わった時にはシャニングを停止するが、厳しいグループでは元の教会に戻るまでシャニングが続けられる。(63)

5-2 シャニングをめぐる経験

初めて私をアーミッシュの世界へ引き合わせてくれたのは、シャニングを経験してきたエイダ・フィッシャー（Ada Fisher）だ（写真4-27）。ペンシルヴェニア州ランカスター郡のメノナイト歴史協会の紹介を受けて面会したエイダは、「ビーチーアーミッシュ（ビーチーアーミッシュメノナイト）」と自己紹介をした。彼女は、自ら自動車を運転してきたが、着ているワンピースはボルドー色の無地で白いヘッドカバリングをつけている。

写真4-27　無地のボルドー色のワンピースと白のヘッドカバリングをつけ、手作りの瓶詰め野菜や果物のパッキングをするエイダ・フィッシャー（ペンシルヴェニア州ランカスター郡　2009年11月5日撮影）

ランカスターの農場を周る道々エイダは、自分がアーミッシュメノナイトとなった経緯を語った。エイダはオールドオーダーアーミッシュの家庭に生まれ育ち、オールドオーダーとなることを決意して洗礼を受け結婚した。だが、しだいにシャニングを含む厳しいきまりに疑問を持つようになり、夫とともにコミュニティから離れ、ビーチーアーミッシュメノナイト教会に加わった。夫の死後、エイダは自動車を運転し、アーミッシュの生活を人びとに伝えるガイドの仕事を続けている。(64)

エイダたちを待ち受けていたシャニングは一般的なもので、教会メンバーとの交流を絶つことであった。具体的には、ともに食事をしない、一緒に行動しないことである。すぐに家族や地域と離れると生活がたち

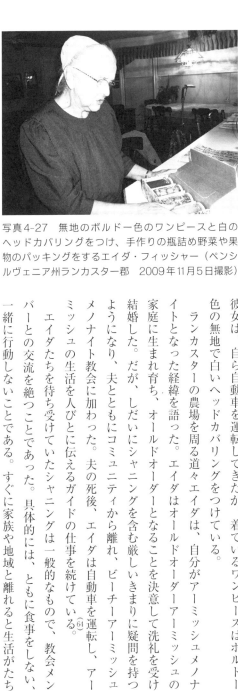

ゆかなくなるかもしれないので、同じ家に居ることが許されたとしても、食事などは別にするということであった。

通常オールドオーダーアーミッシュの人びとは、他のグループの人びととつきあいがあり、必要の場合は車に乗せてもらうことがある。だが、オールドオーダーの知人たちは、エイダの車に乗ることはない。ビーチーアーミッシュメノナイトに転向して後悔はないというエイダだが、彼女にとって辛かったことは、両親や兄弟が病気のときも経済的な問題があるときも、見舞いにも行くことも助けることもできなかったことである。

このような経験は、二〇一三年に私にたくさんの服を譲ってくれたインディアナ州ココモ近郊のアーミッシュにも共通であった（本章4節）。かれらは、服装の規則がそれほど厳しくない教会に移って礼拝することを決めたので、無地の服がいらなくなったということだった。厳しいシャニングを受けることになったが、とくに妻であり母であったシャロンは、規則に縛られた生活ではなく、現代的な生活とバランスをとる暮らし方をしていきたいと強く願うようになったという。

確かに、一度決めたことを貫き通さなかった人びとへのきまりがあることは、しかたがない。だが、それほど厳しいのは何故なのだろうか。

シャニングを経験してきたエイダは、それは、かつて仲間だった者に戻ってきなさい、と諦めることなく呼びかけるものに感じられるという。信頼感にもとづく呼びかけとも言えるので、それに応えられないことはことさら辛いことだという。シャニングは、志をともにする仲間であったことを決して忘れないことを伝え続けるケアのひとつのかたちともいえよう。シャニングは、コミュニティのメンバーが、悩んだ末に離れる決意をするに至った元メンバーと、ともに苦しみ続けるという決意とも感じられる。

シャニングによって、精神的な打撃を受けた元アーミッシュへの支援の動きも活発である。それらの多くは、アーミッシュと関係の深い再洗礼派のアーミッシュメノナイトやメノナイトによって担われている。なかには、シャニングの経験をもつ者もいる。シャニングにかかわる問題も認識されてはいるが、避けることができない実践とも捉えられている。

自由意志で信仰を選択した人びとは皆、平等な立場で聖書に表現された神の言葉を読み取る協働者として教会コミュニティに参加する。そして真実だと思う生き方を生涯生活の中で実践する。そうした約束に反する者を諭し調和に至らない場合、シャニングを覚悟するアーミッシュは、信仰生活を続けるうえでコミュニティの必要性を強く認識しているといえよう。

キリストの生き方にならい、ゲラーセンハイトを実践しコミュニティとして救いに至ることを目指し、相互扶助を実現できるよう小さなコミュニティで暮らすアーミッシュは、シャニングにおいても、「見える教会」としてメッセージを発し続けている。シャニングをふくめ、コミュニティにおけるさまざまなきまりは、悩みもがく人びとが決して一人ではないと信じられるという、ウェルビーイングを与えているともいえよう。

第5章　人生のみちゆきを表現するキルト——絆をつむぐ贈り物

アーミッシュの子どもたちは、およそ二一歳になる頃までには、アーミッシュとして生きるかどうかを決める。アーミッシュとして生きることは、誕生から死まで生活の舞台となる家を守り切り盛りすることだ。本章では、若者たちがアーミッシュとなることを選び取る過程、アーミッシュの家、そしてかれらの信仰にもとづく平和主義から生まれた多様な生活の場について検討する。また、結婚や新しいステージへの出立などライフサイクルの節目に贈られるキルトをみていく。

1　若者から成人へ、将来を決める

アーミッシュは、一生のライフステージをおよそ次の六段階に分けているとされる。(1)

（1）幼年期（infancy）…誕生から歩行するまで。赤ん坊（babies）と呼ばれる。

（2）就学前の子どもたち（preschool children）…歩き始めてから、通常六歳か七歳で学校に入学するまで。小さな子どもたち（little children）と呼ばれる。

（3）学童（school children）…およそ六歳と一六歳の間までの学校に通っている子どもたち。アーミッシュの間では、学者たち（scholars）と呼ばれる。学校で八年間の初等教育を受ける。

（4）若者（young people, youth）…学校を卒業後のおよそ一四歳から一六歳の間の時期から通常二〇代前半で結婚するまでの一日中働くことができる者たち。

（5）成人期（adulthood）…洗礼は、人びとが宗教的に成人となったことを示す。一般的に、洗礼を受けてから結婚するまでの期間は比較的短い。

（6）高齢者（old folks）…末の子どもが結婚し子育てを始めた親世代。親世代は、通常、末の子どもが家族をもつと引退し、大きな母屋から出て「祖父の家（grandfather house）」（後述）や村の周辺部に移っていく。彼らは子どもたちの世話をしたり、若者を導く役割を果たす。

アーミッシュの両親から生まれた人びとは米国全体で八五パーセント以上が教会に参加している。[2] 子どもたちは、洗礼前は正式の教会メンバーではないが、家族やコミュニティに見守られ、アーミッシュとしての生活をしている。だが、成長とともに、オールドオーダーアーミッシュとなることを選択し洗礼を受けるのか、それとも、他のグループや一般社会に出て行くのかを決める時期を迎える。

アーミッシュのあいだで「信者の洗礼（believers baptism）」と呼ばれる洗礼は、神の教えを理解し、自分自身を信じ、生涯にわたる誓いを立て、説明責任を負うのに十分な年齢の者のために行われる。

一般に洗礼を受けるのは少なくとも一六歳になってからである。[3] そんなアーミッシュの若者たちに認められているのは、同世代の人びとと多くの時間を過ごし、また一般社会の人びとと同じような生活を試してみることである。

1-1 ラムシュプリンガ――同世代との交流

アーミッシュは、学校教育を一四歳または一五歳で終了し、親世代を見習いつつ働きはじめる。子どもを徒弟に出すことも教育の一つと捉えられている。アーミッシュのモットーは、実践することによって学ぶ(learning by doing)ことであり、また教えられるのではなく、自分で学びとることとしばしば表現される。(4) 子どもたちはさまざまな年齢層の人びととの人間関係のなかでこそ、生きる術を身につけていくことができると考えられているのだ。

若者期は、家族が単位となって社会活動を行う他のライフステージとは、おもむきを異にする時期である。若者期は、さらにいくつかの世代グループに分けられる。小学校を卒業してはいるがおよそ一六歳に満たない子どもたちは、まだ同世代グループの社会生活に加わる正式なメンバーとはいえない。また、すでに洗礼を受けた若者たちは、教会のきまりに従うことを決めてアーミッシュとなっており、同世代グループの活動に全面的に参加するわけではない。

若者期のなかでも、同世代の仲間たち「ディーヤンギー(Die Youngie)」(若い人びと)と集まってさまざまな活動をするのは、前述以外の者たちである。かれらは、「ラムシュプリンガ(rum springa)(running around)」(ペンシルヴェニアダッチで走り回るという意味)と呼ばれる、一般社会の若い人びとと同じような経験をすることが一時的に認められている。(5) 酒を飲んだり、車に乗ったり、町へ出かけたりすることが公に認められているのである。必ずしも、若者期にある者が、すべて放蕩に耽るというわけではないが、電話や車の利用などを試してみることは、多くの者が行っている。(6) ほとんどのラムシュプリンガ活動は、男女が一緒に行う中西部で人気のバードウォッチング、どこでもさかんなバレーボール、そして日曜日の歌の集いなどである。ドイツ語の賛美歌を礼拝のときのように歌い始め、それから礼拝とは異なり、テンポを速めたり、ハーモニーや英語で歌ったりする。米国で広く愛唱されるアメイジンググレイス（Amazing Grace）などが歌われることもある。[7]

ペンシルヴェニア州のオールドオーダーアーミッシュの家庭で育った一九一五年生まれのリー・カナギーは、回想録のなかで、「一六歳になった頃の思い出」としてラムシュプリンガのことを次のように記している。[8]

私のアーミッシュとしての生活（Amish life）のなかでは、この年齢は夢のようなものだった。男の子も女の子も「走り回る（running around）」ことが許される大人の（あるいは未熟な）段階（stage of maturity（or immaturity））であった。同じように、アーミッシュ以外の若者はこの年齢で運転免許証を取得し、車を走らせることを夢みる。私の場合は、日曜日の夜に、昼間に礼拝が行われた家で催される若者の歌の会に行くことだった。そのためには、馬とオープンバギーを用意するか、親のバギーやトップキャリッジ（top carriage）（屋根がついている　以下括弧内は筆者）を使って遠出をする許可を得ることが必要だった。私の時代には、トップキャリッジは子どもを連れた親が使うものだったので、男の子は（それを使わせてもらうことを）躊躇したものである。

「走り回る」とは、土曜日の夕方にアレンズビルやベルビル（という街）に行って、他のアーミッシュの少年少女が何をしているかを「噂する（gosship）」自由を意味していた。平日の農作業や農作物の販売についての話や、「コーナーボール」という遊びをした。藁を敷いた場所の四隅に若い男たちが立ち、交互に中央の男にボールを当てようとする。誰が一番長く打たれずに中央にいられるかを競うのが常だった。また、ファームセール（farm sale）の際には、アーミッシュレスリングが行われ、多くの人を楽しませた。女の子は土曜日の夜に外出することは許されていなかったが、日曜日の夜に男の子の友達と一緒に若い人たちの歌を聴きに行くことは許されていた。我が家では、一六歳になると月に二回だけ土曜の夜に外出することが許された。一七歳か一八歳になってからは、行い次第でもっと自由が得られた。

ラムシュプリンガは、将来の生き方を決め、支え合って暮らしてゆく同世代の仲間に巡り会う時期である。若者たちは、アーミッシュとして生きる選択をする準備を、親やコミュニティに見守られつつすすめる。結婚を考えコーティング（courting）（デート）を始めるのもこの時期である。天気のよい日にはしばしば、外からよく見える馬車、コーティングバギーで若者が出かけるのをみかける（写真５－１）。

写真5-1　コーティングバギーでドライブする若いオールドオーダーアーミッシュ（インディアナ州シップシェワナ　2011年10月８日撮影）

自分で生き方を選択する信仰における自律が重視されるアーミッシュにおいては、教会メンバーとなる儀式の過程においても、意志確認について、複数のステップが時間をかけて実施される。洗礼を求める人びとは、地区のミニスターと一緒に一連のカテキズム（教理問答）のクラスに出席し、通常は定期的な教会の礼拝の一環として春に洗礼を受ける。[9] 洗礼を受けるまでには、もちろん迷いや不安もみられる。両親を手伝って農場の端に設けられたアーミッシュによるアーミッシュのための店舗を切り盛りしていたインディアナ州の若い女性は、洗礼を受け結婚するにあたって、教会に通って勉強していたが、イリノイ州のアーミッシュと結婚し新しい家を築くことを、少し心配そうに語っていた。

１－２　成長を祝い、励ましを贈る――若者たちへのキルト

キルトに関する調査（キルトハーベストスタディ Quilt Harvest Study）におけるペンシルヴェニアジャーマンへのインタビューによれば、多くのキルトが男女を問わずこれから結婚し「家を切り盛りする」（go to housekeeping）ようになる子どもたちに贈られるという。[10]

結婚するカップルや若い女性のための「ブライダルキルト（bridal quilt）」や、「フレンドシップキルト」は、米国の伝統のなかで、多くが女性のために女性によって作られてきたのに対し、「フリーダムキルト（Freedom Quilts）」は、若い男性が成長し自立を目指す時に、それを讃え力づけるためにも贈られる。おそらく一九世紀には、母親や姉妹によって、あるいはグループによって作られたと考えられている。[11]

アーミッシュのあいだでも同様に、成長してゆく子どもや、困難に立ち向かいつつ生きる人びとに贈るキルトが作られてきた。なかでもフリーダムキルトは、若者が仕事見習いに出るようなときに、一人前になれるようにと、励ましの意味を込めて贈られる。

写真5-2　インディアナ州ラグレンジ郡で作られた暗い赤と紺のシェヴロン（山形模様）のアーミッシュクリブキルト。表地ウール、裏地は綿で、矢羽根をイメージしているともいわれるデザイン（H0279296）

◆アーミッシュシェヴロンキルト

少し大きめの子ども寝台用とみられるシェブロン（Chevron（山型模様））と呼ばれるキルト（写真5－2）は、表地はウール、裏地は綿で作られている。模様が矢羽根のようにみえて、兄弟姉妹が協力して暮らしていく願いが込められているのかもしれない、という説明を、キルトを譲ってくれたレベッカ・ハーラーから受けた。インディアナ州ラグレンジ郡で、写真7－7の制作者クララ・ボントラーガーの姪が近しい人のために作ったものである。クララの母親の布が、クララにも、そしてその姪にも受け継がれているのだという（第7章1－2も参照）。

◇グランドマザーズチョイスまたはレイルロードクロッシング

車を持たず運転しないアーミッシュだが、一九世紀以降に整備されてきた鉄道を利用して、さまざまな土地を旅している。

このキルト（写真5－3）は、一九三〇年から一九四〇年代に、アイオワ州のルースという女性のために、祖母がつくったものである。ルースは、若い頃、馬車（バギー）の事故で怪我をした。祖母から身体障害のある孫娘に渡されたキルトは、孫娘が鉄道を利用して世界を広く見られるようにという祖母の願いを表現しているようである。ミシンでパッチワークし黒い糸を用い手縫いでキルティングされている。

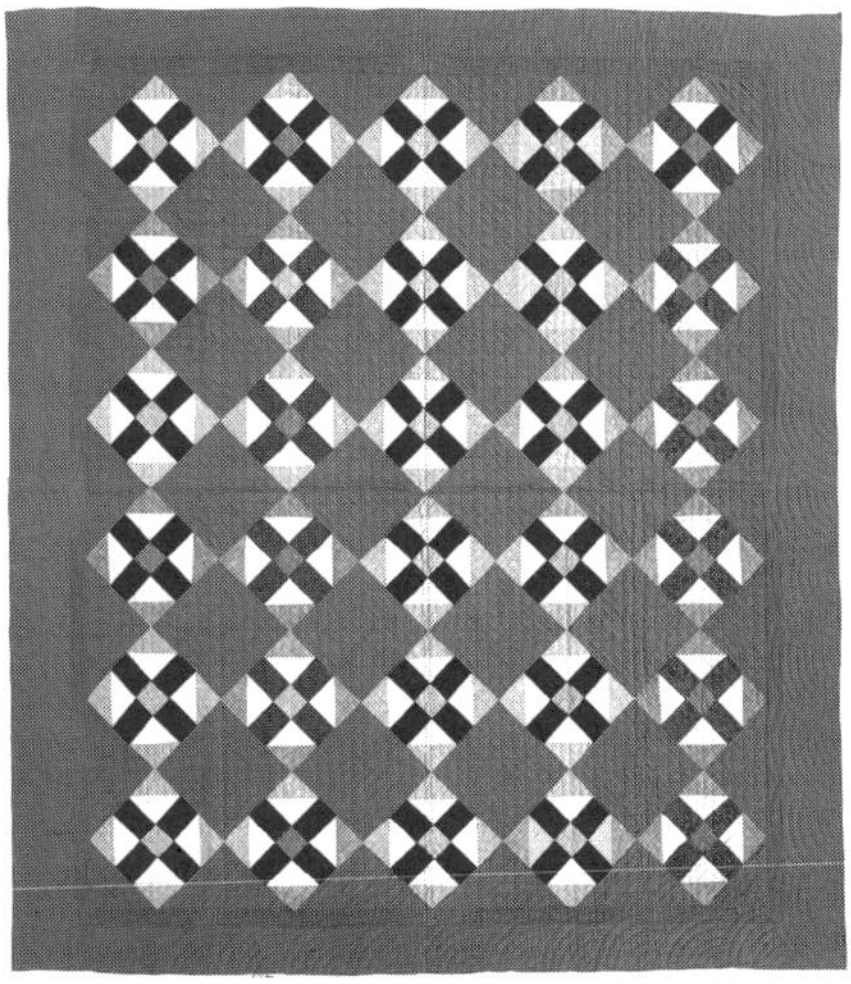

写真5-3　上：アイオワ州カローナで1930～1940年代に作られたグランドマザーズチョイスまたはレイルロードクロシングパターンのアーミッシュキルト。祖母から孫への贈り物で、ミシンでパッチワークし黒い糸で手縫いでキルティングされている（H0279283）。下：デザインエリアの詳細（筆者撮影）

2　アーミッシュの結婚──広がるコミュニティと交流

2−1　アーミッシュの結婚式

さまざまな集まりのなかでも皆が協力して盛大に行うのは結婚式だ。結婚は、若者たちが自らの意思で洗礼を受けアーミッシュとして生きてゆくことを選びとることだからである。結婚は洗礼を受けた教会メンバー間で行われ、離婚はタブーである。[12]

アーミッシュの平均結婚年齢は、女性が二一歳、男性が二二歳である。一三歳以上の人の九〇パーセント以上が結婚している（または寡夫・寡婦である）。結婚相手は同じ教会地区の出身か、同じアフィリエーション（所属）の仲間であることが期待されている。アフィリエーションとは、オルドヌングの違いにより生まれたアーミッシュのサブグループで、およそ四〇ある。一つのアフィリエーションに集まっているのは、同じようなオルドヌングを共有するアーミッシュ地区であり、緩やかなネットワークといえる。[13] 信仰を共有する教会コミュニティ間の婚姻は人びとの新たな交流と協働の輪を広げてきた。

結婚式は一般に、農閑期の火曜日か木曜日に、礼拝と同様にアーミッシュの家でとり行われる。アーミッシュの賛美歌集「アウスブント」の歌を伴奏なしで歌い、祈り、旧約聖書、聖書外典そして新約聖書から結婚にかかわる説教、誓いと教会のリーダーによる結婚宣言が行われる。写真撮影や装飾品とみなされている指輪の交換は行われない。

アーミッシュがさまざまな関係性の出発点として重視する結婚に際して、夫（妻）は、「神と教会に、あなたの妻（夫）と決して別れることなく、どんな状況にあっても、思いやりをもって考え世話し（care for）、大切にする（cherish）ことを約束しますか？」と問われる。[14] 信仰を共有するといっても、アーミッシュの場合も、結婚は義理の親子をはじめとする新しい関係性を紡ぐことであり、困難な道でもあるその創造や調整には、夫と妻の協力や信頼と理解などが不可欠である。[15]

結婚式の宴会には数百人の人びとが集まることも珍しくない。料理や給仕は、花嫁の家族の教会メンバー、友人や親せきが担う。花嫁の家族を助けて食事の準備などを行う若い女性たちは、花嫁が決める同じテーマカラーで服を作ることもある。新郎新婦は居間の皆から見えるエック（Eck）、またはブライダルコーナーに座り、客たちは交替で食事する。

結婚式のメニューはおよそ決まっていてドイツ語圏からやってきたアーミッシュの好物がたっぷり用意される。「ルシユト（rooshd）」（ペンシルヴェニアダッチ、ローストチキンを細かくしたものとパンの詰め物を混ぜたもの）、マッシュドポテト、グレイヴィ、エンドウ豆、サワークリーム和えセロリ、サラダ、ドーナツ、幾種ものパイとケーキ、コーヒーなどだ。ハム、コールスローやピクルス、手作り缶詰のフルーツ、クッキーなどが加えられることもある。客もきれいに飾ったケーキや果物、ナッツやキャンディをもちよる。

それらを大皿に盛り、隣から隣へ皿を回して順番にとっていく。各人は、基本的に一枚の皿の上に、サラダ、肉料理と野菜、デザートを取って食べる。手から手へ皿を受け渡し、皿に盛る過程は、期待に満ちて賑やかである。この日は夕食も供され、人びとは歌い踊って楽しむ。[16]

2-2　結婚する人への贈り物――ブライダルキルト

結婚祝いのキルトは、「ブライダルキルト」、あるいは「ウェディングキルト」と呼ばれ、結婚する人びとへの門出として贈られる。このキルトは、しばしば母親や親族の女性たちにより作られる。結婚が決まる前にブライダルキルトを女性が作り始めると良くないことが起こる、などの言い伝えも存在した。[17]

ブライダルキルトは、使わずに大切にされ、こどもたちに継承されることもある。装飾品として壁掛けなどにすることは許されないアーミッシュだが、日曜日の教会当番となるときに、コート掛けや着替えなどのために開放されるベッドルームにさりげなくかけられることもあり、しばしば「サンデーキルト」とも呼ばれる。

ホールクロスキルト

写真５－４は、インディアナ州ハワード郡で一九四五年頃に制作されたとみられる白いホールクロスキルトである。渦巻状若葉シダ（Fiddlehead fern）などのキルティングが全体に施され、ピンク色の糸で日付とイニシャルのステッチ（M.M.FEB.22.1945.）も丁寧になされていることから、制作者のマティー・ミラー（Mattie Miller）が親しい人に贈ったブライダルキルトと推測される。(18)

写真5-4　上：インディアナ州ハワード郡で1945頃にアーミッシュのマティー・ミラーが制作したとみられる白いホールクロスキルト（ベッドカバー）。全体に施されたシダのキルティングやステッチからブライダルキルトと推測される（H0279285）。下：ホールクロスのトップ部分にピンク色の糸で縫い込まれている日付とイニシャル（M.M.FEB.22.1945.）のステッチ（筆者撮影）

◇アーミッシュダブルウェディングリング

ダブルウェディングリングパターンのキルトは、米国で一九三〇年頃から一九五〇年頃までさかんに作られた。装飾品をもたず結婚指輪も交換しないアーミッシュだが、ニューイングランドで古くから作られてきたこのパターンは、中西部のアーミッシュが外の世界から取り入れたものの一つである。

写真5-5は、インディアナ州ハワード郡のヘンリー・トロイヤー（一九〇四-二〇〇六年）の遺品より見い出されたものである。妻のシルヴィア・ホステトラー（一九〇三-一九八九年）とは一九二三年に結婚しており、この頃に作られたと推測されている。フィラー（詰め物）にはコットンシートが使われている薄い夏用のキルトである。

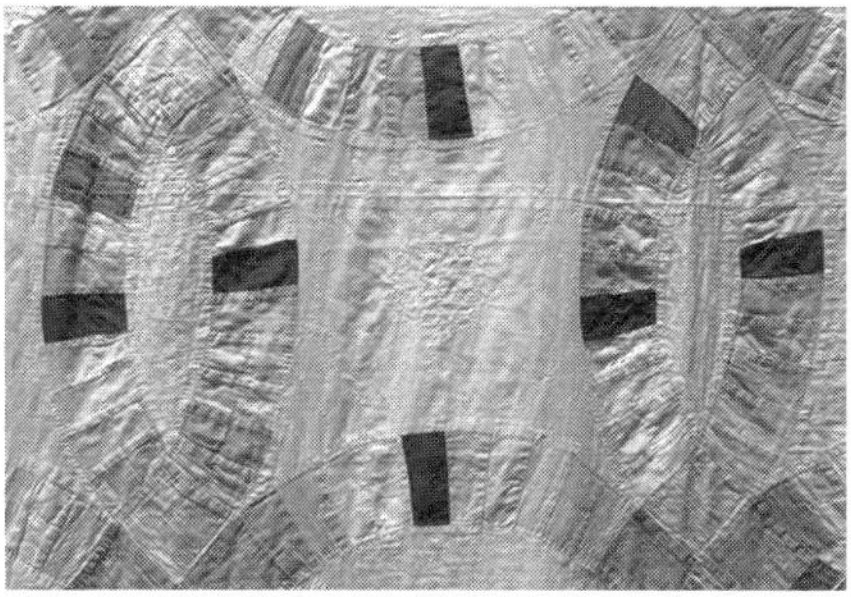

写真5-5　上：1923年頃結婚祝いとして作られたとされる、インディアナ州の白をベースとしたダブルウェディングリングパターンのサマーキルト（ベッドカバー）。米国で1930〜1950年頃までさかんに作られたこのパターンは、中西部のアーミッシュが外の世界から取り入れたパターンのひとつ（H0275147）。下：デザインエリアのヒマワリやダイアモンドの手縫いのキルティング（筆者撮影）

パステルカラーの無地とミディアムブルーの布で結婚指輪の円弧を作り、円弧の中心にミディアムブルーのパーツを、交点にはライトブルーとライトイエローのギンガムの正方形を置いている。グリーンの花柄のプリントが全体に使われているが、米国一般に利用されていたフィードサック（飼料袋）が使用されている可能性もある（第1章1－2参照）。デザインエリアはミディアムブルーのフレームで囲まれ、白のアウターボーダーと白の裏地に白のアプライドバインディングがなされている。ミシンでつなぎ合わせ、きれいなハンドキルティングが施されている。弧の部分には三本のライン、「フットボール」と呼ばれる楕円形の部分には小さなダイヤモンドの格子、リングの中央にはヒマワリのキルティングがなされている。デザインエリアの端、インナーボーダーの内側には、一面に三葉の図形、一面に大小のハートがある。フレームとアウターボーダーは、三つ編みのようにまとめてキルティングされている。

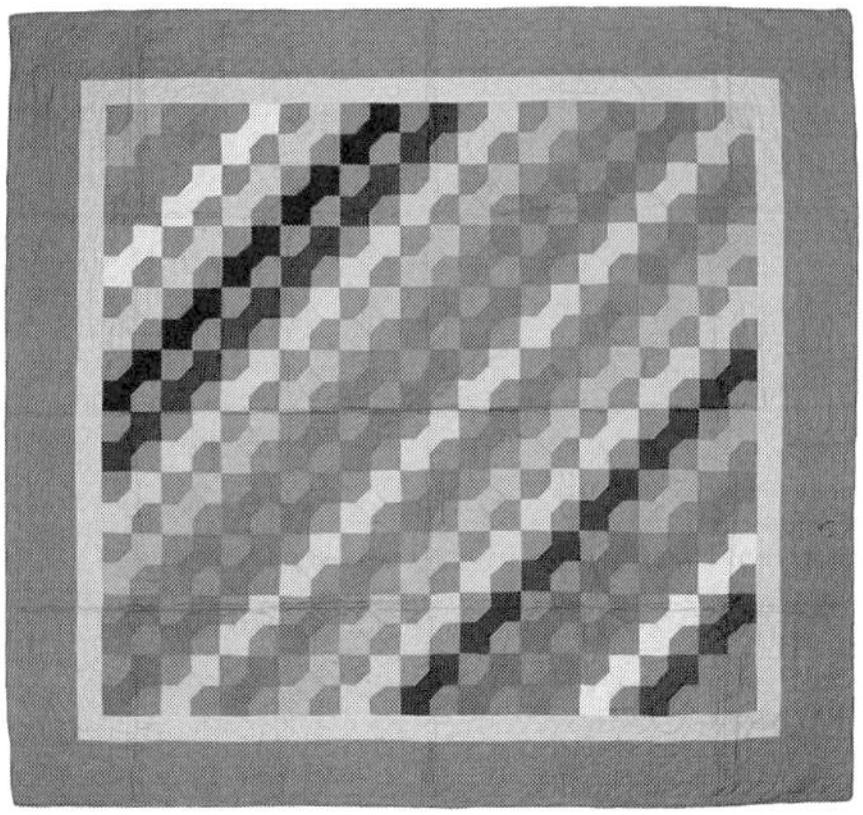

写真5-6　上：インディアナ州で1940年頃制作された綿のアーミッシュキルト（ベッドカバー）。使用も洗濯もされず保存されていた(H0269514)。下：ミシンでつながれた布に、ボウタイ部分は波線、外側のボーダーには花のモチーフと結びついた楕円のハンドキルティング（筆者撮影）

ボウタイ（蝶ネクタイ）

アーミッシュは、服装のきまりにもとづきネクタイの着用を許されていないが、ボウタイ（bowtie）のパターンは、キルトにしばしば使われている。写真5－6のキルトは、使用も洗濯もされず大切に保存されてきた。ミシンでつながれた布に、ボウタイ部分は波線、外側のボーダーは花のモチーフと

右：写真5-7　インディアナ州で1922年頃制作された中綿は薄めの綿のアーミッシュボウタイキルト（ベッドカバー）。明るいピンクの部分が退色しているが、コーナーに年号がステッチされており贈り物と推測される。ケーブルや円がキルティングされている（H0275156）／左：写真 5-8　1925〜1945年頃インディアナ州で作られたアーミッシュの逆さガラス絵あるいは錫箔アートの壁掛け。中西部のアーミッシュのあいだで、聖書の言葉を記した例外的な宗教的アートとして、ガラス、アルミホイル、塗料を用いて作られた（H0275158）

結びついた楕円のキルティングが手でなされている。

一方、写真5－7のアーミッシュボウタイキルトは、バッティングが薄めの綿のキルトである。インディアナ州エルクハート郡ゴーシェンのベネディクト・カウフマンエステートから見いだされた。色が褪せているが、もとは中西部のキルトの特徴である明るい鮮やかな色合いが使われており、ピンク色と黒の配色だったという。結婚する年、あるいは制作年と考えられる年号がコーナーに刺繍されており、贈り物と推測される。ツイスティッドケーブル（twisted cable）や円がキルティングされている。円のかたちはしばしばグラスの縁を利用して描かれたが、このキルトにもグラスが使われたかもしれない。

◈アーミッシュの逆さガラス絵あるいは錫箔アート（Amish Reverse Glass Painting or Tin Foil Art）

結婚や移動する人びとへの贈り物などとして、中西部のアーミッシュのあいだでは、ガラス、フォイル（foil（箔））、塗料を使って、「ティンフォイル（tinfoil）」とよばれる珍しい装飾品が流行した。一九四〇年から一九七〇年頃までに特に人気があった。写真5－8は、一九二五年から一九四五年頃にインディアナ州で作られたものである。アーミッシュには華美な装飾品を避けるというきまりがあるが、聖書や祈りの言葉を記載していることによって、日常的に必要となるものとして認められている特別な品である。飾り気のないインテリアの中で、例外的に宗教アートとして使用された。フォイルペインティングとも呼ばれる、箔の裏地が付いたガラスの裏絵のこのフォークアートは、再洗礼派ハッタライト（第2章3、4節参照）のあいだでも贈り物などとして作られていた。

◇サンシャインアンドシャドウ

明るい色と暗い色の小さな四角い布を組み合わせる「サンシャインアンドシャドウ（Sunshine and Shadow）」のデザインパターンはログキャビンの一種で、陽射しと影を表現しており、布を大切に使うというアーミッシュの考え方とも合致し長年親しまれてきた。一九三〇年代後半から現在まで使われ続け、伝統的なパターンのなかでアーミッシュの女性たちによって自分たちのキルトを作るための最も人気があるパターンである。(19) とりわけ、結婚する人のために作りとっておかれるという。「センターダイアモンド」よりも登場は早いが、実際にパターンとして定着したのは遅れたといわれる。ランカスター郡で多く作られ、後に中西部にひろがった。再洗礼派メノナイトが作ったものは、「世界旅行（Trip Around the World）」という名で呼ばれる。

写真5-9のキルトは、母親から息子夫婦ゾルとナンシーの結婚（一九七五年）祝いとして贈られたものである。一九七二年に作られ、アーミッシュの最も古い居住地の一つペンシルヴェニア州ランカスター郡の特徴である幅広のボーダーには、五枚の花びらの花、葉、茎がキルティングされている。裏布には、青と黄色の明るいプリント布を使用している。(20) ゾルは、「流行からすれば母の模様は古い」と述べていた。明暗のあざやかなキルトには、山あり谷ありの人生をともに渡っていって欲しいというメッセージが込められてい

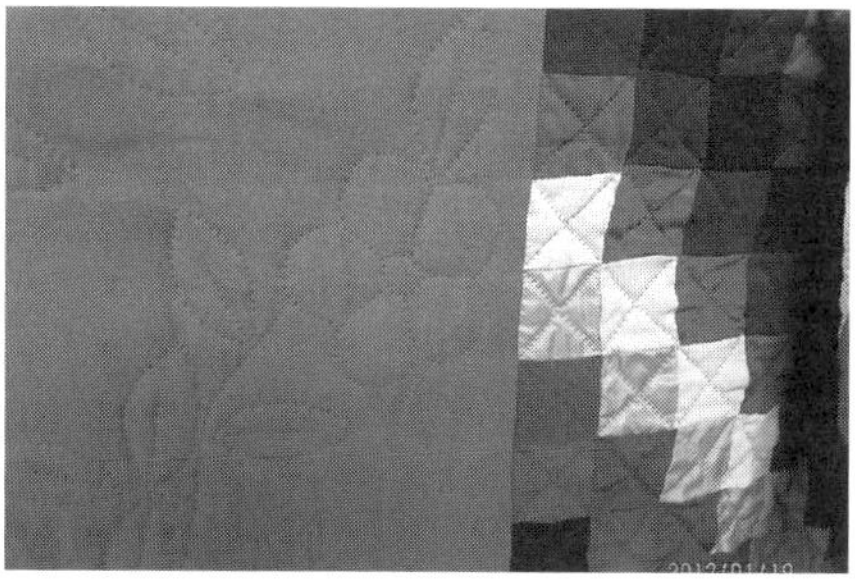

写真5-9　上：ペンシルヴェニア州ギャップで1972年にサディー・ストルツフスによって作られた、息子夫婦への結婚祝いのサンシャインアンドシャドウキルト（ベッドカバー）(H0269520)。下：ボーダーには五枚の花びらの花や葉、茎のキルティング（筆者撮影）

るようである。一九五一年生まれのゾルは、七人兄弟の末子で、父親が脳梗塞（stroke）で亡くなった時は七歳だった。母サディーは四七歳で寡婦となった。息子夫婦は、母のキルトを大切にベッドの裾にある長持ちに保存してきたという。[21]

このキルトを、二晩考えた末に私に譲ることを決めてくれた二人は、キルトを手渡してくれた日に夕食に招いてくれ、今は亡き母親と現在の家でともに暮らした日々を懐かしそうに語った。

2-3　結婚後の訪問と旅立つ人びとへのキルト

多くの結婚式が行われる農閑期は、アーミッシュの人びとにとって、旅や再会の楽しみの時期でもある。人びとは、六〇人から八〇人の従兄弟を持っていることが普通であり、近くても遠くても親戚はしばしば訪ね合う。新婚夫婦も、結婚して初めての冬には、毎週末親戚や友人を訪ねる。[22]親戚はカップルを迎えて会食し、プレゼントを贈る。金曜日の晩に最初の家を訪ね夕食と朝食、二つ目の訪問先で土曜日の昼食、三番目の家で夕食、四番目の家に宿泊し日曜日の朝食、そして五番目の場所で、日曜日の昼食をともにするという具合である。新婚夫婦を迎える人びとは、なぞなぞ、数を使ったゲームなどを用意しておく。縫い物や編み物を一緒にすることもある。行く先々で贈られるプレゼントは実用品がほとんどだ。新婦には皿、鍋やフライパン、保存容器、新郎には、シャベル、ドライバー、手押し車、ランプなどである。

こうした会合や旅の機会をとくにゆっくり楽しむことができるのは、隠居した祖父母世代の人びとである。結婚は、新しい場所で新たな出会いと関係性を育む機会でもある。そうした変化のなかで居場所作りをする人を支援することは、すべての世代に開かれている。

別な場所に移動した者たちは、新しい地域の開拓や人間関係の醸成という苦労はあるが、ドーターセトルメントとも呼ばれる居住地が生まれることになり、グループ全体として結婚の相手も含めたつきあいや相互扶助の輪が広がる。それは、離れていることによって、互いに旅の楽しみを与え合い、さまざまな機会に助け合うために大切にされている。

◆フレンドシップキルト、アルバムキルト

アーミッシュの場合、政治的な主張の表現としてキルトを作ることはなされないが、かれらは、現在も新しい世界へ向かう人びとに、旅の安全や幸せな前途を祈ってアルバムキルトあるいはフレンドシップキルトを贈る習慣がある。謙遜を旨とし、目立つことをさけるアーミッシュだが、このタイプのキルトには贈り主たちが自分の名前などをステッチでいれることもある。

一九五〇年頃インディアナ州で制作された黄色と白のキルト（写真5-10）は、結婚してイリノイ州に旅立つ人びとに贈られたものである。三〇人以上の名前と刺繍した人びとが暮らしているオハイオ州やオクラホマ州を含む居住地、制作年、「グッドラック（Good Luck）」という文字、そして花などの模様が縫い込まれている。

インディアナ州ラグレンジ郡で一九四五年頃に作られたと推定される綿のキルト（写真5－11）は、名前と年月をステッチした友人たちからの贈り物である。アーミッシュは、同じ姓を持つ多くの女性がいる。そのため、スージー・ミラー夫人やダニエル・J・グリック夫人など、夫の名字だけではなく、本人または夫のファーストネームと並べられたステッチも見られる。それぞれの女性がキルトブロックを作り、名前を入れる布と糸の色も自分で選んだものである。一九四〇年代に人気があったパステルカラーが使用されている。アウターボーダーはケーブル、インナーボーダーは二重の折れ曲がった線でキルティングされている。そしてインナーキルトは、チューリップと円の中の花（「種子（seeds）」ともよばれる）をモチーフにした初期の素晴らしいキルトである。[23]

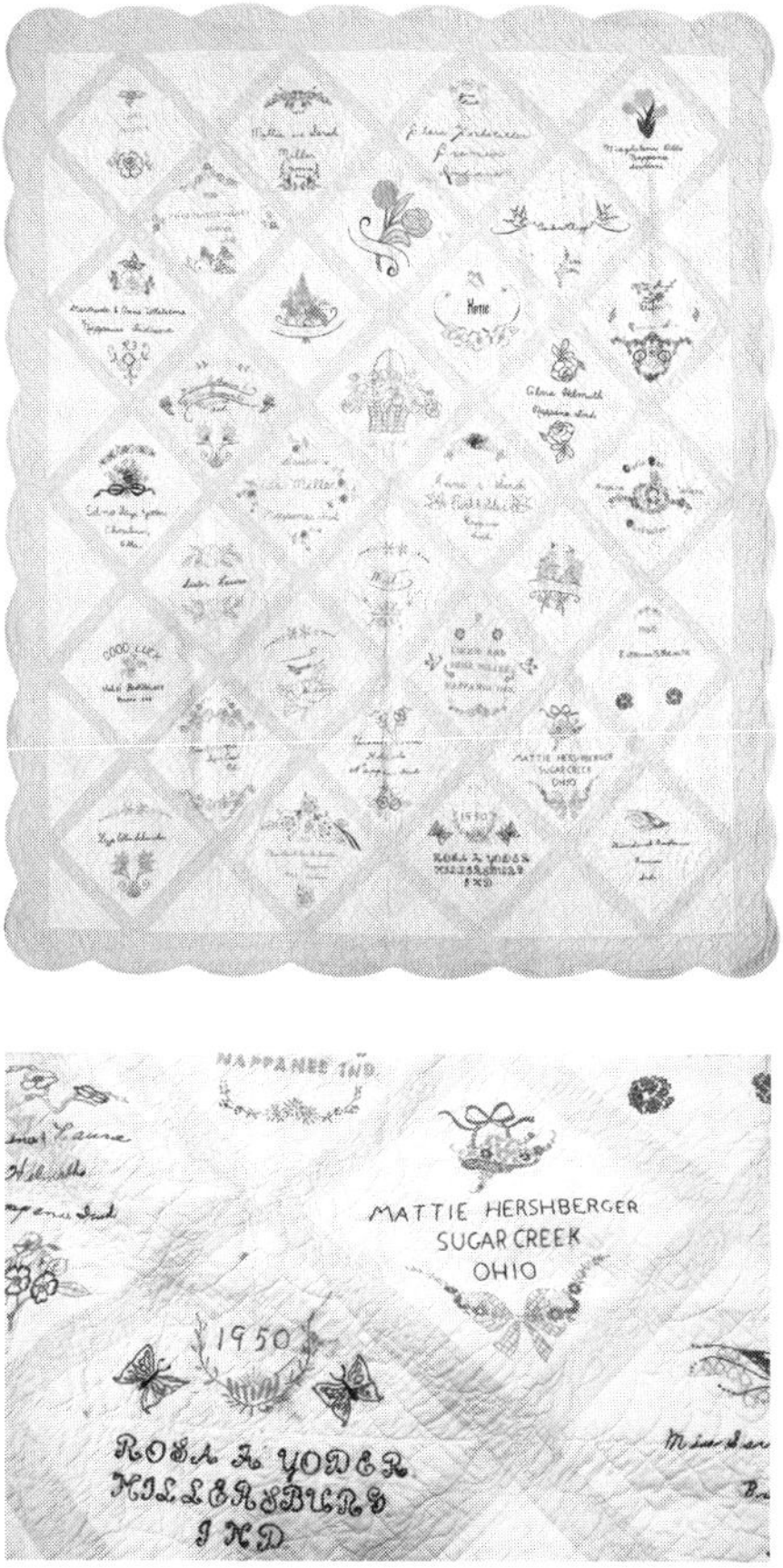

写真5-10　上：1950年頃、インディアナ州で作られたフレンドシップキルト。30人以上の名前と居住地、制作年、“Good Luck”、花などの模様が縫い込まれている（H0279284）。下：白布を黄色の帯で囲んだブロックのステッチ（筆者撮影）

3　関係とケアをつなぐグロースドーディハウス

アーミッシュの生活の中心である家は、人びとの交流の舞台でもある。アーミッシュは、次世代を育てることはもちろんだが、高齢者のケア、病気や障害のある者のケアについても、基本的に家を舞台として行ってきた。それは、家のつくりや、家族や親族、コミュニティの人びとが傍らにいることによって支えられている。人びとがライフコースのなかでどのような状況にあっても、そのケアは家族やコミュニティが行うと考えているアーミッシュは、通常、社会保障給付（Social Security benefits）を受け取らない[24]。

結婚に伴い、新婚夫婦は新しい場所に居住する。それは、母屋とは限らず、以前からあった、あるいは新

写真5-11　上：インディアナ州で1940年代に制作された名前と年月がステッチされたフレンドシップキルト。1940年代人気のパステル色が使われ、チューリップ、円の中の花（種）、ケーブルがキルティングされている(H0275155)。下：フレンドシップキルト（アルバムキルト）のブロックの詳細（筆者撮影）

しく建てた小さめの家かもしれない。親世代が仕事や家事の第一線を離れると家を交換することもあるが、それは子ども世代が中心となって家を守っていくという、家族の状況を周囲に示すものでもある。

大黒柱を次世代に託して隠居した親世代のために、一般に母屋につなげて作る暮らしの場は、ペンシルヴェニアダッチで「グロースドーディ（Gross Daddi）ハウス」と呼ばれており、「おじいさん（祖父）の家」という意味をもつ。母屋の傍らに小さな家を建てることもある。(25) 表玄関も裏口も、子ども世代とは独立して備えており、それぞれの訪問者は、別々の入り口から迎えられる。

一般に、引退後も親たちは、畑の世話をしたり、縫い物や織物、キルト作り、そして木工品などを手作りしたりという活動を行う。孫世代の子どもたちと交流するゆったりした時間をもつことも、引退後の人びとの楽しみである。必要とされる場合、母屋からグロースドーディハウスに食事を運ぶのは、子どもたちの役割である。グロースドーディハウスは、高齢者が、慣れ親しんだ環境のもとで一日の生活を存分に味わう老後を過ごす住処であり、子どもたちにとってはもう一つの活動の場となっている。

写真5-12　多世代が傍らで暮らす家（インディアナ州ナッパニー　2010年11月28日撮影）

3-1　アーミッシュのゾルとナンシーの家

ペンシルヴェニア州のアーミッシュの六〇代（二〇一三年）のゾルは、七人兄弟姉妹の末っ子で、親の家を譲られてきりもりしてきた。家は一九世紀の末頃に建てられたもので、全面は石造りである。母親は、グロースドーディハウスを建て増しして、そこに暮らした。母亡き後、いまではゾルと五〇代の妻のナンシー（二〇一三年）がグロースドーディハウスに移っており、姪たちが母屋に住んでいる。近所には兄弟も住んで

写真5-13　麦わら帽子を制作するナンシーの足踏みミシン。納屋の片隅に陳列し販売もしている（ペンシルヴェニア州ギャップ　2011年9月27日撮影）

いる。ゾルたちのように、ともに住む家族は必ずしも血のつながった親子によって構成されているとは限らない。子どもがいない人の場合も含め、引退して子ども世代とともに過ごす道が開かれているのである。

隠居とはいっても、かれらは家族やコミュニティにおいて、さまざまな役割を担っている。ゾルは電気系統の会社でのパートタイム仕事や家の周りの保全をマイペースで続けている。

仕事やボランティアにかかわる「イングリッシュ」との連絡のために電話を必要とするというゾルは、一般のアーミッシュが農場の端に電話を有している状況とは異なり、家のすぐ外に電話を備えることを、彼が属する教会コミュニティから認められている。ゾルの電話は留守番設定がなされており、日に何度か、彼はメッセージを確認して返事の電話をする。ゾルは個人的な会話を容易には行えない状態を保つ姿勢を表現している。だが、私は電話の前で返信を待つことができず、いつも直接ゾルの家を訪ねる。会えればうれしいし、会えないときは手紙や渡したいものをドアノブにかけてくるのである。

ゾルたちの場合は、日常の食事はナンシーが作り、二人で食べる。またナンシーは、得意の麦わら帽子を作り続け、納屋の一角に設けられた小部屋で近隣の人びとに販売している（写真5－13）。小部屋の前のナンシーの家庭菜園は、家に向かうなだらかな坂道に設けられている。アーミッシュの女性たちの仕事として、家庭菜園の管理は重要だ。鑑賞用としての花々は植えられていないが、菜園には整然と作物が植えられ、緑の濃淡で花壇のようにも見える。自然とのかかわりは、生涯続く役割であり楽しみなのである。

このようにオールドオーダーアーミッシュをはじめ再洗礼派の人びとは、家を拠点とした生活を重視しているが、ケアを家族のみで行うことで十分だと考えているわけではない。オールドオーダーアーミッシュは、通常、高齢者対象施設をはじめ、家族を施設において専門職による治療やケアに任せることを選択しない。だが、家庭外の環境がよりよいケアにつながる可能性がある場合には、ケアされる者の新たな生活の場を創出するために工夫を凝らし、協働する。

たとえば、ゾルとナンシーには子どもはいないが、教会メンバーの子どもたちを自宅に預かることをしてきた。隠居して余裕が出てきたので、二〇一一年には教会メンバーの娘たちリンダ、ミランダ、ミリアムの三人と暮らしていた。いずれも女性で、二〇代となっていたが、親たちとしっくりいってなかったり、精神的に不安定なところがみられたりした。だが、ゾルの家にやってきて、この女性たちは家事を分担し、リンダは観光土産用キルトを縫う仕事をしながら、時に外出を愉しみ暮らしていたのである（序章2－2も参照）。同じ教会に属する親たちも、娘たちが遠くで療養するわけではなくしばしば様子を聞くことができるので安心だ。このように、日々の生活に困難を感じている人びとを、転地という形で受け入れともに生活することも、つきあいの延長線上にある相互扶助として行われている。ナンシーは、家事の手伝いをしてくれる人がいて助かる、と述べていた。二〇一三年に再び私がゾルの家を訪ねると、女性たちの姿はなかった。彼女たちの状況は改善し、それぞれ新しい生活を始めることができたという。人生においてさまざまな状況を経験する人びとのケアにかかわる人間関係や場所の選択肢を広げることにより、人びとを孤立させずコミュニティに包摂する工夫がなされているといえよう。

二人は、家にいるばかりではなく、頻繁に外出をする。一一人兄弟姉妹の四番目であるナンシーは、近くに彼女の兄弟家族と住んでいる父親をしばしば訪問している。ボランティア活動を続けたいという父親を支援するためである。父親は視力が落ちてしまい、今では袋を縫うことはできないが、ナンシーに手伝ってもらって袋の口に紐を通す作業を続けているのだ。ゾルも、馬のための雨よけシートの端切れを利用して、発展途上地域や被災地の子どもたちが使用するための教材を入れる頑丈な袋を作るなど、アーミッシュの支援活動を組織している。

ゾルとナンシーは、アーミッシュ以外の人びとと一緒に、旅することもある。ゾルは、メノナイトセントラルコミッティー（ＭＣＣ（Mennonite Central Committee））の人びととともに、さまざまな支援活動におけるアーミッシュの協働の方向性について検討しているからだ。ＭＣＣは、難民援助、物資供給、国際開発を目指して国際救済基金および支援奉仕組織を束ね、五〇以上の国々のボランティアとスタッフの活動を支えている。北米最大規模のペンシルヴェニア州アクロンにあるＭＣＣでは、世界各国から集まったメノナイトのメンバーが、プロジェクトの企画や準備などの活動を担っている。(26)

引退しても、賑やかな二人の生活は、不安な高齢期ではなく楽しみに満ちた第二の人生という感じがする。そして、そうした生活の拠点である家は、家族以外にも開かれている。もちろん隔週ごとの家で行われる礼拝における教会として、そして、前述のように、教会コミュニティメンバーと助け合い暮らす根拠地として、重要な役割を果たしているのである。

会える時に家で食事

オールドオーダーアーミッシュとの面会は、電話で約束することは一般にできないが、その分、会えた時にも、そうでない時にも、周りにいる誰かと会話をしたり庭を散歩したりと家の周辺にて私たちはゆっくりした時間を過ごすことになるのである。

秋のある日、私は夫とともに、ゾルの家を訪ねてみることにした。私たちは、前年の二〇一一年に、メノナイトのケン（ケネス）・センセニッグに伴われてゾルと妻のナンシーを訪ねていた。ケンは、前述のＭＣＣを拠点として世界各地の平和維持・支援活動を推進してきた。(27)私が二度目にＭＣＣを訪ねた二〇〇八年に、

写真5-14　プロパンガスで料理するアーミッシュのリビングダイニング（ペンシルヴェニア州ギャップ　2010年11月17日撮影）

自らについてケンは、スイスのベルンのスイスブレズレンで、後にアメリカに移住したスイスメノナイトの子孫だと話してくれた。

「近くに来た時は声をかけるのが当たり前」というアーミッシュたちの言葉に従って、ゾルの家に向かったのである。表のドアからのぞき込むとゾルの家には人気がなかったが、庭を突っ切って家の裏手の庭に歩みを進めてみる。留守の時でも、母屋の姪の家族の誰かに言づけできるかもしれないからである。運よく、姪たちのメールボックスの修理をしていたゾルに、少し待つようにいわれて、家に入り椅子に腰掛ける。

オールドオーダーアーミッシュの家は、いつも訪問者を待っているように感じられる。ゾルの家も、日常的に使われる裏口への外階段を上がってドアを開けるとすぐに居間で、ロッキングチェアと椅子が全部で五人分そろっている。周りには、帽子かけやコートかけがある。その奥が、食事のテーブル、横がキッチン（写真5−14）だ。居間の向こう側にある窓の前の明るいスペースには、キルトフレームがおいてある。かつては、ゾルの母親や預かっていた友人の娘が使っていたこの台は、今は時々ナンシーが使用する。家の中で手仕事をしている人も、外の小道を行き来する人を眺めたり、家族や友人との語り合いに参加できる部屋のつくりなのである。

ほどなく戻ったゾルと、私が参加したアーミッシュや再洗礼派に関する学会の話などして過ごす。突然訪問したので帰ろうとすると、ゾルは強く引き留めた。妻のナンシーが出かけていて、もうすぐ帰ってくるからというのだ。ゾルの予想より大分遅く、友人たちと町へ裁縫道具を買いにでかけていたナンシーが帰宅した。ナンシーも予想外の訪問者があったからといって驚いた様子もなく、コートを脱ぐと腰掛けて、早速一年ぶりで会った私たちと近況報告をしあう。このように、アーミッシュの毎日は、予定していない人びととの対面のミーティングに満ちている。ひとたび対面できれば、その後の会食の約束をすることもできる。

秋の日の夜の六時、ゾルの祈りの後、ゾル夫婦と私たち、そして預かっている女性の五人で食卓を囲んだ。食事は、たっぷり料理を盛ったずっしりと重い大皿を、順に回して自分の分を取る。「自分で好きなだけ取って、たっぷり食べて」というのが、もてなしの言葉である。

その日のメニューは、ミートボール、インゲンとカブなど付け合わせの野菜。デザートは、洋なしと桃の甘煮とケーキ。食べるものは日常食で、いつもの食事が一番という感じが溢れている（写真5－15）。アーミッシュの人びとは、感謝の祈りを捧げた後は、食事中は話さず、食べることに専念する。皿に残ったソースもフォークを繰り返し動かしてきれいにすくい取る。使う皿は一枚で、デザートも同じ皿に取り分ける。ゾルの家の平日の食事では、一度欲しいだけ皆が取ると、食べ物は次の利用のためにプロパンガスで動く冷蔵庫に大切にしまい込まれる。

写真5-15　ゾルとナンシーのもてなしの食（ペンシルヴェニア州ギャップ　2011年9月27日撮影）

「七つの甘いものと七つの酸っぱいもの」というドイツ系の伝統を汲んでアーミッシュの食卓は豊かだ。[28] いつ客が来ても対応できるだけの食べ物は、女性たちが季節ごとに作っておく保存食によってもまかなわれる。ナンシーのディナーで供された甘煮やジャムにした旬の果物やピクルスなどの保存食は、オールドオーダーアーミッシュとは限らずどこの家庭でも行われている。付け合わせの野菜やデザートの甘煮がふんだんに保存されているので、メインの肉料理とデザートのパイかケーキを作れば、いつでも豊かな食事ができる。

3－2 ビーチーアーミッシュメノナイトとメノナイトの家

グロースドーディハウスは、興味深いことに、アーミッシュだけではなく、ほかの再洗礼派の人びとのあいだでも、活用されている。

ビーチーアーミッシュメノナイト（アーミッシュメノナイト）のエイダ（第3章参照）も、夫と死別した後、グロースドーディハウスで暮らしている。エイダの母屋で暮らしているのは、メノナイトである姪のローズ家族である。ローズの家族とエイダは、ともに経費を負担し協力して一つのグロースドーディつきの家を建てた。エイダによれば、オールドオーダーアーミッシュと同様に、アーミッシュメノナイトの高齢者が若い世代の親族と同じ敷地内に暮らすことはしばしばなされることであり、彼女は姉の娘のローズ家族とともに住むことを選択したという。

写真5-16　エイダとローズのグロースドーディハウス（ペンシルヴェニア州ランカスター郡　2001年6月25日撮影）

母屋とグロースドーディハウスは建物の内部で行き来できるつくりになっているが、それぞれ表玄関と裏の入り口を持ち、独立性が確保されている（写真5－16）。母屋は、ローズと夫、そして五人の子どもたちが使ってきた。訪問者がある時には、しばしばローズの家で皆で一緒に食べる。客室や貯蔵庫、駐車場スペースなどは、共有の場として活用されている。無駄がなくとても便利だという。

整然と並んだ瓶詰や缶詰は、米国の伝統としてしばしば言及される。アーミッシュメノナイトのエイダも、家を訪ねると保管庫に並んだ瓶詰や缶詰を見せてくれた上、ピクルスなどを持たせてくれる。一か月以上米国に滞在し旅することが多い私にとって、このピクルスや甘煮の果物は元気をつけてくれる品々である（写真4－27参照）。

姪のローズの両親は、エイダと同様にオールドオーダーアーミッシュの家に生まれたが、結婚に際してアーミッシュとして洗礼を受けずメノナイトとなることを選んだ。ローズを含め、子どもたちもメノナイトとして生活することを選択している。祖父母とともに馬車に乗った記憶があるというローズにとって、オールドオーダーアーミッシュの人びとは決して遠い存在ではない。

エイダたちは電化された機能的なキッチンで料理し、子どもたちはインターネットで日本の学生とも情報交換している。かれらが「アーミッシュやメノナイトらしい」と感じられるのは、生まれ育った土地から遠く離れることはなく、肥沃な大地を慈しみ、動物を飼い、できる範囲で自給自足をして楽しんでいる点だ。大皿に盛りつけたトウモロコシ、グリーンピース、チキン、パイなどを家族で取り分けて食べる瞬間をかれらは大切にしている。

エイダとローズが暮らす一つ屋根の隣り合った家は、ランカスターにいけば最初に立ち寄るところだ。いつも家族や知人を招いて美味しい食事会を催してくれる。かれらが大好きな食べ物は、ペンシルヴェニアダッチの食事である。最初にローズに会った時は、学生たちと一緒で、若い人たちが喜ぶように大量の料理が用意されていた。

ランチメニューは、チキンのパイナップルソース焼き、グリーンピースとトウモロコシの炒め煮、シューフライパイ（shoofly pie）、ペパーミントティーであった。再洗礼派は一般に酒は嗜まない。庭のハーブから作った茶や、冷やしたレモネード、アップルジュース、滋養によいという薬草から作ったルートビアを楽しむ。エイダは、酒については明確なきまりがあるわけではないが、皆、酒で乱れたところを見せるのは信条に馴染まないと感じているのではないか、と説明していた。アーミッシュのデザートとしてペンシルヴェニア州で人気がある「シューフライパイ」は、生地にブラウンシュガー、フィリングに糖蜜、ナツメグ、ジンジャー、シナモンなどを入れた甘くて香り豊かなパイである。

写真5-17　食後に歌を楽しむローズ（メノナイト）とエイダ（アーミッシュメノナイト）の家族（ペンシルヴェニア州ランカスター郡　2001年6月25日撮影）

大きな集まりのために料理を作るときには、親戚や知人の女性も手伝いに来るので、食事会は準備から賑やかな会合のようである（写真5－17）。

この家では、看取りも行われた。エイダは、二〇一三年に八七歳で亡くなったが、弱っていても、傍らに暮らすローズの家族のケアによって、安心して最後まで自分の家で過ごすことができたのである。

オールドオーダーアーミッシュのみならず、再洗礼派の他のグループにも活用されるグロースドーディハウスは、雨に濡れずに実現できる「スープが冷めない距離」や、つかず離れずの関係という、柔軟性のあるケアの関係性を保つにあたって実用性のある住まいだといえよう。こうした家に暮らす六〇代になるローズと話していると、子どもたちが大きくなり家庭をもったとしても、その時々で都合のつく者たちと近隣で暮らす将来を、楽しみとともに想像できる安心感をもっていることが感じられる。ローズと最初に出会ってから二〇余年が過ぎたが、小さな子どもだった三男のキャメロンは、まだ結婚してはいないが、必ず両親と近くに住む、と断言しているのである。すでに、結婚している子どもたちも、男子は義理の息子も含め、父親の仕事である施設整備の会社で働いていて、大きな家族はともに過ごす時間を大切に楽しんでいる。

人生のさまざまな時期を生きる人びとが集うグロースドーディハウスは、家を拠点として、人びとの伝統や価値観を継承することと深くかかわっている。

4　誰もが安心して過ごせる場（施設）――平和主義とケア空間の開発

再洗礼派の人びとは、グロースドーディハウスの良い点を考慮しつつ、専門職者を必要とする場合の新たな暮らしの場の開発にも携わってきた。新しい施設の開発も精力的に進めてきた背景には、再洗礼派の宗教的信念において、「平和主義」の堅持という側面がある。(29)

4-1　平和主義の展開――良心的兵役拒否と代替活動の経験からケアの構想へ

教会が正式に平和主義を宣言しているにしても、「良心的兵役拒否」は個人の良心にもとづく事柄だとするグループ、軍隊に入ることは勧めないとしながらもとくに制裁を加えないグループもある。いずれのグループに属する場合でも、多くの再洗礼派の人びとが、聖書にもとづく平和主義の信念による、良心的兵役拒否（COs: Conscientious Objectors）として、軍事活動を免除される方途を探ってきた。本項では、良心的兵役拒否を遂行するための代替活動が、心身のケアや生活環境の整備に結びついた軌跡を辿る。

アメリカ独立戦争時の一七七七年には、ペンシルヴェニア、メリーランド、ヴァージニア、そしてノースカロライナの各州で、民兵の参加に関する厳格な法律が制定され、軍事訓練への参加や代わりの者を雇うことを拒否した者に課される罰金が引き上げられた。アーミッシュは、良心的兵役拒否者として払っていた特別な税に加えて罰金を支払うこと、代替として非軍事的支援を編み出すことなど、対応を迫られた。

南北戦争時（一八六一年から一八六五年）には、合衆国と合衆国からの脱退を宣言したアメリカ連合国はいずれも徴兵制を実施したが、徴兵に応じない人びとは、免除費を支払ったり、代わりの者を雇ったりしていた。インディアナ、オハイオ、そしてペンシルヴェニア各州のアーミッシュには、代わりの者を雇う費用を払うことが許されていたが、支払えない場合は戦争に行かざるを得なかった。[30]

一九一七年には、選抜徴兵法（Selective Service Act of 1917）が成立し、二一歳から三〇歳の男性に徴兵登録を要求した。合衆国が第一次世界大戦に参戦した後には、徴兵登録要求年齢が一八歳から四五歳に拡大された。徴兵されたほとんどの再洗礼派は、良心的兵役拒否者となったが、かれらは、戦争とかかわりのある作業に従事せざるを得ないこともあった。[31]

「歴史的平和教会」として知られるメノナイト、ブレズレン、そしてクエーカーのリーダーたちは、軍事活動の代替を考案し、第二次世界大戦がはじまると、良心的兵役拒否者は、政府が認可した代替活動（alternative service）――シビリアンパブリックサービス（CPS: Civilian Public Service）――に従事した。活動内容は、土壌保全、道路工事、消防、公衆衛生などであり、とくに、精神病院におけるケアやさまざまな医療や科学プロジェクトに従事した者が多かった。[32]

朝鮮戦争が始まった一九五〇年には、徴兵拒否者への風あたりがさらに強まった。一方、一九五二年には国益に沿った民間事業に二年間従事する多様な代替プログラム「I－W（1－W）」が提示された。他方、メノナイトはPAXサービスを創出し、世界各地の良心的兵役拒否者を、建設、農業、救援活動に雇用した。[33]

I－Wなどで、精神病院や高齢者ホームで活動した経験が、施設における問題の認識とそれを解決する方法の模索という、その後の再洗礼派をはじめとする宗教グループの活動に生かされてきた。一九四〇年代後期には、第二次世界大戦時に州の精神病院でケア活動を行ったメノナイトの良心的徴兵拒否者のうち一五〇〇名ほどが、農場に戻りもとの仕事を再開した。だが、かれらはその後、四年間のI－W経験を教会メンバーと共有し、生かす道を模索し始めた。一九五四年までには、I－Wに就いた者の八〇パーセント以上が病院における仕事を経験した。[34]

MCCは、メンタルヘルス委員会を構想し、この委員会は、「精神を病んでいる人のための三つの小さなホーム」を設立することを認め、一九五四年までに、三つの精神病院が開所した。さらに、リタイアメント（退職者）センター、救急病院、若者と発達障害のある者たちへのサービス提供機関を展開した。

メノナイトのみならず他の再洗礼派も、代替活動にかかわる課題について検討した。一九六〇年代中期には、ビーチーアーミッシュメノナイトも五つの州の教区内に退役者用ホームをつくり、I-W従事者を配置した。こうした施設の開発によって、若者たちは遠い地域や都会で代替活動に従事する代わりに、慣れ親しんだ地域で任務を遂行することが可能となった。

I-Wを務めるために、初めてコミュニティから離れて一人で暮らし若干の給料も得た若者の中には、孤独のなかで抑鬱状態に陥る者も続出した。他方、一九六〇年代中期にはI-Wを経験した若者の半分しかコミュニティに帰還しないことも報告された。こうした問題の予防・対応として、オールドオーダーアーミッシュは、I-Wの参加者たちの消息や教会のニュースが掲載された『平和の使節』（Ambassador of Peace）を発行し、I-Wに従事している人びとに送り届けた。また、一九六六年には、九つの州から一〇〇以上の教会の代表者が集まって全国規模の米国アーミッシュ運営委員会（National Amish Steering Committee）を組織し、政府と交渉の末、I-Wの活動として、コミュニティから離れずに教区内の農場で働くことで合意した。[35]

4-2 一般社会に開かれた施設の展開

再洗礼派の人びとは、こうした経験を生かして、新たなケアの場の開発にも協働してきた。

アーミッシュの人びとが利用するメンタルヘルスにかかわる施設

通常オールドオーダーアーミッシュは、ケアを、家族をはじめとするコミュニティ内で行おうとする。だが、精神疾患を抱えたアーミッシュの人びとが、滞在して治療を受けられる施設の開発もなされてきた。たとえば、インディアナ州のアーミッシュが多く住む地域では、精神疾患については、専門的ケアを受けられる環境を整えてきた[36]。この施設は、良心的兵役拒否を行ってきたメノナイトやブレズレンの人びとが、代替活動として従事した精神病院における活動経験と問題意識にもとづいて開発されてきたものである。この施設内には、一般とは隔てられた場所で、アーミッシュの若者たちのみが滞在できる病室が設けられており、また、敷地内に、アーミッシュの人びとがコミュニティを離れて暮らしながら治療を受けることができるコテージも作られている。ここでは、家族や友人の訪問をうけることもできる。歩いて、医師やカウンセラーと面会するなどメンタルヘルスサービスにアクセスできる。

施設が必要なケースとしては、洗礼を受けてアーミッシュになることを決意する時期に、ラムシュプリンガの経験を通して外の世界に触れるなどして迷い続け、コミュニティ内でも外部でも気持ちを表現できないまま、アルコールや薬物に依存するような場合があげられる[37]。こうした患者が適切な医療を受けられる場所の必要性が認識されつつあり、その実現に不可欠であったのは、アーミッシュの生活様式に造詣の深い再洗礼派ブレズレンがスタッフとしてブリッジ（架け橋）の役割を果たしていることである。

アーミッシュの子どもを対象とした病院

近年の変化として、アーミッシュの人びとが、ペンシルヴェニア州に新設された子ども専門病院を利用するようになったことがあげられる。この病院は、一般社会をふくめ多様な人びとの寄付や医師などのボランティア活動によって運営されている。アーミッシュたちは、ここで治療やケアを受け、そのデータを遺伝子研究など医学研究に生かすということに同意して、一般社会と協働している。アーミッシュの人びとは、限られた数の移民の創始者、その詳細な家系図、そして比較的均一なライフスタイルと食事などにより、遺伝子研究に適した集団と考えられており、現代の医学知識の進歩に大きく貢献してきた。[38] アーミッシュの人びとは、ボランティアとして活動し、自分たちが利用しやすい病院づくりに参加している。実際訪ねてみると、駐車場には、馬をつなぐところが設けられており、病院の内外も親しみのある家のようなデザインである（写真5－18）。受付は、ヘッドカバリングをつけ、無地のワンピースを着た女性が務めており、待合室には木製の玩具や本がたくさん置かれていた。

写真5－19は、オールドオーダーアーミッシュが参加協力している遺伝子研究と病気治療のために開設された病院のための募金用キルトである（第7章2－1も参照）。このキルトは、オールドオーダーメノナイト

写真5-18　子ども専門病院　スペシャルチルドレンのためのクリニック（Clinic for Special Children）（ペンシルヴェニア州ストラスバーグ　2007年6月13日撮影）

写真5-19　オールドオーダーメノナイトの女性たちが作った、アーミッシュの子ども専門病院（インディアナ州トペカ）を支援するための募金用キルト（パターン：「世界旅行（Trip Around The World）」（レベッカ・アートアンドキルト所蔵 インディアナ州シップシェワナ 2016年8月22日撮影）

写真5-20　アーミッシュも利用することがある、アーミッシュメノナイトの助産所（カンザス州ハッチンソン　2009年10月31日撮影）

の人びとによって作られており、かれらの服にも使用される細かい模様がプリントされた布が用いられている。

アーミッシュの人びとが利用する助産所

アーミッシュの人びとは、現代医学を必要に応じて適用しているが、より居心地のよい施設も模索されてきた。自分たちの宗教的背景をよく知る施術者がいて、日常の生活様式とも近い環境を提供する助産所が作られてきた。たとえば、カンザス州ハッチンソンのものは、アーミッシュメノナイトの助産師が運営している施設で、キルトのベッドカバーがかけられた自宅のような雰囲気で家族とともに過ごすことができる環境である（写真5-20）。心地よい出産にむけた適度な運動もできる。誰でも利用できるが、再洗礼派の人びとにとってはうれしい施設である。トルネードに襲われることも多い中西部で、地下には避難用シェルターも用意されている。

治療やケアを必要としている人びとが施設に合わせるのではなく、必要性に合わせて施設が変わり、人の力によってブリッジし（架け橋となり）、多様性に応えるハイブリッド化できるよう工夫が凝らされてきたのである。

高齢者対象リタイアメントコミュニティ

高齢期の暮らしに関し、多様性を備えた継続ケア付きリタイアメントコミュニティは、主として、メノナイトやブレズレンのなかでも、現代的な生活を採用してきた人びとによって作られてきたものである。一つの敷地内に、健康な人のための自立型住居、生活支援付集合住居、そしてナーシングホーム（介護付き老人ホーム）を備えている。身体状況の変化に応じて、同じ敷地内で住処を変えることにより、夫や妻などの家族や友人と遠く離れることなく、見舞いを実現することもできる。施設内に認知症ケアに対応できる部署を設けたり、とくに看取りに関するボランティアが施設内外の連携によって組織されていたりすることもある。

ペンシルヴェニア州北部の山間地にあるベルビルの施設もそうしたものの一つである。近隣には、比較的厳格なアーミッシュが居住しており、きれいに整えられた農地が広がっている。自然環境や生活の利便性から、米国内外で暮らしてきた人びとが、退職後にやってきて過ごす場所としても知られている。

メノナイトの牧師として日本をはじめ各地でミッション活動を行ってきたリー・カナギーも、そうした人の一人である（第3章1節、第4章2－3、本章1－1、第6章1－1も参照）。リーは、近隣のオールドオーダーアーミッシュ農場で育ち、後にメノナイトとなることを選び、高等学校教育を受け大学に進んだ。インディアナ州ゴーシェンの大学時代から日本における数十年に及ぶ教会での勤務を経て、ゴーシェンで生まれ育ったメノナイトの妻アデラとともに、故郷に戻ってきた(39)。

子どもたちが巣立ち、庭の手入れが辛くなった時期に一戸建ての家を処分し、この施設に移り住んだ。といっても、最初は、この施設のなかでも独立性の高い庭付きの一戸建て住居に居住し、庭の手入れ以外は、自分たちで行っていた。車を手放したのを期に、食事のサービスや生活支援を受けるのにより便利な集合住居に移動した。二人にとって特に重要なのは、日常生活の雑用に追われることなく、本を読んだり、友人や家族と手紙やメールで連絡をとったりすることに集中できること、安全な廊下を通って日に何度も外出できること、そして、独立性の高い住居に暮らしていた時と同じように、家族や友人を食事に招くことができることである。施設内を散歩して、ガラス越しにきれいな花々を見ることができるのは、変わらぬ喜びであるとアデラが述べていた。ここに暮らしていてうれしいことは、身体が弱って施設内で移動しても、しばしば

写真5-21　継続ケア付きリタイアメントコミュニティでともに本を読むリーとアデラ（ペンシルヴェニア州ベルビル　2010年11月20日撮影）

家族や友人に会えることである。ともに暮らしてきた夫婦の一方が、病気や介護が必要になってナーシングホームに移動すると、夫婦は別々の部屋に住むことになる。アデラは、しばしば寂しく心細い思いをしているに違いない友人夫婦の妻を誘い、一緒に彼女の夫の見舞いに出かける（写真5－21）。

施設にあっても、楽しい雰囲気で食事をできることは重要である。食堂のテーブルでは、着席する場所がある程度決まっているので、顔見知りとともに食事をすることができる。さらに、日曜日には、礼拝の後、牧師が各テーブルを回るので、賑やかな昼食となる。リーとアデラは、夫と私が訪ねると、決まって、食堂の隣の見晴らしのよい廊下を利用してこしらえたテーブルで、ディナーをご馳走してくれる。このメニューも、ペンシルヴェニアダッチ料理と似通っており、チキンを香ばしく焼いたものやスイスステーキにグレイヴィソースをかけたもの、グリーンピースやトウモロコシのソテーなどが温かい湯気をたてて運ばれてくる。そしてどんな食事にも、デザートのブラマンジェや果物が供される。

異なる生活実践を選択した再洗礼派の人びとはそれぞれ、自分たちの価値観と適合する暮らし方や環境を模索してきた。その過程で蓄積された環境づくりの知恵は、たとえば、再洗礼派の人びとが利用するホスピスなどの公営施設の運営（ランカスター郡）や、ランカスター市の中心部に手頃な高齢者対象住居を公私の協働で行うことなど、多様な人びとのウェルビーイングに対応する居場所作りに生かされ続けている。

第6章　誕生を祝い成長を願うキルト――生きる意味の探求

子どもたちの生活は、親やコミュニティが近くで見守るものである。小さなコミュニティできまりを守り暮らすアーミッシュは、人生においてさまざまな制約も感じているのではないか。そのような問いに対し、子どもたちには安全と居場所と、目的を見いだせるようにしているのだ、と主張するアーミッシュもいる(1)。

再洗礼派は、イエス・キリストの言葉と生き方を、コミュニティメンバーがともに見分けそれに従う弟子の生活を目指した。その伝統を忠実に守ろうとしてきたアーミッシュは、社会の変化のなかでよい生き方を模索してきた。

本章では、米国における教育の変化のなかで、アーミッシュが守ろうとした教育実践とそれをめぐる一般社会との軋轢と交流、そして再洗礼派の人びとが創造し続けるライフロングラーニング（生涯にわたる教育）に注目し、アーミッシュの学びの目的について探っていく。

1　子どもたちの生活

1－1　家族とコミュニティのなかで

アーミッシュの小さな子どもは、親とともに、家庭を中心に過ごしている。「学者たち」と呼ばれる学童は、学校で勉強や遊びに集中する時間をもつ。(2)

教会やコミュニティにおける活動や娯楽などは、家族単位で行われ多世代が参加するので、夫婦が働く時間もほぼ同じである方が都合がよい。夫が外で働いていても、通常、三度の食事は家で家族とともに摂るので、子どもを含めた家族の生活リズムを合わせるのは難しいことではない。家族が共通の時間をもつことは、子どもの教育という点でもかれらに重要視されている。

アーミッシュは耕地に弁当を持って行ったりはせず、家に帰って家族で昼食を摂れるような、家族が傍に居られる生活を望んでいる。ペンシルヴェニア州ランカスターの農夫サム・リールは、「人生で最も大切だと考えていることはどのようなことか」という問いかけに、「最も大切なものは、家族、そしてコミュニティと自由な時間である」と答えていた。(3)

観光地の近隣にある、農場の端に作られた店を経営していたサムは、子どもたちがいる家には私たち訪問者を近づけず、納屋の前に止めたバスに乗り込んできて、いろいろな質問に答えてくれた。私たちに許されたのは、サムのバギーを近くでみることであった。美しい空色で模様のある布が張られた座席も含め丹念に整備されたバギーは、プレーンであるというルールのもとで、サムがそれを大切にしていることをうかがわせるものだった。

アーミッシュの既婚女性には平均して約七人の子どもがいるとされるが、(4) サムと妻のスージーには六人の子どもたちがいて、長男のジェスは叔父の大工仕事を手伝い、ルサンとプリシラは家の手伝い、次男のクリスチャンは農場の仕事とワンルームスクール（アーミッシュが通う数学年が一つの教室で学ぶ学校）、レベッカは猫と弟サム・ジュニアの遊び相手という具合に家族はそれぞれ忙しい（一九九九年）。三〇頭以上もいる牛の乳搾りもしなければならない。家族が揃って食べる三度三度の食事はなによりの楽しみだ。

主としてスージーが世話をしている店には、スージーの料理について、子どもたちがイラストを描いて紹介したレシピブックが置いてある。そのレシピブックには、よく聞くアーミッシュのメニューだけではなく、「ファミリーパイ」や「サンシャインパイ」などこの家族特有のネーミングもある。キッチンは家族が集まり、サム・ジュニアが転がりまわる遊びの場でもある。(5)

一九九九年に訪ねた時、子どもたちが農夫にならず、オールドオーダーの世界から出ていこうとしたらどうするかという筆者や学生たちの質問に、サムは、「悲しいけれど子どもたちの好きにさせる」と答え、「希望するなら仕方がないが、きっと子どもたちは自分と価値観を共有するだろう」と付け加えた。傍らでそれを聞いていたオールドオーダーメノナイトのベンは、「私の子どもは必ずメノナイトの農夫に育ててあげる」と断言していた。サムの農場からほど近いところでベンは、広い農地を確保してトラクターで耕している。ベンは、私たちには英語で語りかけるが、自分の父親とはペンシルヴェニアダッチで会話している。いくつもトラクターが並ぶ農場の入り口には、アイスクリームショップが設けられ、牛乳やアイスクリームを求める人びとが訪れる。観光客にも開かれているその店には、再洗礼派の価値観を記した一般向けの本が並べられているコーナーもあり、ベンは外部への情報発信や交流にも積極的である。サムとベンに共通なのは、農業を続けつつ、レシピ、生産物、書籍などを販売し観光地であることを活用するという二つの実践を通して、出会う人びとに自分たちの暮らし方を伝え、自分たちが農業を続けられる道を切り開いていることだ。(6)

ともに馬車を使うオールドオーダーだが、サムの控えめな答えは、アーミッシュの場合は、とくに生き方について子どもの意志を尊重することを大切にしていることが表れているように感じられた。あれから二〇余年が過ぎた二〇一九年には、サムと妻スージーは、グロースドーディハウスに移動し、子どもが母屋と農場の世話を継いでいる。

アーミッシュの子どもたちはしばしば農地へ伴われ、仕事を見るという楽しみ、家族が仕事をする姿を知るという経験、そして、仕事を手伝い学ぶという体験を重ねてゆく。

オールドオーダーアーミッシュのなかでも厳格なグループが居住することで知られているペンシルヴェニア州ミフリン郡のアーミッシュの農場で育ったリー・カナギーは、「子どもたちを育てている家族たちにとって、農場（farm）の生活は、私たちの複雑な社会での生活に関連した、実地体験（hands-on experience）をするユニークな方法である。以下の七つの領域は、私の人生の織物（the fabric of my life）に織り込まれている」、と振り返っている。(7)

畜産（Animal Husbandry）
　アーミッシュの農場で、牛、馬、羊、豚、さまざまな家禽を世話し（care）、育てる（raising）こと
農学（Agronomy）
　農作物の生産、冬期に向けた貯蔵、土地の管理などの経験（experience）
園芸（Horticulture）
　果物、野菜、低木や花の栽培に関する研究（study）
養蜂（Apiarian）
　ミツバチの研究と養殖（culture）。受粉や食用の蜂蜜を集めるミツバチの価値など

気象学（Meteorology）
雲のパターンや動き、風向、気圧計の動き、四季の気候の変化の研究
鳥類学（Ornithology）
鳥類の研究。かれらの習性、昆虫の駆除に役立つこと、そして鳥が季節にもたらす喜びなど
人間学・人類学（anthropology）
地域文化のさまざまなレベルでの人間関係の習慣（customs）や相互作用（interactions）を学ぶこと（learning）、そして、数十年後には、世界の文化を学ぶこと

リーは、「学びの七つの領域すべてが、私の八年生までの基礎的な教育のなかで、特別なカテゴリーを意識することなく無意識のうちに織り混ぜられていた。これらを強く支えていたのは、祖父母と両親が教えてくれたキリスト教の信仰と家族の価値観であり、農場での生活に希望と意味（hope and meaning）をもたらした」と述懐している(8)。

一九一五年に一四人中七人目の子どもとして誕生したリーは、父や母、兄弟姉妹、祖父母、そして教会メンバーと交流しつつ成長した。電気も電話も使っていなかったが、人びとは農場で家族とともに働き、日曜日には馬車（バギー）やワゴンを連ねて教会へ行き、その後、ディナーや訪問（visiting）などの交流をしていた。この交流には、聖書の言葉に関する語りも含まれていた。

そうしたなかで、リーが、スピリチュアルな目覚めを経験し初めて死と生の意味を考えるようになったのは、家長という印象で孫たちに優しかった一八五六年生まれのグロースドーディ（祖父（Grosdaudy））が、六九歳で亡くなったことがきっかけである。前の夜に祖父は、集まった家族たちに、天国のような明るい光を見た経験について、「天使が来るのを見た（Ich habt die engl zena cumma）」と伝え、かれらが祖父を天国

に連れて行く準備ができていることを示してくれた。だがリーには、祖父の死は、死というものが愛する人をいかに引き離し（separate）、最終的なもの（final）となるかについての忘れ難い記憶を残したという[9]。

このように、子どもたちが、幼い頃から自然のなかで生きることや、世話し育てること、ともに生きてそして別れるという、人生に全体として深く触れることが、生活に関する希望や意味などを見いだす学びを構成していたことがうかがわれる。

1－2 子どもたちへの贈り物

クリブキルトなどの子ども用キルトは、誕生を祝し成長を願って精魂をこめて作られる。子どもたちを包みこむ世界がはなやかな色で表現され、子どもや作り手のイニシャル、記念の年月がステッチされることもある。他のキルト同様に主に無地の布が用いられるが、配色やモチーフに心を配り丹念に縫い合わされ、豊かなキルティングが施されることが多い。子どもたちが暮らしていく自然環境がデザインされているキルトも多くみられる。そうしたキルトの多くも、アップリケを使うものではなく、小さな布片をつなげた幾何学模様で表現されている（第1章1－1も参照）。

◈メープルリーフのキルト

北米に自生するメープル（カエデの仲間）は、木材として家具などに使用され、その樹液からはシロップが作られる。写真6－1のメープルリーフモチーフのキルトは、アーミッシュが白い布を使用しはじめた時期のものである。同じパターンの成人用サイズのキルトが存在していたことから、親子用に制作されたと推測される。

動物は、花と同様に、とくに子ども用キルトにはよく使われるモチーフである。一九世紀後半期の米国で

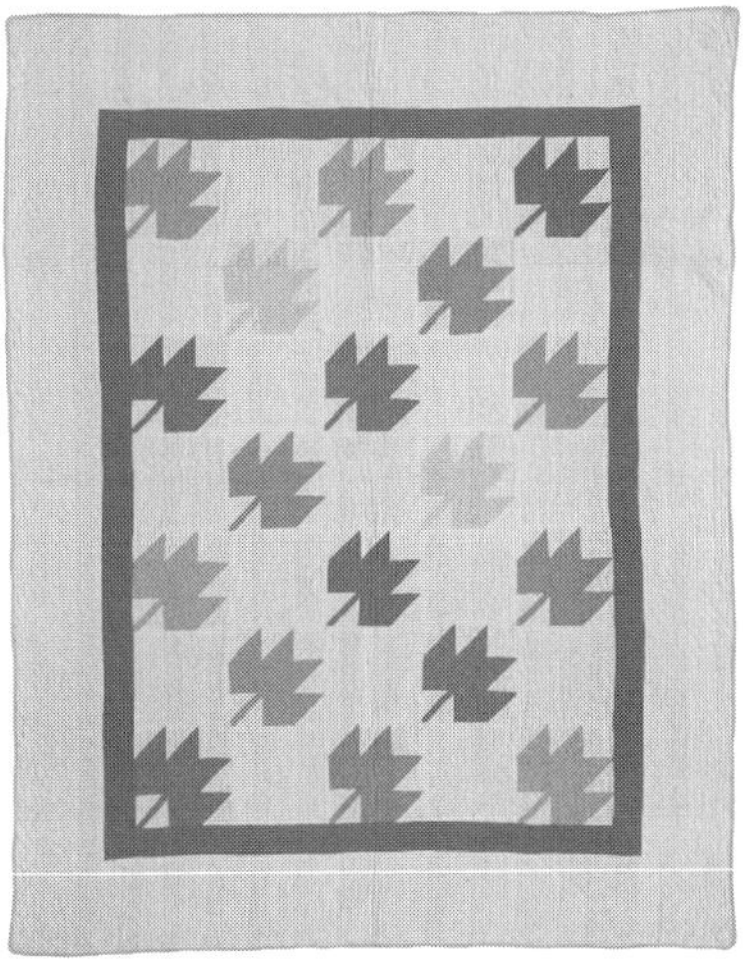

右：写真6-1　インディアナ州ハワード郡で1938年に作られたメープルリーフモチーフの綿のアーミッシュクリブキルト（H0279287）／左：写真6-2　インディアナ州ベルンで、1930～1940年頃、リディア・ミラーのために作られたとみられる、ハミングバード（はちどり）のモチーフのアーミッシュクリブキルト。アーミッシュが白い布を使用しはじめた時期のキルトで、パステルカラーが使われている（H0275157）

は、猫、犬、そして馬は、アップリケや刺繍などに人気のモチーフだった。たとえば鳥の場合、アップリケやいくつもの三角形で鳥と羽根を表すことがなされる。(10) アーミッシュの場合は、もっぱら布をつなぎ合わせたパッチワークキルトで動物が表現された。

ハミングバードのキルト

写真6－2の綿のアーミッシュ「ハミングバード（Hummingbird）」チャイルドキルトは、インディアナ州で一九三〇年から四〇年頃に作られたもので、やはり白い布がベースとなっており、パステルカラーがボーダーと縁取りに使われ、晴れた日に飛ぶ鳥たちのイメージを表現している。スイスに出自を持つ人びとが多く居住するベルンのリディア・ミラーのために制作されたクリブキルトで、繰り返し洗濯されている。

ベアズポー（熊の手足）のキルト

写真6－3は、一九一〇年代のアイオワ州で作られたキルトである。赤と黒のコントラストが大きいこのキルトのように、「ベアズポー（Bear's Paw（熊の手足））」と呼ばれるデザ

インのキルトには、鮮やかな色の組み合わせがよく使用される。

写真6-3　アイオワ州で1910年代に作られた赤と黒の鮮やかなベアズポー（熊の手足）パターンのアーミッシュクリブキルト（H0279288）

ボウタイのキルト

写真6－4の青、赤紫、紫、ベージュなどが組み合わされた温かな印象のボウタイパターンのキルトは、インディアナ州ラグレンジ郡のシップシェワナ周辺のものである。少し贅沢に綿サテンで作られており、角に「1925」と「Feb」がステッチされている。キルトを譲ってくれたレベッカ・ハーラーは、「クリブキルトかベビーキルト（baby quilt）であるが、通常は、ここ（この地域　筆者記載）では、ベビーキルトに年月を入れないので、これは珍しいこと」と説明を加えた。裏地にも綿サテンが使われ、それを前に折り返してバインディングをつくるやり方がとられているこのキルトは、多くのアーミッシュキルトが作られた時期のサンプルといえるという[11]。

アーミッシュドール

聖書（出エジプト記20：4－5）にしたがって偶像を認めないアーミッシュは、顔のない人形を作る（写真6－5）。子どもたちは、人形用の服やキルトを作ってもらったり、自分で作ったりして楽しみ成長してゆく。

少女への誕生日祝いの贈り物

写真6－6は、アーミッシュには珍しく飾り物だが、書いてある文字は聖書の言葉で、そのようなものであれば、認められていたのだろう。表には新約聖書の「山上の説教」、裏には"Sharon/（行変え）12 From

Rose Ann / Ruby/ Birthday"と記載されており、少女（女性）たちが一〇代の少女へ贈った誕生日祝いだと推測される。アーミッシュの家の納屋でみつけ、譲られた物である。

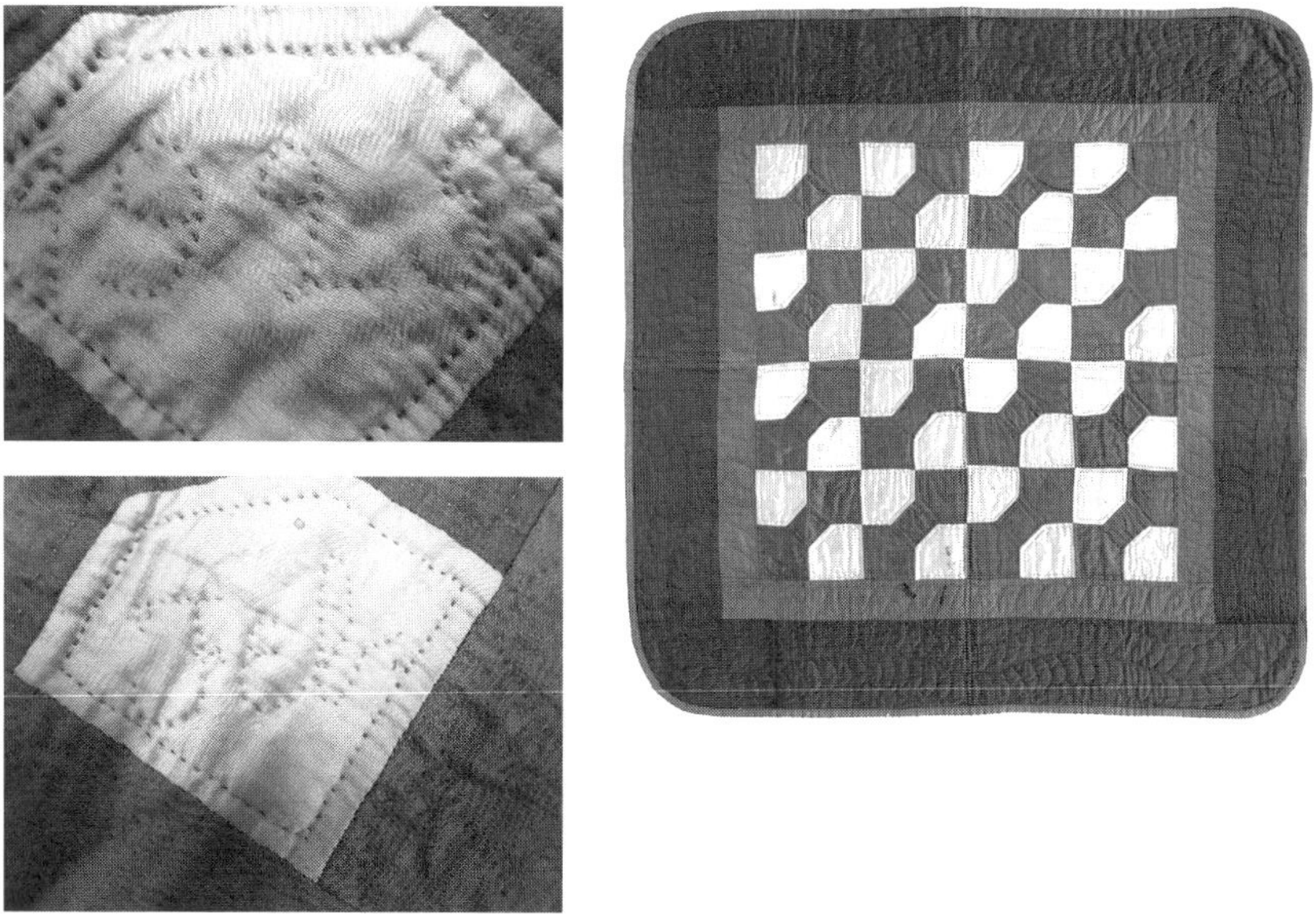

写真6-4　右：インディアナ州ラグレンジ郡で1925年頃作られたとみられる青、赤紫、紫、ベージュの組み合わせの綿サテンのアーミッシュボウタイクリブキルト（子ども用ベッドカバー）(H0279316)。左上：コーナーに施されている“1925”のステッチ（筆者撮影）。左下：コーナーに施されている“Feb”のステッチ（筆者撮影）

右：写真6-5　ペンシルヴェニア州のアーミッシュドール（人形）。偶像崇拝を禁じるアーミッシュの信教にもとづく生活のきまりに従って、人形にも顔は描かれない(H0269507)／左：写真6-6　少女たちから12歳の少女への誕生日祝いと推測されるインディアナ州のアーミッシュの家の壁かけ（H0269537)

2　アーミッシュスクール

2-1　生涯の学びに連なる小さな学び舎

アーミッシュが大切に守ってきた伝統は、生活すること全体の中で感じ学ぶ教育である。学校教育の期間を一年生から八年生までと制限するオールドオーダーアーミッシュの第一の主張は、洗礼を受けるまでの時期が、仕事やライフスタイルを学び、生き方を考えるにあたって重要だというものである。学校は、人びとの学びの一部を構成するものと考えられており、子どもたちは環境やコミュニティからさまざまなことを学ぶことが期待されている。

アーミッシュの子どもたちは、ほとんどがアーミッシュスクールに通っている。その多くが複数の学年の通常一五～四〇人ほどが一つの教室で学んでいるので、ワンルームスクールとも呼ばれている。親やコミュニティの人びとにとって、アーミッシュスクールは自分たちが参加して創るものと認識されている。実際、場所や教師の選択すべてに、親たちがかかわる。

教師はふつうアーミッシュの学校を卒業している若いアーミッシュの女性か、オールドオーダーの文化をよく知る人である。新しい教師は、経験豊富な教師から学んだり、教師集会に出席したりすることもある。後述するように、アーミッシュスクールは、比較的新しく組織されたものだが、地域を越えた教師たちの交流を促している側面がある。

教育内容についても、親たちや教会コミュニティの意向が反映される。授業内容は、読み、書き、算術のいわゆるスリーアールズ（3R's）と呼ばれる内容を中心に構成されている。朗読、綴り方、書き方、算数、ドイツ語、英語（文法や文章の構成）を基本として、社会、地理、歴史、美術、保健などを学ぶ[12]。

アーミッシュの第一言語（母語）は、ドイツ語の方言であるペンシルヴェニアダッチ（ペンシルヴェニアジャーマン）だが、英語は一般に学校で教えられる。授業は英語で行われ、ドイツ語も教えられる[13]。識字率は一〇〇パーセントといわれている。語彙や発音に地域差はあるものの、全国的に家庭ではペンシルヴェニアダッチで会話がなされ、読み書きは英語でなされるので、アーミッシュはバイリンガルといえる。多くのアーミッシュたちは、ドイツ語で書かれた雑誌（たとえば *Die Botschaft*）、英語で書かれた雑誌（たとえば *Family Life*）双方を、定期的に購読している。これらの雑誌は、子どもの教育にも活用されている[14]。

科学、体育、コンピュータ関連、性教育はカリキュラムに含まれず、組織的スポーツ、クラブ、キャリア教育、進路指導などもなされない。一方、子どもの挨拶やマナーなど、生活態度に関しては家庭で教育することがらとされている。宗教教育は、家庭と教会のみで行われる。

教科書は、教師が選択し、手作りのものも使われている。たとえば、カナダのオンタリオ州の、アーミッシュの教師の家で分けてもらった副読本 *Always A Child*（いつの日も子ども）[15]は、アーミッシュの子どもが経験する日常生活を描いている。テキストには、地域の自然と文化のなかで慈しんできたかれらの生活が表現されている。馬車が溝にはまってしまった事故と負傷した馬や人のケアに始まるこの本には、季節やライフコースに沿って行われる行事、仕事、事故、けがや死別といった困難、それらをともに経験する人びとや動物とのかかわり、コミュニティの役割などが描かれている。社会保障を受けず、相互扶助によって生活していくことを信条としているアーミッシュにとって、経験を共有し生きてゆくコミュニティの一員となることを学ぶことが重要なのである。教師の子どもたちも、裸足のまま開け放たれたドアから家の中と外を行き来し、楽しそうに駆け回り、学び、また母親と一緒に家事をしていた。

2―2　来客を歓迎する子どもたちの学校

ここで紹介するのは、ペンシルヴェニア州南東部山あいにあるワンルームスクールである。学校へは、スクーター（キックボード）を使って通う子どもが多いが、馬車を操って通う子どももいる。スクーターは、二輪の手持ち付の乗り物で、一方の足をボードに乗せて、他方の足で蹴って進む。アーミッシュの子どもや若者が頻繁に利用している。近隣では、自転車はあまりにも早く進むということで禁じられていることが知られているが、そこでも、スクーターはよく使われている。ローラーブレードも認められている。最近流行しているものという印象があって意外な感じもするが、アーミッシュは、スケートについては問題がないと考えていたし、ローラースケートについても、電動ではない移動手段として許されてきたのである[16]。

プレーンな同じかたちの服を着るというきまりに幼い頃から従う子どもたちは、競争心や自慢する心をもつことは厳しく諫められている。とはいえ、学校で一人一人が明確にそれぞれの居場所をもっていることは、衣服や所持品を置く名前のついた置き場が確保されていることに表れている。

授業の準備として教室を整備する作業は、教師と子どもたちがともに行う。子どもたちは、学年ごとに課題を与えられ手をあげて答えたり、順番に前に出て黒板に答えを書いたりする。教師は複数の学年の子どもたちを順番にみるので、寺子屋という雰囲気である。授業が終わると、寒い季節でも子どもたちは喜々として校庭に飛び出してゆく（写真6－7）。

教室には親たちや教師、子どもたちによって手作りされてきたものが豊富である。「神に従って父と母を敬うこと」という壁に描かれた文言の下に貼られている、家族について子どもたちが紹介した色紙もある。たとえ両親と死別していたとしても、子どもたちは祖父母や親戚、あるいは教会コミュニティの人びとのもとで一緒に生活するので、帰る家と家族と呼べる人を必ず持っている。子どもに限らず、家族のなかで感情的な齟齬があり、一緒に生活することが困難な人がコミュニティの他の人の家で暮らすこともあり、家族は、その中だけで問題を解決しなければならない閉じた環境とは限らない（序章2－2、第5章3－1も参照）。

アーミッシュスクールで、通常の授業以外に重視されていることは、さまざまな人との交流である。教室の壁にも、花束と外来者の訪問を歓迎する言葉「訪問者は、わたしたちの学校を豊かにします。（Visitors keep our school in bloom.)」と書かれた紙が貼られている（写真6－8）。実際、私がこの学校を訪ねて驚いたことは、突然現れた珍しい客たちなのに、大歓迎されたことである。子どもたちは授業開始を遅らせて前に並び、賛美歌を合唱してくれた。教師は、訪問者のために歌ったり話したりするというコミュニケーションも学びの機会として大切にしている、と述べていた。

写真6-7　休み時間に校庭へ向かうワンルームスクールの子どもたち（ペンシルヴェニア州ニューホランド　2008年11月20日撮影）

写真6-8　ワンルームスクールの教室。いつでも訪問者を歓迎するという言葉と生徒たちの名前が、壁に貼られている（ペンシルヴェニア州ニューホランド　2008年11月20日撮影）

教師がみせてくれた、子どもたちが書いた自己紹介の冊子には、好きなことや将来の夢が書かれている。一人一ページずつのスペースに、「こんにちは。私の名前は○です。私は○歳です。私の両親は○です。大きくなったら○になりたいです。私が好きなことは○です」という具合に、自分や家族について順番に説明がなされている。将来なりたいものとして、野球選手というものもあるが、多くは、農夫、家具職人、鍛冶屋など、その仕事を身近で実際に見たことがある職種があげられている。

この冊子に、「大好きなこと（favorite thing）」として書かれているのは、祖父母の住まいグロースドーディハウスに食事を届けること、弟妹の面倒をみること、動物の世話をすること、そして、毎日、野菜畑や花の世話をすることなど、子どもたちが毎日実践していることがらであり、かれらをとりまく人間や動植物との交流であった。

アーミッシュスクールの教育は、働くことを含めたその後の人びととの生活の中の教育に続いていくようなものである。つまり、教育は、生涯にわたる多様な世界との交流として捉えられる生涯教育（ライフロングラーニング）と位置づけられよう。

3　アーミッシュの教育に関する闘い

アーミッシュをはじめ再洗礼派の人びとは、教育を自分たちの手で創ることを重視してアーミッシュスクール、教会学校（チャーチスクール）、ホームスクールなどに親や教会コミュニティがかかわり運営してきた。

二〇世紀に、教育の集権化の進展にともなって、アーミッシュの教育に関し一般社会との間で生じた問題は、第一に、アーミッシュスクールが基準を満たしているかという点から問題視されたこと、第二に、中等学校における就学を義務づけようとされたことである。

アーミッシュの教育の行方は、信教の自由と教育、親の教育の権利という観点からアメリカ社会の注目を集めた。とくに学校における子どもの教育を第八学年までに限るというアーミッシュの主張が連邦裁判所で認められたことは、ホームスクールが教育の一形態として認められる過程にも影響を与えた[17]。アーミッシュ自体は、机上の勉学の一種と捉えてのホームスクールには否定的ではあるが、親の教育の自由や教育の多様なありかたを認めることへの議論を喚起したのである。

アーミッシュは、かつてアメリカ社会で一般的であった一つの教室で数学年が学ぶ形式のワンルームスクールのかたちを変える意味を認めていない。だが、かれらは必ずしも公立学校を否定していたわけではない。二〇世紀の半ばまで、アーミッシュのほとんどすべての子どもは、アーミッシュではない教師や仲間と公立学校で学んでいた[18]。

米国の多くの農村部の小学校では、学年の異なる子どもたちが一緒に勉強していた。教育内容も、読み、書き、算術を中心としたものであった。アーミッシュの親たちも、地域社会の一員として学校行事に参加していた。ところが二〇世紀に入ると、教育行政の集権化が進められ、多くの州で一六歳から一七歳の誕生日までの就学が義務づけられた。中等教育のユニバーサル化が提唱され、カリキュラムも総合的なものに再編された。一四歳から一七歳の就学率は、一九〇〇年には一一パーセントだったが、一九三〇年には五一パーセントに上昇した[19]。

教育内容や就学年限の変更は、アーミッシュにとっては容易ならぬ事態であった。かれらには、科学技術の発展を含め現代文明を広く扱うことや、異なる価値観のもとで子どもを教育させることが容認できなかったのだ。また、家から遠いところへバス通学させる可能性が高くなったことも、子どもの生活に影響を与えるとして憂慮された。そこで独自の学校を持とうとする動きが広がり、一九二五年、最初のアーミッシュスクールがデラウェア州に設立された[20]。

合衆国では州ごとに教育に関する法律が異なるが、いくつもの州でアーミッシュの親たちが規定された年齢まで子どもたちを学校に通わせないという理由で逮捕された。

ペンシルヴェニア州でも大規模な学校に子どもを通わせることを拒んだアーミッシュの親たちは次々に逮捕された。一九三七年、ランカスター郡では、連邦政府の資金により大規模な統合学校設立計画が提示された。これに対して、一六人のメンバーからなる「オールドオーダーアーミッシュスクール委員会」が組織され、オールドオーダーメノナイトも加わった。学校に通う期間を年間八か月とすること、小学校を終えた後の通学を免除すること、そしてワンルームスクールに通うことを認めることを求め、三千人が署名した誓願書を州当局に提出した。だが、この誓願は認められず、統合学校は予定通り設立された。ペンシルヴェニア州の法律では、一般には一七歳の誕生日まで、農業に従事している子どもたちは一五歳まで学校に通うことを定めていた。ところが、第八学年が一四歳で終わったアーミッシュの子どもたちの多くは、統合学校のハイスクールに行くことを避けるため、留年して第八学年を繰り返していた。子どもたちを統合学校に通わせようとしなかった親たちは罰金を課され、支払わなかった者は郡の刑務所に送られた。一九五五年になってようやく、アーミッシュコミュニティ内の職業学校に週に三時間出席することを義務とし、それ以外は親の監督下で農業や家の仕事に従事し、その活動を記録するという調停案が示された。この調停案は、オハイオ州、インディアナ州でも適用された[21]。

アイオワ州では、一九六〇年代にアーミッシュスクールが州の基準を満たしていないとして教育委員会から勧告を受けた。ブキャナン郡では、学校当局がアーミッシュスクールに赴いて、町の統合学校に行かせるため子どもたちを無理やりスクールバスに乗せようとした様子が報道され、小さなコミュニティは世界の注目を集めることになった[22]。

このアイオワ州の件をきっかけとして、非公立学校にかかわる教育と法律の問題が注目されるようになり、シカゴ大学のドナルド・エリクソン（Donald A. Erickson）が「教育における自由と管理」について議論するため全米会議を開催した。この会議には州教育部門担当者、法律にかかわっている者、私立学校を運営している宗派の代表、そして研究者たちが出席した。エリクソンは、「アーミッシュの人びとの教育へのアプローチ」は、「失業者、犯罪、少年非行がほとんどみられないという点で、最も効果的な方法の一つである」として、多様な教育の可能性を示唆した。一九六七年に、アイオワ州議会は、教育水準を示した法律遵守の免除を宗教団体が申請できるように学校の規約を修正した。

さらに、アーミッシュの状況を憂慮した一般市民たちは、一九六七年に、ルター派の牧師リンドホーム（William C. Lindholm）を委員長として「アーミッシュの信教の自由のための全国委員会（National Committee for Amish Religious Freedom）」を組織した。当初の委員会メンバーは、教授、聖職者、弁護士など、さまざまな信仰を持つ市民で、全員がアーミッシュ以外の人たちであった。アイオワ州知事のヒューズ（Harold Hughes）は、「私は、人間ではなく、法律と論理をまげる方が良いと思う。私は、アイオワ州とアメリカは、人種や信条にかかわらず、すべての善良な人びとに場所を提供するために十分大きな空間と精神をもっていると常に信じている」、と述べた。同様に、宗教改革に関する歴史家、アイオワウェスリアン大学の学長リテル（Franklin H. Littell）は、

この人びと（アーミッシュ　括弧内は筆者）は、長い間、典型的なアメリカ市民であった。これは、自分自身のためではなく、他者のために宗教の自由を信じるかどうかを確認するためのテストケースである。もし私たちが、二万三三三九人の質素で従順な「神の選民（peculiar people）」を認めることができないならば、私たちは魂の病気である。

と断じた。(23)

アーミッシュの教育をめぐり長きにわたった議論も、一九七二年五月に連邦最高裁判所において決着した。一九六八年に、ウィスコンシン州でヨーダーら三人のアーミッシュ（アディン・ユッツィー（Adin Yutzy）、ウォーレス・ミラー（Wallace Miller）、ジョナス・ヨーダー（Jonas Yoder））が子どもをハイスクールに通わせなかったために逮捕された。ウィスコンシン州の法律では、一六歳の誕生日まで就学することが定められていた。子どもたち三人は第八学年を終了しており、二人の年齢は一五歳、もう一人は一四歳であったので、引き続きハイスクールに通う必要があった。アーミッシュは、聖書の教えから宣誓を拒否しており、伝統的に紛争の解決を裁判に頼ることをしてこなかったのだが、支援者たちによって裁判は進められた。一九七一年州最高裁で、中等教育を免除してもそれが社会的脅威となるわけではないという主張が認められ、原告（アーミッシュ側）が勝訴した。

州教育局は連邦最高裁に上告したが、憲法修正第一条（信教の自由）および修正第一四条（何人も正当な法の手続きによらないで、生命、自由、あるいは財産を奪われることはない等）にもとづき、州はアーミッシュに一六歳まで公教育を受けることを強制することはできないとの判断が下され（Wisconsin v. Yoder）、一九七二年に再び原告（アーミッシュ側）が勝訴した。このヨーダー裁判で、アーミッシュの主張が認められたことは、「アメリカ憲法史における画期的なケース」とされる。アメリカ史において、初めて、信教の自由にもとづく義務教育にかかわる法律への挑戦が認められたからである。[24]

「アーミッシュの信教の自由のための全国委員会」の議長を務め、アーミッシュの支援を続けてきたリンドホームは、アメリカの信教の自由を守るための大きな取り組みに参加できたことは喜ばしく、さらに、アメリカの歴史上初めて、義務教育法（compulsory school laws）が宗教的権利や親の権利よりも重要ではなくなったことを知って満足した、と記している。そして、「米国憲法修正第一条は、「自由行使条項（Free Exercise Clause）」を含んでいる」と注意を喚起し、信教の自由の行使が、コミュニティによる生き方そのものであることについて、次のように説明している。

信教の自由を行使することは、たんに、個人の心にある種の信念をもつことや教会で礼拝する権利以上のことがらを意味している。「行使する（exercise）」という動詞は、行動する、あるいは実践する（act or practice）という意味をもつ。…宗教は、礼拝すること以上のものであり、それは、一つの生き方（a way of life）なのである。アーミッシュの人びとは、さまざまな信念（beliefs）よりも行動や振る舞い（behavior）を、さまざまな考え方（ideas）よりも実践（practice）を重視している。かれらにとって、信仰（faith）は単に個人の信念（belief）ではない。それは、そのコミュニティ（the community）によって日々の生活のなかで具体化される（fleshed out）共通の実践なのである[25]。

その後、アーミッシュの学校の数は劇的に増加し、今日（二〇一六年）、一～八年生の生徒数を登録している二〇〇〇を超えるアーミッシュスクールがある[26]。

4　アーミッシュメノナイトの学校

こうした教育に関する考え方は、アーミッシュだけではなく、再洗礼派の他のグループの人びととも共通性がある。たとえば、カンザス州のアーミッシュメノナイトの場合も、やはり親やコミュニティがかかわるチャーチスクールを運営し、ホームスクールの実践もさかんである。本節で紹介するチャーチスクールやホームスクールは、カンザス州ハッチンソンのアーミッシュメノナイト教会のメンバーによって運営されているものである（第3章3節参照）。[27]

4－1　チャーチスクール

自分たちのコミュニティにおける教育に関しては、この教会とこの地域の他のいくつかの教会が協力して、プライマリースクール（小学校）と中等学校（日本の中学校と高等学校に相当する）を運営してきた。法的に認められるようになると（カンザス州では一六歳）、ただちに高等学校を退学する子どもたちもいるが、教会の高等学校を卒業し、大学に進学するものもいる。

プライマリースクールは、アーミッシュメノナイト教会の建物の一部を利用して運営されている。一クラスは二〇人から三〇人で、教師はこの教会のメンバーである。

午前中には、低学年と高学年の二つのクラスに分かれて授業が行われる。低学年の場合には、挨拶やイントロダクションのあと、教室の中にいくつものグループを作り、二人の教師が回っていく。読み、書き、算術が中心だ。子どもたちは、一斉に手を上げて答えている（写真6－9）。ここでも訪問者は大歓迎で、教室の壁には「訪問者は私たちの一日を明るくする」という言葉と花のイラストが描かれたポスターが貼ってある（カンザス州ハッチンソン　二〇〇九年）。訪問者の文化を学ぶということも、授業の一環とみなされている。

写真6-9　チャーチスクールの低学年の教室のグループ授業風景（カンザス州ハッチンソン　2009年10月29日撮影）

上級学年になると、午後にも授業が行われ、実習や表現活動も実施される。たとえば、折り紙や劇によって世界の歴史を伝え理解することなどが取り入れられている。歴史や各地の文化について対話をする時間をとるこ

写真6-10　高等学校の授業で訪問者とそれぞれの生活文化について話し合う高校生たち（カンザス州ハッチンソン　2009年10月30日撮影）

とによって、人びとの気持ちやおかれた環境に関する考察が深まると考えられている。

高等学校では、専用の校舎を持ち授業が展開されている。たとえば、ハッチンソンの学校では、学生は、ほとんどアーミッシュメノナイトであるが、服装はまちまちである。女性は無地の服を着用していることが多いが、色は明るく華やかなものが選ばれている。クラスは小規模に保たれ、時間に縛られずに討論したり歌を楽しんだりなど、柔軟な運用がなされている（写真6－10）。

4－2　ホームスクール

4－2－1　ホームスクールの歴史

家庭を教育の場とするホームスクールが学校教育のオルタナティヴとして提示され、社会運動の様相を帯びてきたことは、米国の教育における一つの特徴である[28]。ホームスクールは、全米五〇州で合法化され、学んでいる子どもたちは一九八〇年代半ばから大幅に増加した。一九九三年以降すべての州が、親が自宅で子どもを教育するための法的オプションを提供してきた[29]。さまざまな統計があるが、国立家庭教育研究所によると、二〇二〇年から二〇二一年にかけて、米国のK－12年生（幼稚園から高校までの生徒）のホームスクール生は約三七〇万人（学齢期の子どものおよそ六から七％）と推定されている[30]。

歴史的には、家庭教育は植民地時代から一般的に行われてきたものである。自宅で親が自分の子どもや近隣の子どもたちに読み書き、手芸や料理を教える、「家庭塾」が行われてきた。だが、一八五二年にマサチューセッツ州で就学義務法が制定されて以来、学校教育が広まり、一九世紀末には国民の就学義務を担う公立学校が全国に行き渡った。そして二〇世紀に入ってからは、子どもを教育する場は、専門的な教師によって教えられる学校であることが当然のことと考えられるようになった[31]。

ホームスクールが法的に認められるまでには、多くの議論が重ねられてきた。子どもはすべて公立学校に通わなくてはならないと定めたオレゴン州法を無効とした一九二五年の合衆国最高裁判決は、ホームスクールとの関連で重要なものである。この判決は、「公立学校の教師だけから教育を受けることを強制することで子どもを画一化する、州のいかなる一般的な権限をも排除する」と判断したからである。

公民権運動や反戦運動が展開された一九六〇年代から、学校制度に関するオルタナティヴ教育の模索の動きが活発となった。一九六〇年代後半から一九七〇年代前半に、ジョン・ホルトやイヴァン・イリイチなどから教育に関する議論が提示されたことも、公教育を問い直す契機となった。

ホームスクールの認知に大きな影響を与えたのは、アーミッシュの親に八学年以降自分の子どもを教育することを認めた、一九七二年のウィスコンシン州対ヨーダーの訴訟における合衆国最高裁判所判決をはじめ、七〇年代の訴訟の結果である（本章3節も参照）[32]。

4-2-2　アーミッシュメノナイトのホームスクール実践

ここでは、カンザス州ハッチンソンのアーミッシュメノナイト教会メンバーのホームスクール実践例を紹介する。カンザス州では、七歳から一八歳の子どもたちは、学びの場として、公立、私立あるいは不認可私立学校（ホームスクール）に参加しなければならない[33]。以下で検討するように、親たちが同じ教会に属しているとしても、ホームスクールを選択する理由は、宗教という一言で説明しつくされるものではなく多様性がある。ここで検討するのは、下記の三点「親たちが実践する暮らしの意味を生活のなかで子どもに伝える、子どもが広く世界を知る視点を磨く支援をする、子どもが学校を含めた、広い時空間でさまざまな交流を経験できるように環境を整える」の充実を意図してホームスクールを実践した三つのケースである。

ライフスタイルにかかわる価値観を伝える

第一のケースのホームスクール家族は、農業を営んでいるアーミッシュメノナイトである。両親は、農場を所有し自給自足することを夢みて、アイオワ州から移り住んだ。主として野菜を作り、家と畑のあいだにつくった小屋で販売している。訪ねた時に収穫していたのは、オニオン、ビーツ、スクオッシュ（バターナッツと呼ばれるカボチャ）、サヤインゲン、ジャガイモなどである。

両親は六人の子どもを育て、小学校以上の年齢の三人にホームスクールを行っている。ホームスクールを始めた理由の一つは、近隣には、子どもたちが通うのに適した学校がないことである。一般道から見えるように掲示した野菜販売を知らせる看板からも、家は二キロも奥まったところにある。

もう一つのより大事な理由は、農業を始めたこの土地で、子どもたちの教育を自分たちで行いたいという希望を抱いていたことである。そのために、家族は一日のスケジュールを決めて、一緒にゆっくり過ごす時間を確保している。

写真6-11　朝食後ホームスクールで学ぶ子どもたち（カンザス州ハッチンソン　2009年10月30日撮影）

農場の仕事をしている一家の朝は早い。父親は朝食前に畑で仕事をし、男の子たちは父親を手伝う。母親は朝食の準備などを行い、年長の女の子は家で母の仕事を手伝う。朝食後、コーヒーと手作りのビスケットを食べながら勉強を始める。勉強部屋は、ダイニングとつながっている居間である（写真6－11）。ほとんどの授業を母親が担当するが、父親も小さな子どもたちの世話をしながら同席する。

教材は、ペンシルヴェニア州ハリスバーグにある伝統を重視するメノナイトの出版社から取り寄せている。数学、リーディング、語学、自然、歴史、そして音楽のテキストは、幼稚園から一二年生までの教材が広く供給されている。

親たちは、子どもたちが、さまざまな環境や社会での経験から学び、創造性を高めることを期待している。歴史の授業では、たとえば、中世の人びとの生活について、母親とともに、教材を読みながら内容を確認していく。中世の人びとが食べていたもの、病気、さまざまな立場の人びとの存在などについて学ぶ。

午前中のホームスクールが終わると、午後、親たちはそれぞれの仕事に専念する。子どもたちは課題をしたり親たちの手伝いをしたりしながら、夕食以降の時間に再び勉強の成果を親たちに確認してもらう。子どもたちが十分に活動を行ったかどうかは、手伝いも含め項目ごとに壁に貼られたシートに星のマークを貼り付けて示す。子どもたちはホームスクーリングが勉強しているときだけだとは考えておらず、家庭におけるかれらの生活の一部だと捉えている。

ホームスクールを行うことによって、その目的であった家族で一緒に過ごす時間をゆっくり持つこと、子どもたちの教育を自分たちが行うことの双方が遂げられているという。生活全体を共有することにより、自分たちが考えているライフスタイルを、子どもに経験をとおして伝えることこそが、求めていた教育の中身であるという。

ホームスクールで学ぶ子どもたちは同年代の子どもたちとのつきあいが少ないので、社会性を育てる機会が不十分ではないかという憂慮がしばしば表現されてきたが、この家族は毎週水曜日夜の教会のさまざまな企画や日曜の礼拝にはほとんど参加しており、子どもたちは同年代に限らず、多様な世代の人びととの親交を深めている。子どもたちの成長に従って、教会外の諸活動に触れる機会についても検討しようと、両親は考えている。

世界を知る視点を磨く——ライフスタイルを考えるために

二のケースは、近隣に小学校があってもそこには通わせず、家庭教育を選択しているアーミッシュメノナイトのホームスクールである。この家族は、市街地に居住し、父親はサラリーマンとして働き、母親は主婦として家事をしながら小学校高学年の子どもの勉強をみている。

子どもは一人用の勉強部屋ではなく、本棚でゆるやかに二つに仕切ったリビングルームで勉強している。玄関から直接入る形のメインのリビングルームは、父親や家族が客たちを迎える場所でもあり、人の出入りを感じる場所となっている。親たちは、子どもが、家で勉強していても、より多くの人びとと話すことができるほうが望ましいと考えているので、子どもが個室で勉強することは考えていない。

ホームスクールを選択している主要な理由は、充実した教材を用い、科学や地理に関し広く知識をつけて、自分のペースで学んでほしいと考えているからである。とくに学んでほしいのは、環境にかかわること、そして、世界のさまざまな文化である。学年が進むにしたがって内容も難しくなるが、通信教育も活用しながら、スケジュールにしたがって勉強を進めている。科目は、聖書、歴史と地理、読書、読み上げ、体育、文法、スペル、数学などである。

子どもは、家で勉強するだけではなく、とくに午後には、近隣の図書館やチャーチスクール（本章4–1を参照）のプログラムを利用する。母親は、同様の選択をしている人びとから情報を得たり、地域ネットワークにもとづいて、他のホームスクール家族と交流し、教材や資料を共用することもある。[34]

人生を考える時空間としてのホームスクール

第三のケースは、母、父、そして三人の子どもたちの家族である。この家族は、母親の父親デヴィッドの代にオールドオーダーアーミッシュ教会から分離し、カンザス州ハッチンソン近郊にアーミッシュメノナイト教会を開いた人びとである（第3章3節も参照）。女性たちは伝統的な衣装を着ているが、自動車を利用し、ミッション活動も行ってきた。父親ヒロミは、日本から移民しこの地域で働いて、この教会の礼拝に参加し、雰囲気が気に入り一般からこの教会に加わった。サラリーマンとして販売の仕事に就いており、教会活動には熱心に取り組んできた。

家族はカンザス州ウィチタ市の北西の町パートリッジでホームスクーリングを始めた。それを積極的に始めたのは、教会が関連する高等学校で教師をしている母親ミリアムである。その理由は、幼い時から長男ジョウルが、興味を持つものには非常に集中してとり組む性質があると感じたことである。ミリアムは、ジョウルの高校卒業時まで、ホームスクールを行ってきた。ジョウルが語っているホームスクールの第一の魅力は、周りの子どもたちと比較されることがなく、興味に従って学ぶことができることである。その様子を、ジョウルの経験から辿ってみよう。

私は高等学校の卒業証書を受けとったことがない。私の小学校の卒業証書は、非認可の私立学校から受けたものである。…私が通ったその「非認可私立学校」は、私の家にあり、私は、私の「クラス」のただ一人の生徒だったので、いつも、クラスのトップであり、最下位でもあった。(35)

ジョウルは、自分の興味のあることを集中して追求することができた。彼は、公立図書館で、「一度に洗濯かご（ランドリーバスケット）一杯分の本を借りていく子ども」として、よく知られるようになったと回顧している。

ジョウルはまた、教会コミュニティが作ってきた資源を活用した。一つの資源は、教会の建物を利用した教会学校である。この学校は、アーミッシュメノナイトによって創設されているが、信教にかかわらず子どもたちを受け入れている。他国から来た養子を育てている家族もいるので、人種・民族も多様である。

ジョウルはさらに、教会の「若者グループ」にも属していた。このグループは、一六歳以上の独身者がほとんどで、週末を近くのキャンプグラウンドで過ごす「若者会」など、多くの社会的交流の機会を組織している。ジョウルは、そうした機会に行われる交流やゲーム、そして多くの発表や議論に参加した。

ジョウルは、身体全体で表現したり話したりすることを通して、自分自身を表現することができたことについて、次のように語っている。

ホームスクールの生徒だったので、私は、同世代の者より、多くの「ホームワーク」をした。けれども、個別な指導を受けながら、自分のペースで進める自由によって、おおいに柔軟（フレキシブル）なスケジュールが可能となり、インフォーマルな方法で教育（education）を求める自由な時間を持つことができた。フォーマルな教育に加えて、私は、いつも表現したり（show）、話したり（tell）していたのである。

自分のペースで進めるという自由によって得られたものは、「教育」を求める自由な時間だったという。そのことによって、彼は、「表現したり、話したり」することができたというのだ。自分が触れたり把握したりするために十分な時間を使い、得られた成果を、母のみならず、父や弟たち、近くに住む祖父母、そして週に数日出会う教会のメンバーたちなど、他の人びとと共有することを、彼は、「教育」と表現しているのである。

さらに、自分のペースで本を読んだり他の人びとと交流したりすることをとおして、ジョウルは最も興味をもつことを発見した。彼が一一歳となったとき、父親はコンピュータを購入した。ほどなく、ジョウルのプログラミングに関する並々ならぬ興味に気づいた父親は、プログラミングに必要な「実際の」言葉を、地域のコミュニティカレッジで学ぶことを示唆した。コミュニティカレッジは、米国において、「ライフロングラーニング」(生涯教育)を担い、地域に根づいた教育機関として位置づけられている。こうして一三歳の時にジョウルは、木曜日の夕方六時から一〇時まで、わくわくしながらカレッジでプログラミングの世界の言語を学んだ。

だが、プログラミングのクラスで学んだとはいえ、彼は、実際の世界でそれを適用する経験をしていなかった。そこで彼の母親が、ジョウルは徒弟として学ぶことができるのではないかと思いつき、ジョウルは両親の知人の仕事場へ徒弟として通い、ソフトのプログラミングの仕事を学び始める。このことにより、ジョウルはまた自分の教師を増やしていった。この体験を、ジョウルは次のようにまとめている。

ホームスクールによるフレキシビリティは、私が幅広く読書し、興味あることについて満足のいくまで深く探求し、実地体験(hands-on experience)を通して職業上の卓越性を獲得することを可能とした。そのことによって、私の教育とキャリアに関する目標を追求することを促した。

その後、彼は、投資会社が投資を考えるために使用するソフトウェアを開発するディヴェロッパーとして働き始めた。彼はその会社で仕事を九年間学び、その期間のほとんどをパートタイムでカレッジに出席した。そして、二〇〇七年には、経営学士の学位を得て、信教とはとくに関係のない一般のＩＴ企業に就職した。

以上三例においては、ホームスクールが、子どものみならず、周りの人びととの生活全体と深くかかわりあっていることが照らし出された。

5　ライフロングラーニング――語り合いともに考える

これまで見てきたように学校に関する再洗礼派の人びとの活動は、教育や学びに関するかれらの考え方と深くかかわっている。教育は、人生全体のなかで人びとや環境との交流を要素とする貴重な時間ととらえられている。オールドオーダーアーミッシュのワンルームスクールに関する闘いにみられるように、この議論には、一般の人びとが自分たちにかかわることと捉えて関心をもち参加し、結果としてアーミッシュの学びは現代も存続している。学校における教育の期間を制限する一方で、実はアーミッシュがかかわる学びの場は、誰でも参加できるライフロングラーニングに開かれている。本節では、自分たちが生きるコミュニティについて議論する具体的な場と内容をとりあげて、多様な人びとが参加する議論の展開を検討する。(36)

二〇一三年六月のある日、ランカスター市の情報誌で、アーミッシュの移動（マイグレーション）に関する一般公開の講演会予告の記事を見つけた。夜七時から始まる会場に向かう郊外の道は、幹線道路から入ると信号もなく真っ暗だ。彼方に灯を見つけてようやく辿りつくと、そこには、黒い馬車と黒い車が、整然と停められていた。その会場は、オールドオーダーアーミッシュと同様、再洗礼派の一グループであるメノナイトのなかでも伝統を重んじる、オールドオーダーメノナイトの教会で、参加者のなかには車は使うが車体の色は黒である人びとがいるのである。

一般公開とはいえ、夫と筆者は日本からやってきた珍しい客のはずだが、皆驚いた様子もなく迎えられた。驚いたのは私たちの方であった。ランカスターに来るたびに会っているメノナイトの友人たちが揃っていたのである。再洗礼派のなかでも、オールドオーダーアーミッシュという最も伝統を重んじるグループの人びとに関する講演会なのだが、異なるグループの人びとも集まっていたのだ。オールドオーダーアーミッシュの人びとも発表する講演会とのことだったが、司会者はメノナイトのケン（ケネス）・センセニッグであった。ＭＣＣでメノナイトを中心とした世界各地の復興・支援にかかわってきたケンは、長年アーミッシュの知人たちのもとへと、筆者を伴ってくれた（第５章３－１も参照）。[37] ケンを紹介してくれたハーマン・ボントラーガーは早くも私たちのために席を確保してくれて手招きしている。ハーマンは、インディアナ州のビーチーアーミッシュメノナイトの家庭で育ち、メノナイトとなることを選択し、今はアーミッシュが使用しやすい形の保険を扱う仕事を手掛けるほか、仕事以外の時間にもオールドオーダーアーミッシュと一般社会の交流や調整を支援してきた。[38] そして、講演者の一人は、アーミッシュの歴史を研究してきたスティーヴン（スティーヴ）・ノルトであった。かれらと初めて出会ったのは、アーミッシュの子どもたちが被害者となった銃撃事件をとりあげた国際学会（二〇〇七年春）の時である（第７章５節参照）。

講演会では、アーミッシュの移動に関するスティーヴの講演に始まり、アーミッシュの人びとが経験を語った。移動の動機は長年議論されてきたが、土地が足りなくなることのみならず、生活環境や周囲との関係の変化、あるいは新たな土地で信仰のリフォーム（革新）を果たそうとするなど、いくつもの要因がかかわっている。

移動は、多くの場合、家族や個人単位ではなくメンバーが構成する教会コミュニティ単位で行われる。アーミッシュのコミュニティについて、スティーヴらは、「アーミッシュの間では、「コミュニティ」は、重要な言葉である。ドイツ語でゲマインデ（Gemeinde）、あるいはペンシルヴェニアジャーマンではゲメー（Gemee）と表現されてきたこの語は、教会、教会メンバー、そして宗教的儀礼におけるこれらのメンバーの集まりを指している」、と説明している。[39]

実際、この日の講演会でも、困難のなかで移動を遂行してきたコミュニティの経験が、アーミッシュ自身によって語られた。印象深かったのは、かれらが、「コミュニティは、常に、「テンド（tend）」することによって、生かしてゆくものである」と語ったことである。「はじめに」でも述べたように、キルト作りの場は、日常生活において火の世話（tend）をすることと同時並行で行うこと、という表現がみられたが、その“tend”には、人や動物、植物や機械などの世話をする、育てる、手入れをするなどの意味がある。そこには、自分にとって大切なものに目を配り寄り添い、それらを慈しみ育てる営みが浮かびあがってくる。このミーティングにおいて、移動や移住は、自分たちが信じる生き方を実現できるコミュニティを「テンド」する一つの実践である、と説明がなされた。

生活の変化をくぐり抜けてきた人びとには、大切にしてきたコミュニティや共有の場である「コモンズ」を失うという事態も間断なく発生するだろう。だが、人びとは、コミュニティをテンドする目的と方法につながる語り合いの場としてのコモンズを常に創出している。誰にでも開かれているこの講演会もその一つといえよう。人びとはいつものとおり夕食をすませてやってきている。男性も女性も、高齢者も子どもたちも来ている。講演会の前のおしゃべりの時間は、楽しそうで賑やかだ。講演会は、「皆の先祖、祖父母や家族たちがどう生きてきたのか、その歴史を一緒に語り合いましょう」という司会者ケンの言葉で始められ、最後は、遠く日本からやってきた筆者たちへの挨拶と賛美歌で締めくくられた。日常の中に織り込まれた終わることのない会話の数々が、すべての人が充足して生きることや楽しみに深くかかわっている。アーミッシュが表現する多様な「ケア」の束としての「テンド」の数々を見つめることは、すべての人が生を慈しみ養いつつ年を重ねられるコモンズとしての「エイジングフレンドリーコミュニティ」（高齢化対応型地域社会お互いの世代を支えて暮らすコミュニティ）[40]について考えることに他ならないと感じた一時であった。

第7章　遙かな人びとをつなぐキルト――交流の広がりから生まれる新たな地平

アーミッシュは、信条や生活文化を共有するコミュニティの人びとと対面のかかわりあいを重視してきた。だが、傍らに居てこそ達成できる、気づきにもとづく相互扶助やケアを大切にしている一方で、より遠くの人びととも交流している。本章では、アーミッシュと一般社会の交流について、アーミッシュキルトなど手作り品をめぐる状況に注目して検討する。

女性はとくに家でできる手芸とビジネスの活動で生活空間を広げており、また、アーミッシュは多様な人びとを支援するための慈善オークション用に、キルトを作り続けている。それらには、現代の人びとのニーズに適合するように、プリント布を使った華やかなデザインのものもある。アーミッシュキルトにかかわる変化は、アーミッシュキルトの伝統が失われつつある、あるいはそれらはアーミッシュキルトとはいえない、と表現されることもあるが、ここでは、キルトという「モノ」を、アーミッシュとかれらを取り巻く状況を照らし出す情報としてとりあげる。

1　アーミッシュがかかわるビジネス

1−1　ビジネスと交流——広がるコミュニティと交流・包摂

アーミッシュは、自給自足の生活をしているわけではない。都市化や観光化のもとでアーミッシュの生活は変化し、皆が土地を得られて農業や酪農に従事し十分な収入が得られるとはかぎらない。そのため、とくに一九四〇年代以降は、各地で信教と適合的だと考えられるさまざまな仕事が編み出されてきた。

観光地化や土地の高騰のもと、アーミッシュはより郊外へ移動したり、新しい仕事に就いたりするたびに、それが信仰にもとづく生活のきまりである「オルドヌング」に適合するかを検討してきた。生活の変化への対応に悩み議論しつつ、多くのアーミッシュは、この機会を自分たちの生活信条と適合的に生かす方法として、家や教区の近くでできるビジネスを模索してきた。

たとえば、ジャムやパイなどの手作り品を自宅の近くに設けたスタンドや店で販売することもさかんである。農業と両立することができ、家族で過ごす日常生活の場から遠く離れる必要もない。セルフサービスで販売することは消費者への信頼感を表現することでもある(1)。

米国で人気の地域の品々を販売するファーマーズマーケットは、お祭りのような賑わいで、地域の特産品を手に入れ味わう場となっている。こうした場では、オールドオーダーアーミッシュも、一生懸命働いている姿であれば問題ない、と写真撮影に応じてくれることもある。

農業以外の仕事に就く場合には、その多くが、ドイツ系の人びとが得意としてきた木工技術を生かした家具の製作、電気工事関係、アーミッシュの典型的な料理を供するレストランなどで働くことを選択している(2)。

経営は、より現代的な生活を受け入れている再洗礼派の人びとが担っていることもある。グループの違いを生かした協働によって、再洗礼派全体として働く場を広げているといえよう。

家で柔軟に行われているタイプのものとして経験にもとづくマッサージもみられる。アーミッシュのあいだでは、聖書には明記されていない現代医療に関しこれを適用することに問題はないが、ホメオパシー、カイロプラクティック、リフレクソロジーなど代替医療（オルタナティヴメディスン）への関心が比較的深いことが知られている。(3) ホメオパシーは、一九世紀ドイツから伝えられたもので、現在も欧米で、適用され続けている。(4) 代替医療が使われる理由として、自然を生かした治療を重視すること、健康保険を避けているアーミッシュにとって病院の治療経費が高額となり負担となることなどがあげられる。(5)

私がインディアナ州シップシェワナで出会った施術者は、メノナイトのレベッカの知人のアーミッシュ女性である。レベッカがあらかじめ都合を聞いて、時間がとれれば彼女の家で施術をしてくれる。都合を確認するには、携帯電話を使う。彼女が属している教会は、電話線を用いない携帯電話を仕事のために使用することや、仕事にかかわる人びとと写真をとることも例外的に認めているのだ。

施術は、私がかつてスイスで経験したリフレクソロジーと似通っている。(6) 足裏を押して、その状態をみて足裏の部分と連動している臓器の状況を推し量り、身体全体の改善を目指してもみほぐしていく。施術が終わると、レベッカは、チップのかたちでお礼を渡す。時間も値段も決まっておらず、施術の時間と同じくらい、世間話に時間を使う。そして、私たちに、薬草や野菜が植えられた庭で散歩を楽しむことも、喜んで許可してくれる。お互いの都合の良いときに知人や紹介にもとづいて行っている交流の一つで、アーミッシュの代替治療に興味のある人びとに開かれている。

アーミッシュに特徴的と考えられる文化にかかわり、アーミッシュは、ツーリズムと関係する場においても新しい仕事を得ているが、(7) 興味深いことは、そうした場は、一般の人のみならず、アーミッシュにもおおいに利用されていることだ。前述の施術もその範疇だ。アーミッシュも買い物や仕事で外出したり、家族で外食したりすることもある。そうした時に、アーミッシュが好む料理を出す店を利用し、そこで働くアーミッシュの人びとと声をかけ合う。

アーミッシュが集住することで知られるインディアナ州シップシェワナには、観光客が多く訪れる町の中心地区以外に、幹線道路に面したレストランや、奥まったところにあるオールドオーダーアーミッシュも多く立ち寄るレストランがある。それらのレストランで印象的だったことは、知的障害のある若者たちがサービスの仕事を担っており、知り合いの客たちと会話している姿である。そうした子どもたちのために、かれらの必要に応じた特別の学校も設けられており、公的な学校から支援を受けることもある。[8] いずれにしろ、人びとが家族やコミュニティと離れずに暮らすというオールドオーダーの信念は、誰もがさまざまな人びとと交流し暮らしていく方策を開拓することにつながっているのである。

ツーリズムへのアーミッシュの対応は、アーミッシュが経済的利益を得る一方で、自分たち独自のライフスタイルを守ろうという態度を示していることから、「交渉された互恵主義（negotiated reciprocity）」と見なされると指摘されている。[9] だが、アーミッシュの努力は、ツーリズムという現代社会における変化に際して経済的利益を得ようとすることに留まらず、障害のある者も含めて多様な状況にある人びとがともに暮らす場を拡大する機会を得ることにまで向けられているといえよう。

たとえば、ペンシルヴェニア州のメノナイトのヴァーナ（第4章2-1参照）は、オールドオーダーアーミッシュの家で育ちメノナイトとなることを選択した両親のもとで育てられたが、オールドオーダーアーミッシュの生活を身近に感じて成長してきた。ヴァーナの幼い頃の思い出は、馬車で移動することをはじめ、祖父母の家で過ごしたことがらで彩られている。メノナイトとして育ち、車を運転し、電気や電話を使うヴァーナだが、多くの時間をアーミッシュの人びとと過ごしてきた。アーミッシュスクールで教師をした経験もある。その後、オールドオーダーアーミッシュの暮らしや料理を紹介する宿で働き、二〇一九年現在は、アーミッシュの生活を紹介するガイドをしている。二〇人ほどが乗車できるバスを自分で運転して、アーミッシュの農場などを訪ねる。こうした仕事は、彼女が培ってきたアーミッシュたちとの関係があるからできることだが、活動自体が、彼女と周囲のアーミッシュや一般の人びととのあいだに新しい関係を築くことを助け、彼女に充実感をもたらしているという。

1－2　観光資源としてのキルトと暮らしの場の拡大

二〇世紀後期より注目されたアーミッシュキルトは、博物館・美術館などに展示される作品となった。観光資源にもなっており、さまざまな人びとが多様なかたちでキルト制作に携わっている。布やキルト制作用具を販売する手芸用品店も、多くの女性達が集まる賑やかな場所となり、キルトは新しい仕事と雇用を生み出してきた。

自宅の地下や農場の片隅に設けられた店で販売される手芸品は、既婚・未婚を問わず家事と両立でき、女性たちの活動の場を広げている。販売などで表に出ることはなくても、家でキルトを作ることはアーミッシュの女性たちが定期的な収入を得る道となっている。

アーミッシュが作った現代のキルトや家庭用品は、一般大衆のアーミッシュのイメージに応えるという側面もみられ、米国の人びとの生活の変化と生活用品としての使いやすさを考慮して設計されている。

◆ダブルナインパッチのキルト

写真7－1は、ペンシルヴェニア州の特徴である幅広のボーダーに豊かなキルティングが施された、エンジと紺という色合いが特徴的なダブルナインパッチ（Double Nine-Patch）パターンの綿のベッドカバーであ

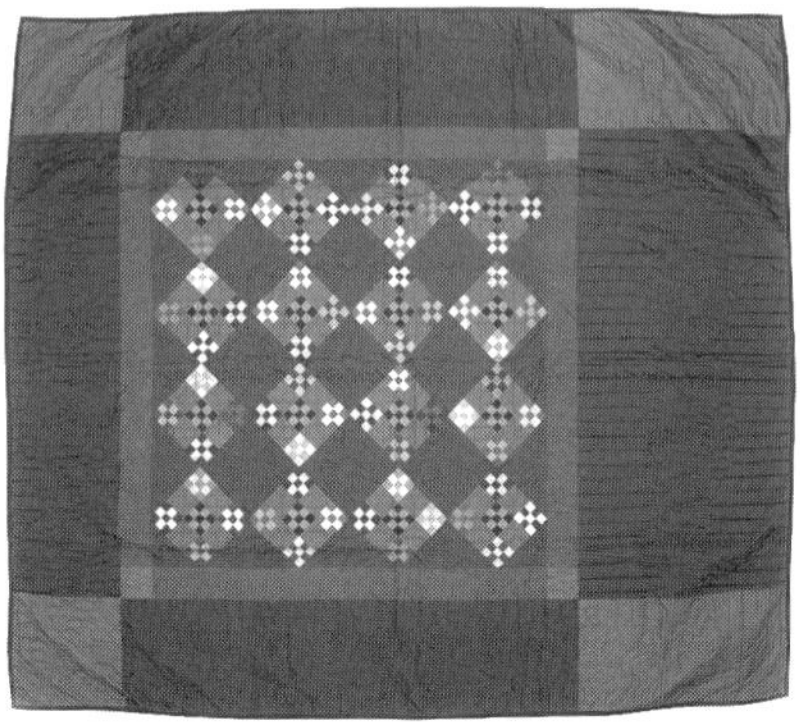

上：写真7-1　右：ペンシルヴェニア州ランカスター郡東部で、2007年に、アーミッシュのエマ・ストルツフス（2011年に50代）によって制作されたダブルナインパッチのベッドカバー。現代のベッドに適合する大きめの長方形である（H0269519）。左：デザインエリアのダブルナインパッチブロックとフェザーなどのキルティングの詳細（筆者撮影）／下：写真7-2　ペンシルヴェニア州パラダイスで、2010年にアーミッシュ、メアリ・グリック（2011年に70歳代）によって制作されたセンターダイアモンドのウールの壁掛け（H0269518）

る。二〇〇七年にランカスター郡東部でエマ・ストルツフス（Emma Stoltzfus 五〇歳代（二〇一一年現在））によって作られたものである。かつてランカスターのキルトは正方形のものが多かったが、最近の大きめサイズのベッドに適合するように、このキルトは長方形である。

センターダイアモンドのキルト

写真７－２は、伝統的なセンターダイアモンドのデザインで、細かなキルティングが施されているウールのキルトである。ペンシルヴェニア州ランカスター郡パラダイスの七〇歳代（二〇一一年現在）のメアリ・グリック（Mary Glick）が二〇一〇年に作ったもので、キルトの裏には、熟練者とみられるメアリの名前も記されている。アーミッシュの女性と一般社会との新しい交流のしかたともいえよう。

これらのキルトは、アーミッシュの農家の

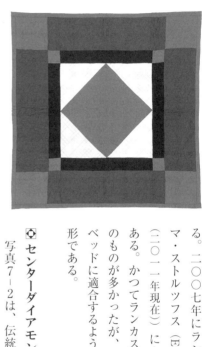

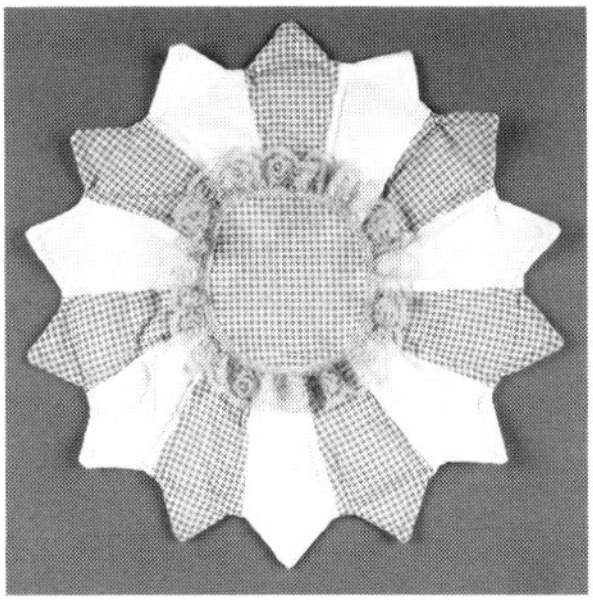

右：写真7-3　地下でキルトを販売しているアーミッシュの家（ペンシルヴェニア州レオラ　2011年9月24日撮影）／左：写真7-4　オールドオーダーリヴァーブレズレンのステファン・スコット氏が2009年に日本を訪れた時のおみやげ（ポット用敷物）（H0269504）

地下室で、アーミッシュの女性たちが作ったキルトとして販売されていたものである。店の看板は出ていないが、観光客もよく訪れ、地下の店として知られている（写真7－3）。観光客を含め広く一般に販売されているキルトには、無地ではなく華やかな柄の布や、新しいデザインパターンが使われることもある。[10]

再洗礼派の人びとが日本の私のもとを訪れる時にはいつも、手芸品を持ってきてくれる。オールドオーダーアーミッシュと親交のあるオールドオーダーリヴァーブレズレンのステファン・スコットは、アーミッシュの人形（第4章参照）とキルトの鍋敷きを携えてきた。キルトの鍋敷きは、紫色と白のギンガムチェックの布が使われている（写真7－4）。販売用キルトを作るアーミッシュは、無地のものとは限らず買い手が好むようなものも工夫して作っているのである。スコットのお土産をはさんで、私たちは、アーミッシュの文化や近年の生活の変化と手芸に関する話題を楽しんだ。

インディアナ州のスターキルトとボウタイキルト

ペンシルヴェニア州と同様に、近年はインディアナ州ラグレンジ郡のアーミッシュも、キルトを観光用に制作している。写真7－5と7－6は、インディアナ州から日本を訪問したメノナイトの夫婦ジョーとジョアンが、インディアナ州らしいお土産として持ってきてくれたものである。この地域の特徴的な色合いをもちい、スターやボウタイのデザインが使用されている。写真7－5のキルトには、裏布の角にある白布に、"Made by: Dena Mullet Shipshewana. In 2009"（二〇〇

写真7-5　インディアナ州シップシェワナで2009年にディーナによって制作されたスターモチーフのアーミッシュキルト（マット）。裏角に制作地・制作年・制作者が記載（H0279318）

写真7-6　インディアナ州で2010年代制作のアーミッシュボウタイキルト（マット）（H0279317）

九年にシップシェワナでディーナ・マレによって制作された）と書き込みがなされている。

一般向けに制作されるキルトのなかにも、メノナイトなどアーミッシュ以外の人びとが架け橋となって作られ続け、私たちが出会うことができるものもある。アーミッシュが集住するインディアナ州北部で生まれ育ったメノナイトのレベッカ・ハーラーは、ずっとこの地域に住み続け、アーミッシュの人びとと親交を深めてきた。

◇赤い古布を使ったナインパッチキルト

一九世紀から厳格派のオールドオーダーアーミッシュが居住してきたことで知られる、インディアナ州ラグレンジ郡で暮らすオールドオーダーアーミッシュのクララ八一歳（二〇一一年現在）は、レベッカと交流しつつキルト作りを続けている。娘時代に保存した一九〇〇年から一九二〇年頃の服（ドレスとエプロン）

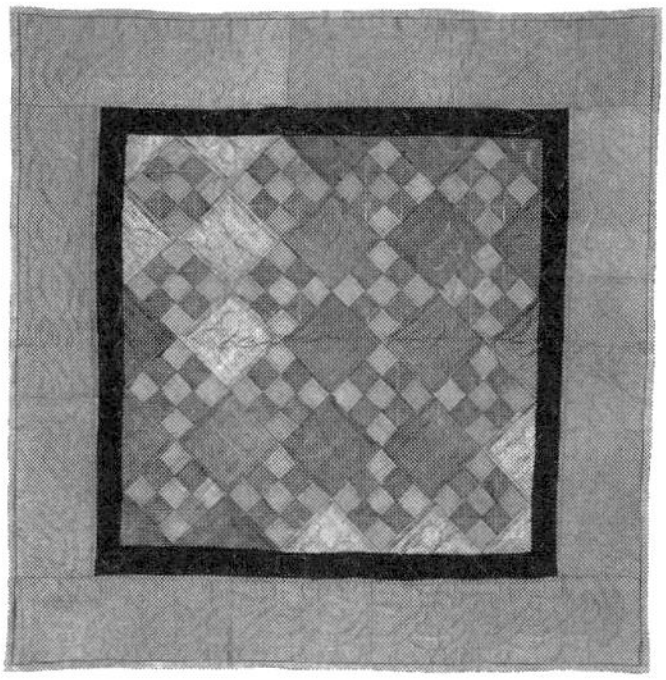

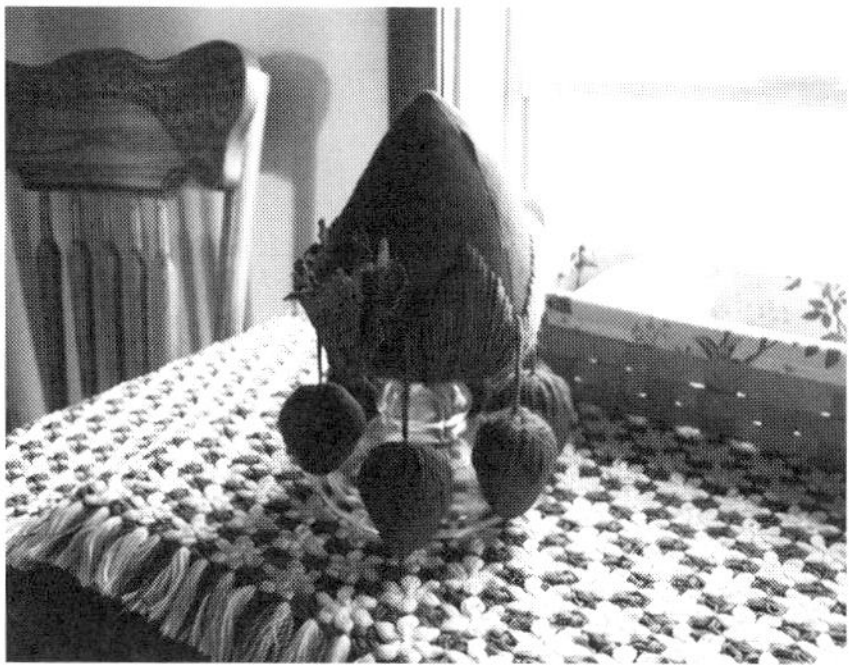

右：写真7-7　2011年に、インディアナ州ラグレンジ郡のオールドオーダーアーミッシュのクララ（当時81歳）が保存してきた、1900～1920年頃のドレスとエプロンの古布から制作したアーミッシュナインパッチキルト（H0269523）／左：写真7-8　アーミッシュのクララが家で使用しているイチゴをモチーフとしたピンクッション（針刺し）（インディアナ州ラグレンジ郡　2011年10月7日撮影）

のウールの古布を表地に利用し、綿の裏地をつけて作るクララのキルトは、二〇世紀初頭にこの地域のアーミッシュが使っていた服の色合いを再現している。二〇一一年に作られた、写真7－7のナインパッチキルトも、深い赤とチャコールブラウンの温かみの感じられる落ち着いた色あいのキルトである。

　赤い色の布に関しては、インディアナ州エルクハート郡やラグレンジ郡のコミュニティでは、女性たちが服には許されていない鮮やかな赤色の布も、キルト作りのために購入してきたことが知られている。これらの大きく安定して豊かなコミュニティでは、キルトに使う布に関するルールはあったとしてもそれほど明確ではなく、女性たちはさまざまなパターンと色の布を選択してきた[11]。

　クララは夫と一緒に、グロースドーディハウスに住んでいる。家は、子どもや孫が使用する母屋につながっている。厳格なアーミッシュ教会のメンバーである夫婦は私に鮮やかな緑と白色のマットとイチゴのモチーフのピンクッション（写真7－8）を撮ることを許してくれたが、自分たち自身の写真の撮影を許してはくれなかった。

　クララの夫エズラ（制作時八〇代、一四人兄弟の末子）は、しばしば地下室の中古織機で、アーミッシュの男性がつくってきたというラグ（敷物）を織っている（写真7－9）[12]。かれが使う糸は、クララが用意した彼女が保存してきた家族の古いショールをほぐした黒糸などである。エズラの曾祖

写真 7-9　インディアナ州ラグレンジ郡のアーミッシュの男性エズラが、古いショールをほぐした黒糸などを用いて編んだラグ（敷物）（制作時80歳代）（H0269529）

母の母（一八一九年生まれ）はインディアナ州の最初の入植者の一人である。

また、夫婦は、果樹園で穫れるクランベリーなどの果物のジュースなどをいつも手作りしている。クララのキルトは、かれらの日常生活から生まれるものなのである。アーミッシュたちは、それぞれの暮らし方に関する方針と適合する形で、キルト作りで生活の場と楽しみを広げているようにみえる。レベッカと私は、簡素であっても温かみのあるクララの居間と小物、実用的な植物が植えられている庭、そしてジュースなどを味わい、このところの状況について聴くことをも楽しみにクララのもとを訪れる。

レベッカは、制作者やキルトを保存してきたアーミッシュたちがキルトを譲ったり売ったりするために彼女のもとにやってきた場合、そのキルトの背景となるストーリーも聴き取ってきた。そのような状況を、彼女は「キルトが自分のもとに来ることを待っている」と表現している。

レベッカの収集方法は、ペンシルヴェニア州のキルトを中心に集めたファッションブランドのエスプリ（ESPRIT）の創業者たちや、中西部のキルトが失われてしまうことを恐れて、インディアナ州のアーミッシュが集住する地域に移り住みキルトを求めて各家を訪ね「ドアノッカー」とも呼ばれたデヴィッド・ポッティンジャーなどとは異なり、もう一つの収集と販売をとおした一般社会との架け橋のあり方といえよう（はしがき参照）。

「アーミッシュキルト」は、オールドオーダーアーミッシュが生活のなかで継承し使用してきたもののみならず、アーミッシュキルトの特徴的な色やモチーフを生かしたアーミッシュ以外の人びとによる新たな作品が創られることにもつながっている。たとえば、インディアナ州ゴーシェンでは、アーミッシュキルトのモチーフを生かした融合的なキルトは、築一〇〇年ほどのレンガ造りの建物を生かした複合施設、「オールドバッグファクトリー（Old Bag Factory）」で展示販売されており郊外地域を新たな観光資源として開発する町の振興の一環となっている。また、ペンシルヴェニア州では、観光資源としての商品となるアーミッシュキルト制作にはタイ北部からアメリカに移民したモンの人びとが得意の手芸技術を生かして従事していること、などの変化もみられる。制作されるキルトや制作者の特徴や変化に、アーミッシュをはじめとしてキルトにかかわる人びとがどのような考えや関心を抱いているのか、ということが表れている。

2　手作りの楽しみからケアのためにつくる鶏の缶詰

2-1　困難を抱えた人びとへの支援の伝統

再洗礼派の人びとは福音主義にもとづき災害や不幸に見舞われた人びとを援助してきた。それらは、救済基金、被災者の救援、孤児の養育、難民への援助などである。オールドオーダーアーミッシュを含む再洗礼派の人びとはいくつかの機関によって組織される復興作業に参加し、洪水やハリケーンなどの自然災害に見舞われた人びとを支援する(13)。

キルトなどの手作り品は、災害地などでの実用的なコンフォーター（掛け布団）や、支援のための資金を調達する募金を目的としたファンドレイジング用品物として、ボランティアによって作られる。近年、異なるグループの人びととの協働によって、さまざまな支援活動が継続的に行われている。

さらに再洗礼派がかかわる活動として、他の教会と協働し行われてきた活動もある。たとえば、メキシコからの移民が増加しているインディアナ州ゴーシェンでは、さまざまな教会が協働して、勉強の場が十分に確保されていない子どもたちに、日曜日に夕食を食べ勉強し宿泊できるように教会の建物を開放し、教会関連者が順番で家族ぐるみで泊まり込み、世話をしている。これは、信教やエスニシティにかかわらない、異なる文化的背景を有する人びととのあいだの対面の交流の機会となっている。また、子どもたちも含め、皆が住む町の環境を考える機会の一つとしても捉えられている。[14]

2-2　手作りの習慣

再洗礼派の人びとの間では、手作り品は、近しい人以外にも贈り届けることで、さまざまな交流を広げている。

ペンシルヴェニア州のオールドオーダーアーミッシュのゾルの義父は高齢だが、物資不足に悩む地域の子どもたちのために、文房具ケース用の袋を手作りしている。馬を移動や農業に使用するアーミッシュは、耐久性のある布を馬の雨除けに用いているが、この布の切れ端を利用しているのである。文房具だけではなく、ファーストエイドや、歯磨き、子ども用の品などを入れるなど、さまざまな用途にこの袋は使われている（第5章3-1参照）。

アーミッシュのあいだで夕食後の夜なべは、家族が集まる居間で行う静かな夕方の一時となっている。このように、相互扶助の精神のもとに行われるモノ作りは、人びとの習慣のようになっており、人びとが集まる機会や楽しみの時間を与えている。

こうした品々を集積し送り出す作業は、メノナイトセントラルコミッティー（ＭＭＣ）やアーミッシュメノナイトの支援組織クリスチャンエイドミニストリーズ（ＣＡＭ）などが担当している。オールドオーダーアーミッシュは、こうした機関でボランティアをしたり、モノを寄付したりしている。かつて生活実践に関する考え方の違いから分れてきたアーミッシュとメノナイトの人びととは、現在は、こうして協働することが当たり前となっている。

2-3　鶏の缶詰

オールドオーダーの人びとに限らず再洗礼派の人びとが熱心に参加する活動として、各地で作られる鶏の「カニング（canning）」（缶詰作り）が知られている。農閑期に缶詰を作る機材を積み込んだメノナイトのモバイルミートカンナー（mobile meat canner）が米国各地のアーミッシュたちのもとを回り、支援用缶詰が作られている。これらの缶詰は、災害地や貧困地への支援品として送り出される（写真7-10）。毎年秋口になると、人びとは年間スケジュールに従って移動するこのトラックを待ち構えて出迎え、賑やかに材料や労働力を提供するボランティアに勤しむ。

写真7-10　上：ボランティアが缶詰製作する場所を備えた、全米を回るメノナイトセントラルコミッティー（MCC）のモバイルミートカンナー（MCC マテリアルリソースセンター、ペンシルヴェニア州ソーダートン　2011年9月27日撮影）。下：モバイルミートカンナーの内部

ＭＣＣが組織する災害地や貧困地への支援品としては、他に、ファーストエイド・キット、文房具セット、リサイクル品を利用したＴシャツやバッグなどがある。

3　現代に続くキルティングビー——手芸を楽しみ人を想う

手芸など手作りすることは、現在も、さまざまなかたちで再洗礼派の人びとの生活のなかにある。

3－1　支援活動とかかわるキルト

ペンシルヴェニア州アクロンにある北米最大規模のＭＣＣには、珍しいパッチワークキルトがある。世界各地から研修や共同作業のためにやってきている人びとが、ともに作成した融合的なキルトがいくつもの施設を結ぶ広場に展示されている。それは、さまざまな地域の人びとの合作であり、アーミッシュやメノナイトの特徴的なパターンや色とは異なる文化融合を表現するキルトとして提示されている（写真7－11）。

支援という目的のために手作りされるキルトは、募金のために高値で販売できるよう、アイデンティティとかかわる特徴にこだわるのではなく、飾り物として使用する一般の人びとのニーズに配慮し、「アーミッシュらしさ」のみならずプリント布を使用するなど、調整的な実践がなされている。

写真7-11　世界各地から集まったMCC（メノナイトセントラルコミッティー）のメンバーによって作られた融合的なデザインのキルト（ペンシルヴェニア州アクロン　2007年6月18日撮影）

ペンシルヴェニア州のアクロンには、全米でも規模の大きいメノナイトリソースセンター（ＭＲＣ（支援用物質の製作や貯蔵場所））やＣＡＭが設置されており、スタッフが寄せられたキルトのコンフォーターなどを送り出している。さまざまなグループが、自分たちの信条と生活実践に照らして適切だと考えられる方法で活動し、協働しているのである[15]。

ボランティア活動において、「キルティングビー」は持続的な伝統となっている。オールドオーダーアーミッシュの女性たちは、毎週特定の曜日に集会場に集まって募金活動のためにキルトを作っている（序章2参照）。毎年夏の終わり頃から盛んに週末に催される「リリーフセール」の会場には、アーミッシュも一般の人びとも集まって、美しい作品が競り落とされるのを見守る。

キルティングビーはオールドオーダーアーミッシュだけでなく、他の再洗礼派も行う共同活動である。インディアナ州ゴーシェンでは、メノナイトが創立したゴーシェン大学、教会、継続ケア付きリタイアメントコミュニティ、そして病院が隣接しており、人びとは、歩いて近隣の施設に出かけさまざまな行事に参加することができる。教会は、季節ごとのイベント、食事会、情報交換やボランティア活動の場ともなっている。

教会の多目的室で、ボランティア活動として毎週水曜日の晩に定期的に続けられているのは、キルト作りである。募金用のきれいなキルトや、防寒用のコンフォーターも作られている。こうした活動では、デザインや色は伝統的である必要はない。コンフォーターの場合は、暖かいことが一番でバッティングを多く詰め込み、しっかりと糸止めされる。

夕方には仕事帰りの女性たちや大学生も、ボランティアとしてキルティングビーに参加している。やってくるとまず、部屋の壁面に並べられたメンバーが用意してくれたスープやパンで腹ごしらえした後、キルト作製に参加しており、多世代が参加する共同作業となっている（写真7－12）。

写真7-12　募金用キルトを制作する学生とメノナイトのボランティア（インディアナ州ゴーシェン2009年11月18日撮影）

ペンシルヴェニア州のMCCマテリアルリソースセンターでも、メノナイトやアーミッシュのグループが、募金用キルト作りの日を決めて集まる。ここには、世界各地からパッチワーク用の布が寄せられており、日本の人から贈られた布も利用されている。

キルト作りは、信条とかかわる支援活動の一端を担う一方で、集まる人びとに楽しみの時間をもたらし、さらには、ボランティアコーディネーターなど新たな仕事や雇用をも生み出している。コーディネーターを務めるメノナイトのコニーはさまざまな仕事を経験してきたが、今では長らく趣味で続けてきたキルト作りを仕事にすることができるようになり、ボランティアのコーディネートやキルトのデザインに勤しんでいる。キルト作りは、人びとが関心をもつことや信じることの実践が、新たな関係性や活動の場を広げることにつながっていることを明示している。

　こうしたキルティングビーの絵として、オールドオーダーメノナイトの女性エマ・シュロックによって描かれたものがよく知られている（写真7−13）。キルティングビーは、伝統を重んじ、馬車を使い現代的な装いを避けているオールドオーダーメノナイトによっても行われてきた。エマは、身体に障害があり、外に出て働くことができない。そこで、教会は、装飾用品にかかわってはならない、というきまりの例外として、エマの絵画制作を認めている。通常個人の特技を表現することや、装飾を認めないオールドオーダーの人びとだが、障害があっても働けることや生活を支えられることを重視して、エマの絵画制作は、承認されているのである。

写真7-13　上：絵画キルティングビー。オールドオーダーメノナイトは馬車を使い簡素な生活を旨としているが、身体に障害があり外で働くことが難しいインディアナ州のエマは、教会から認められてオールドオーダーのメノナイトやアーミッシュの生活を描いて生計をたてた（H0279292）。下：絵画一部の詳細（筆者撮影）

　絵画は、エマを含めオールドオーダーメノナイトの人びとの家に飾られることはなく、メノナイトのキルト研究家・収集家レベッカ・ハーラーなどをとおして売買されている。ゴーシェン大学には彼女の絵のコレクションが収められており、認知症高齢者のための住居施設のロビーなどにも飾られていた。本人や教会の人びとが飾ることはないその絵は、メノナイトの人びとの施設や会社などの壁に掛けられ、そこを通りかかる多様な人びとを楽しませ、また、絵画にかかわる説明によって、そこに込められたメッセージが広がっている。

そこに込められているものとは、絵画に表現されたキルティングビーに集まる女性たち、その周りで遊ぶ子どもたちや犬などの動物という、多世代が過ごす場が実現する暮らし方であろう。キルティングビーによって作られるキルトに、贈り物として受け取る者の幸いへの願いが縫い込まれていることも感じられる。さらに、そうした情景を絵として描くエマのありようには、働くことや自分で生活することが人間の喜びや尊厳につながると捉えられていることが表れている。教会の方針と個人の幸せなどを慎重に検討し、よりより方法を諦めることなく模索してきた教会コミュニティは、エマの生活を包む人びとによって構成されているのだ。

3−2　変わらぬ手作り品とキルトのある生活——エイジングインプレイス

キルトをめぐる「集まり」には、キルティングを一緒に行って一つの作品を仕上げることのみを目的としない場合もある。キルトを作るのが好きな人びとが集まり、自分のキルト作りを進めつつともに過ごすのである。

たとえば、キルト制作や収集にかかわってきたキルト研究者のゼニア・コードのグループは、毎月キルト制作愛好者の各家を一軒ずつめぐりながら集まり、共通のパターンを使うなどテーマを決めて、各々が別々のキルトを作る。朝九時半頃に集まり、近況を語り合った後、午前中それぞれのキルトを作り、昼食は当日の主催者が作った食事を楽しみ、午後二時半頃までキルト作りを続けて解散する。その後完成までのキルティングは、それぞれが自宅に場所をもうけてやはり一人で行う。でき上がったキルトは、機会を設けて展示をするなど、発展的に使用する。キルトをめぐる集まりは、参加者たちがそれぞれの意味を見いだす、人生における交流の場となっているのである[16]。

集まりではなく、一人で作る場合にも、それを使う人を思いキルトや手芸品を介して交流がなされる。そうしたキルトをはじめとする手芸品が結節点となり共有の時間が広がっている。

ゼニアたちは、アメリカンキルトスタディグループを運営し、毎年、キルトに関する研究報告をはじめ展示・販売も行う包括的なミーティングを開催している。研究報告を聴きながらでも、キルト作りを少しずつ進める参加者もいる。二〇一九年秋にネブラスカ州リンカーンで開催された研究集会で、本書のもとになった企画展について紹介しつつ、キルト作りと居場所に関し「キルトを作ったり、キルトについて考えたりすることは、人びとに幸福や心の安らぎを持てる居場所を与える印象がある」と言及すると、以下のような感想を紙に書いて渡してくれた参加者たちがいた：「キルトを作るとき、私たちはキルトに身を置きます。私がキルトを作りあげると、それを抱きしめて愛で満たします。(In making a quilt we put ourselves into the quilt. When I finish a quiltI hug it and fill it with love. Carol Grossman)」「キルティングは、単にモノを作るだけではありません――それは感情的な表現と投資であり、普遍的な経験です。(Quilting is more than making a physical object - it is an emotional expression and investment, it is universal experience. Dawn Pawlak Bay City, MI)」。これらは、キルト作りが、個々人が他者のみならず、自分自身と対話する豊かな交流の時間と素材を与えていることを示唆している。

写真7-14　アメリカでよく用いられるというデザインの鍋敷き。ペンシルヴェニア州のメノナイト、マリーからの贈り物（2010年）（H0269503）

来訪者を迎えるキルトと手作り品

現在も私は、再洗礼派の人びとと会うときには、しばしば、キルトをはじめとする手作り品に迎えられる。写真7－14は、高齢者対象住居を訪ねたときに待っていてくれた、メノナイトのマリーが作ってくれた鍋敷きである。昔から米国で親しまれてきたデザインであるという。この高齢者住居では、キルトや手芸をするための部屋がもうけられており、人びとはそれぞれのペースで手作りの活動を続けている。この施設は、ランカスター郊外の、アーミッシュが集住する地域のただなかにあり、メノナイトの人びとにとっては、慣れ親しんだ文化の中で暮らすという雰囲気がある（序章2－2も参照）。

同じミーティングで、ベティは卵に絵を描いたものを贈ってくれた。これは、「イースターエッグ」と呼ばれ、しばしば春に作られ、かわいらしい置物として使われている。

◆再会のキルト

写真7－15は、再び二〇一九年に、今度は、異なるテーマ「エイジングフレンドリー・コミュニティ」について、高齢者住居施設にインタビューに訪れたとき、マリー・カットマンがつくっておいてくれたものである。アーミッシュの女の子をデザインしたもので、そのエプロンにはえんぴつとメモ帳が入っている。初対面の時とは異なり、私がとくに必要なものをデザインした、ということだったが、今回の贈り物も楽しい雰囲気の実用品であった。

一方、スー・シャークは、キルトの裏にオレンジピールなどハーブの袋が入るポケットがある鍋敷きを贈ってくれた。添えられカードには、「私はスパイスマットです。私の上に鍋を置いて、キッチンから香りを漂わせてください」、と説明が書かれていた（写真7－16）。シャークは、かつてこの高齢者住居で看護師長を務めていたが、いまは退職してこの住居の住人となっている。気持ちのよい香りで、仕事をしていてもほっとできるような、忙しかった彼女自身が使ってよかった、という経験にもとづく生活に潤いを与える贈り物である。彼女は現在は住人として、この施設の住み心地のさらなる向上を目指して住人やスタッフと交流を続けている。

人びとは皆、年月を経て再会できることを楽しみに、知人に何が必要かどんなものが喜びを与えるのかを見極めてくれている。遠く離れていても、他者の生活を思い無事を願いつつ作られるものを介して、コミュニケーションが続けられていくのである。このようなときには、メノナイトやアーミッシュという違いに拘らず、再洗礼派全体として、つきあいのありかたのイメージにもとづいてモノが作られ、もたらされるのである。それは、特定の宗教や信条のみにとらわれず、再洗礼派の実践の一つであるインテグリティ（誠実であること）によって、人間と環境のインテグリティ（全体性）に触れる機会を、交流の楽しみのなかに見いだし続けている人びとのありかたを照らし出しているように感じられる。

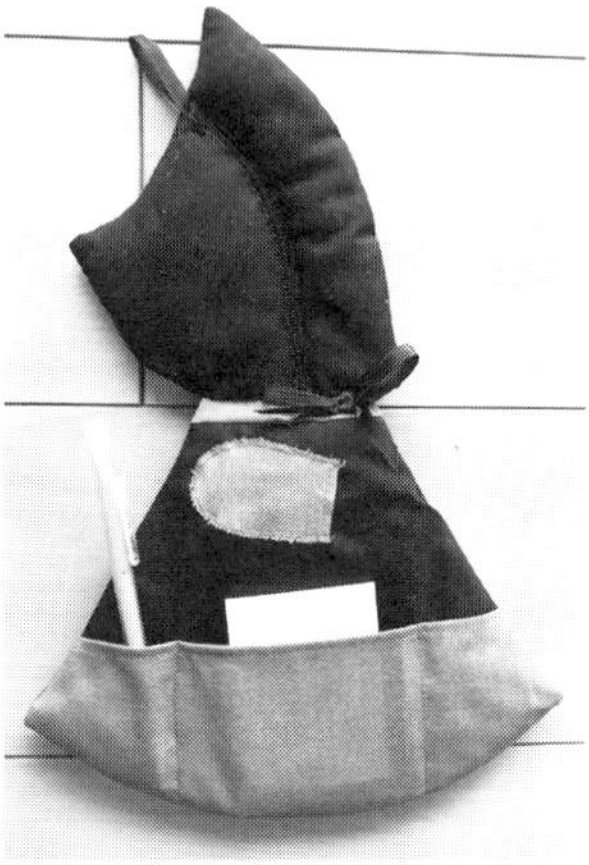

写真7-15　ペンシルヴェニア州のメノナイト、マリーが贈り物用につくった、マグネット付きアーミッシュサンボネットガール（筆者所有・撮影）

写真7-16　ペンシルヴェニア州のメノナイト、スーが贈り物としてつくった、豊かな香りを放つハーブ袋が入るポケット付きログキャビンの鍋敷き（筆者所有・撮影）

4　異なる者とつながる——ホスピタリティ

近しい仲間に対するケアのメッセージとも捉えられる、制裁のかたちをとったシャニングが実践され続けている一方で、多様な世界のさまざまな状況にある人びとを迎え入れるホスピタリティ（歓待）の考え方があることに気づかせてくれたのは、アーミッシュメノナイトのジョウル・イワシゲとヒルダ・イワシゲである。かれらは、第3章3節で紹介したカンザス州のビーチーアーミッシュ教会のリーダーであったデヴィッドの孫夫婦にあたる。

前述のように、ジョウルはホームスクールで学んだ後、大学を出てハッチンソンでコンピュータのプログラム開発に携わっている（第6章4-2も参照）。その妻ヒルダは、教会学校の教師をしている。ジョウルの弟は近くで、大型トラクターなどを使ってヒルダの兄弟と協力して農業に従事している。

ヒルダの家族は、長らく中南米で学校を運営し、プエルトリコから養子たちを迎えている。現在（二〇〇九年）父親は、鳥のケージを作る仕事をしている。家族の食卓には、しばしば中南米の料理が並ぶ。服装や職業などに関しさまざまな選択をしているが、かれらは家族やコミュニティとのかかわりや時間の使い方を検討しつつ生きるライフスタイルを大切にしている。デヴィッドの誕生日には、家族皆が料理を持って集まり楽しむポットラックパーティが行われ、日本でアーミッシュがどのように紹介されているのか、かつてこの地域で行われた取材をもとに制作された番組のビデオをともに見つめていた。

再洗礼派の人びとと会うと、「ホスピタリティ」は重要な言葉なのだとしばしば感じさせられる。何かの縁で知り合った人びととともにいる機会を大切にすることは、迫害のなかで助け合ってきたことや、信念を同じくする人びとのあいだで宿や美味しいものを提供しようとしてきた伝統と関係があるといわれる。こうした習慣のおかげで、人びとは旅や未知の世界へ出発するときも、安心して温かい環境のなかで交流し、互いに学びあうことができるのである。実際、オールドオーダーアーミッシュの農場で育って、大学で学びメノナイトの牧師となることを選択したリー・カナギーは、若い頃の移動では、常に知人や知人から紹介された人びとのもとで世話になり、多くの知己と貴重な情報を得たと報告している（第5章4－2も参照）。[17]

ホスピタリティについて説明してくれた人の一人、カンザス州のジョウルとヒルダの夫婦に面会の予定があったとき、宿泊するように強く勧められたが、都合があり叶わなかった。だが、それなら朝食をともにしよう、と後日誘ってくれ、朝の光のなかでの訪問が実現したのである（写真7－17）。質素な家の使いやすそうなキッチンでヒルダが用意してくれた朝食は、香り豊かなコーヒー、一皿にきれいに盛り付けられたデビルドエッグ（ゆで卵の黄身をマヨネーズなどで味付けし

写真7-17　朝食を用意するヒルダ。彼女は、アーミッシュメノナイトの中でも、伝統的な服装をしている（カンザス州ハッチンソン　2009年10月26日撮影）

白身に詰めたもの）、蜂蜜をかけたパンとブドウ、そして、ロウソクの灯りがともされていた。

ともに食事をする機会は、どのグループであっても、礼拝の後や納屋を建てるバーンレイジング、支援品のキルトを創る共同作業、水曜日の夕方にしばしば行われる集会の時など、ふんだんに用意されている。それは、訪問者である私にも与えられる機会である。米国に滞在していると、知人たちは宿泊所や食べ物のことを気にかけ、なにかと会食の機会を作ってくれる。

再洗礼派の人たちが「ミール（meal）」（食事）という言葉を口にすると、人びとが大切にしている季節感豊かな日常のおいしい料理の周りに集まる時間を楽しみにしていること、その時間をもつ生活を慈しんでい

ることが感じられる。庭で紙の皿を使った簡素な食事だとしても、招きと訪問は、生活になくてはならない楽しみと情報交換の機会である。私が参加する食事会は、日常生活やライフスタイルまでさまざまな問いかけや考え方が交換される、異文化交流の時間である。

5　立ち寄り語りあう

オールドオーダーアーミッシュに限らず、再洗礼派の人びとのあいだでは、顔を合わせて言葉を交わすコミュニケーションが大切にされている。

現代アメリカ社会では、仕事でも私的な会合であっても、事前にアポイントメントを取り内容を明確にして面会することが当たり前となっている。だが、再洗礼派の人びとのコミュニケーションに触れると、たとえ予定にはなかった面会であっても実現し、一期一会としてその機会を慈しみ、より多くの人とその時間を共有しようとする姿勢が顕著に感じられる。

5-1　立ち寄ること

たとえ約束がなくても「立ち寄ること」は、オールドオーダーアーミッシュの人びとに限らず、広く再洗礼派の人たちが当然だと思っているようである。ランカスター郡のメノナイト、ローズの家の前の道路を車で通り過ぎた時に、私がローズの家に立ち寄らなかったことで、後にそのことが残念だとローズから指摘されたことがある。ローズの家はペンシルヴェニア州ランカスター郡のオールドオーダーアーミッシュの人びとが集住する地域にある。観光地化も進んでいる地域で大規模なショッピングセンターの裏手なのだが、主要幹線から中にはいると馬車が行き交う穏やかな風景だ。ローズの家の居間や子ども部屋からは、いつも一本道を行く馬車や車が見える。メノナイトのローズは電話もメールも使っているので、私は約束したうえで訪ねるほうが良いだろうと思っていたのだが、挨拶ならいつでもできるだろう、というのがローズの言い分だった。

企業の経営者として飛行機を使って世界中を飛び回っているメノナイトのハーマン・ボントラーガーも、やはり同様の考えを持っている（第6章5節も参照）。いつも忙しく各地を飛び回っているハーマンに、近くに行く度に連絡するのは少し気が引けると伝えると、昼食は毎日食べるのだし、その時にまずは会えればうれしいというのである。というわけで、ペンシルヴェニア州を訪ねる度に、ランカスター郡ニューホランドにあるハーマンの会社の向かいの家庭料理レストランで食事をしながら、私たちは互いに近況を伝えあうのである。

5-2 「赦し」から広がる語り合い

作業や仕事、家事の合間でも、私が立ち寄れば、人びとは手を休めて、立ち話をする。質問には真剣に応えようとする。印象深かった経験は、次々と立ち寄るところが増えていったある日のことである。私は、アーミッシュメノナイトのエイダに、「赦し（forgiveness）」について尋ねていた。ペンシルヴェニア州を訪ねる度にエイダとミーティングや食事をともにしてきたのだが、二〇〇七年には、前年秋におこった事件のことを巡り、私たちはアーミッシュをともに訪ね歩くことになったのである。(18)

ペンシルヴェニア州のアーミッシュは、二〇〇六年一〇月に起きたワンルームスクール（ニッケルマインズ）での銃撃事件によって、新たな観点から、国内外の多くの人びとに注目されることになった。無抵抗の少女たちが犠牲となったことはもちろんだが、アーミッシュが直ちに近隣の住人であった銃撃犯を「赦すこと」を表明し、大きな反響を呼んだ。聖書の教えに従うアーミッシュは、悪者の裁きは神に委ね自らは仕返しなどを考えないとされているが、一方的に傷つけられたのに、「赦す」とすぐに言い切れることへの驚きが、米国内はもとより世界各地から表明された。

実際、ペンシルヴェニア州では、アーミッシュに関する国際会議「アメリカのアーミッシュ」(ヤング再洗礼派敬虔派研究センター　二〇〇七年六月)でもこのことについて議論がなされ、学術書においても、アーミッシュの考え方を探る試みがなされた。そこでは、まず「あなたたちは、どうして神はこのようなことを起こさせるのか、と問うたことはないのか?」という質問に「おそらく一〇〇万回は問うた」と答えたアーミッシュの言葉が伝えられる一方で、赦しに関するさまざまなアーミッシュの言葉が検討された。そして、「恨みを抱えないこと(not holding a grudge)」、ゲラーセンハイト(永遠の結果に対する確信を神の摂理に委ねる姿勢)の印象的な適用として、永遠の救いには赦すことが不可欠である、などといった考え方が提示された。また、あるアーミッシュの女性は、ゲラーセンハイトを、「神が何を送ってこようとも、それに身を委ねること。それらは、愛する者の早すぎる死や、長患い、それから天候(干ばつ、洪水、猛暑や酷寒)、不作や売れ行きの不調、家畜の病気、あられ、火事などである」だと説明したという。[19] だが、人びとは実際どのように感じているのかを、私は少しでも知りたかったのである。

アーミッシュにはコミュニティの資源を活用し、遺族の悲しみのプロセスを支援する(aid the grieving process)喪の儀礼がある。たとえば、ランカスター郡の集落では、訪問、服装のきまり、追悼の詩や共通の経験を伝える「サークルレター」などが知られている。故人との関係によって異なる期間、女性は黒の服を着用する。これは、人びとが死を忘れずにいて、遺族に適切なケアを行えるようにするものと説明されている。故人の生への感謝と死への悲しみを表現するために、一般に故人の成人した子どもたちによって書かれる追悼の詩は、さまざまなかたちで人びとに共有される。死後、最初の二~三週間は毎晩、その後一年間は日曜日の午後に訪問者があるのが一般的である。二〇人から三〇人ほどが遺族の居間で円陣となって座っていることもあるという。[20]

エイダと隣に暮らしているメノナイトの姪のローズは、この地域では、アーミッシュのみならず、再洗礼派のあいだでそうしたことはあたり前で、実際自分もこれまでこの地域のアーミッシュの人びとと面識がなかったが、しばらく前に、犠牲となったニッケルマインズの子どもたちの家にお悔やみを言いに訪ねたと述べて、私たちもそのようにする方がよいと熱心に勧めた。

車を走らせていたエイダは、犠牲になった子どもたちの家族の隣の家にメノナイトの高校教師の家族が住んでいることを思い出し、立ち寄ることにした。夫は外出中だったが、妻が対応してくれた。この家には車が停められているが、頭をスカーフで包んだ妻の服装は簡素なもので、保守的なメノナイトの家族であることと推測された。この女性に、突然エイダが今回の赦しに関する質問をすると、家事の最中であったにもかかわらず彼女は玄関口に出てきて、考えながら意見を述べてくれた。「聖書に書いてあることを守るという意味ばかりではなく、赦すと考える、思い定める、赦すことにすることは、日常生活としての今日を生きて、辛くてもまた明日を生きていく人びとにとって実際必要なことではないか」、というのが彼女の考えだった。とはいえ、彼女にとって最も難しいのは、実際に起きたこの事件に関連して、子どもたちに赦しについて説明することだという。

話し終わるとこの女性は、すぐ隣なのだから、子どもたちが犠牲になった家を訪ねた方がよい、と勧めた。そこで、私たちは思い切ってその隣の家を訪ねることにした。そこは、小道を通り奥まったところにあるアーミッシュの農場である。すぐ近くに、新しいワンルームスクールがひっそりと建てられていた。銃撃の舞台となったスクールよりも一般道からはずっと奥まっており、少しでも安全な場所をと考えた親たちの心情が感じられる。

娘の一人を失った母親は、家の前に置かれた白いプラスチックの椅子に腰掛けた私らに、「子どもは八人いたが今は七人」と述べ、頭に大けがをした娘、そして事件のショックを受けているという娘たちの治療経過を細かに語った。農作業の合間にもかかわらず、母親は家の前におかれたテーブルに初対面の私らを招き、娘たちの様子を語った。指には土がついており、悲劇の後でも変わらず畑の世話をしていることがわかった。私たちも初めての訪問で、約束もなく訪れたにもかかわらず、迷惑がっている様子を見せず、小一時間ほど太陽のもとで娘たちの話を続けた。傷はなくてもショックを受けて外には出られなくなったという娘の一人は、外に通じるドアの向こうで母親の話を静かに聞いていた。しばらくすると、娘たちの祖父が戻ってきて、私たちに笑顔で挨拶した。

深い悲しみのなかで、それまでは知らぬ者同士でも状況を伝え心配を表現すること、慰めも言えぬままそれをただ聞き取ることが当たり前だと認められていること、が感じられた。こうしたミーティングとコミュニケーションのありかたは、私にとってはまったく新しい体験であった。

アーミッシュを突如襲った悲劇と「赦し」の表明に対し、一般社会から手紙を含め多くの反応が寄せられたことは、オールドオーダーアーミッシュと他の再洗礼派グループ、そして一般社会との交流を活発にしてきた。より一般社会に同化したメノナイトの人びとは、アーミッシュの気持ちを代弁し、非暴力や赦しに関する考え方を一般社会に伝える仲介者の役割を果たした。前述のハーマンは、アーミッシュの考え方を外部に伝えるスポークスマンを務め、その後も、世界各地から寄せられる手紙や見舞の品を被害者たちに届ける架け橋の役割を果たしてきた。[21] 銃撃事件後のこの地では、今もなお、教派やグループの違いを越えて人びとが語りあい続けている。アーミッシュの子どもたちの銃撃事件以来、アーミッシュと一般社会も、「赦し」をきっかけとして、直接の対話を続けてきた。

ヤング再洗礼派敬虔派研究センターの二〇一三年六月の国際会議「アメリカにおけるアーミッシュ—サイ

バー世界を生きるプレーン（簡素）なテクノロジー」では、シンポジウムにおいて、加害者の母親が事件にかかわる経験や事件後の暮らしを報告する機会が設けられ、オールドオーダーアーミッシュも多く参加した。この母親は被害者の家に通うようになり、大けがをした娘に本を読み聞かせる活動を続けてきた。母親は事件にかかわる自分自身の苦悩とともに、病気の経験など自分の日常生活を淡々と語った。何かの解決のためあるいは何かを解明するためではなく、関係した者が自分たちの生活を語る、不思議な時間が流れていった。

かれらの間では、生き方にかかわることがらについて語り合う対話によって、ともに考える姿勢を持つ者のつながりを創り、皆が生きる道を考えることは、日常の仕事の手を休めてもすべきものと考えられている。対面のコミュニケーションのための時間を確保することは、対話に参加する者たちの人生について互いに配慮するための方法であり、このことはそこに参加していない他の誰かのことを考えるもう一つのケアに発展してゆく。対話は楽しい話題ばかりとは限らないが、なんとかしてコミュニケーションを続けることが、すべての人が暮らす場としてのコミュニティを更新し続けるために不可欠なのである。コミュニケーションによって互いに思いやるという実践は、再洗礼派の人びとに共有される一つの目標なのである。そしてそのコミュニケーションは、誰もが参加できるものとして開かれている。

終章

アーミッシュを含む再洗礼派は、専門家としての聖職者にたよらず、ふつうの人びとがともに聖書に書かれたことを解釈し、それにもとづくイエス・キリストの弟子としての生活を生涯にわたって続けることが救いにつながると信じてきた。聖書に書かれたイエス・キリストの生き方をこの世で実践することを自分で決意して選択し、教会コミュニティメンバーとなるという、信教における自律と自由の考え方は、再洗礼派が生まれた一六世紀には、新しい改革的なものであった。

第1章では、アーミッシュのなかでも厳格派として知られるオールドオーダーアーミッシュが作ってきたアーミッシュキルトを、アメリカのキルト作りのなかで位置づけつつ、アーミッシュの考え方との関係を検討した。アーミッシュは北米移住前のヨーロッパではキルトを使っていなかったと考えられているが、米国一般のキルト作りの歴史の中で、スロースターターとして、他のドイツ系移民よりさらに遅れてキルト作りを始めた。服とは異なり必ずしもきまりが明確ではないキルトにおいても、ゲラーセンハイトを具体的に表現するプレーン（簡素）や謙遜、慎み深さなどの観点から、教会コミュニティで問題なく受け入れられる様態が選択されてきた。小さな布を接ぎ合わせるパッチワークキルト作りは、米国の歴史の中でさまざまな人びとが行ってきており、アーミッシュが孤立したコミュニティではなく、アーミッシュのキルト作りも多様な人びととの交流の中にあったことは、デザインパターンなどをとおして推測できる。とはいえ、米国一般では華やかな模様の布を使ったり、アップリケなどの手法を用いたりすることもあったが、アーミッシュは、幾何学模様で自然や環境までを豊かに表現してきた。規制の中でアーミッシュがさかんに作った幾何学模様のキルトは、細やかなステッチのキルティングともあいまって、思いがけず鮮やかな色のコントラストをもつデザインで二〇世紀後期以降注目されてきた。

第2章と第3章では、ヨーロッパにおける再洗礼派アーミッシュの登場から米国におけるグループの分化までを辿った。

初期再洗礼派は、宗教改革の時代に聖書を重視する態度をプロテスタント改革者と共有しつつも、神の意志を知る方法と救いへの過程の把握に特徴をもっていた。神の意志を理解する方法や救いへの過程に関し、自由意志でキリストに従う人間の役割と責任を重視する独自の考えが、イエスとコミュニティに従う、生活全体を包むゲラーセンハイトという価値を生み出してきた。それは、真実の探求、相互扶助（この世のものの共有）、平和主義（無抵抗・非暴力）などの実践につながった。一人一人が信仰を確信するために、聖書に書かれていることを理解し、それを生活においてどのように実現するのかをともに考える仲間としての教会コミュニティが重要な意味をもつこととなった。

再洗礼派の人びとは厳しい迫害を経験したが、アーミッシュは、一七世紀末にいたって、各地で日常を送る再洗礼派の信仰の緩みを憂えて初期再洗礼派を参照しつつ、より厳しい生活実践を提唱したヤーコプ・アマンを支持し生まれた厳格派のグループである（第2章）。

一八世紀にはじまる米国移住後、かれらはさらに、社会と価値観の変化のなかで、自分たちの立ち位置を探らなければならなかった。変化を受け入れるより寛容なグループが現れた一九世紀米国で、変化に慎重なアーミッシュは、オールドオーダーアーミッシュ（現在しばしばアーミッシュとして認識されている）と呼ばれるようになり、信仰を生活実践のなかで表現していくというアイデンティティをより明確化させオールドオーダーとして暮らしていく（第3章）。

イエス・キリストの教えに従い、弟子として人間の役割を果たそうとしてきた再洗礼派の人びとだが、時代の変化のなかで、とくに二〇世紀以降、現代社会に生きる人間の役割については模索が必要となり、皆で考えて、「見える教会」として日々実践することを目指してきた。かつては聖書をともに解釈するために必要なコミュニティは、聖書に書いていないことについて考えるコミュニティとしてさらに重要性を増したと考えられる。

第4章では、生活環境が激変し新しいテクノロジーが提示される現代に生きるアーミッシュが、聖書の解釈にもとづく価値観を生活のなかでどのように持続的に表現するのか検討を続けてきた姿に注目した。

小規模な教会コミュニティのメンバーの家における礼拝をはじめとする儀礼、移動の方法の制限、服装などのきまりは、社会の変化のなかでも変わらず続けられているものである。現代では牧歌的にみえる馬車（バギー）でさえ、その導入や形態については、議論がなされてきた。いつも近くにいて経験をともにし、平等であることによって、メンバーは、ともに聖書を読み考えるコミュニティの構成員としての役割を果たすことができる。イエス・キリストの言葉にしたがい相互扶助を実践することは、平等な立場で活動することを可能としているとみられる。農業などの生業においてはそれぞれ専門的技術を磨いているメンバーたちだが、教会の活動をはじめとして、ボランティアとして行われるすべてのメンバーの活動が、生活のなかで重要視され時間をかけて行われている。

協力し時間をかけてようやく可能となる生活を守ることは、人びとが傍らに居て互いに気に留める生活スタイルを続けることにつながっている。互いを尊敬・尊重し、平等な立場で活動できるように、生活全般で助け合うことが楽しみを伴う時間の共有に広がってきた。一九世紀には訪問を儀礼として行うのではなく楽しみとすることを憂慮し諫める意見もあった。だが、楽しみを含めた時間の共有は、再洗礼派がその初期から重要視している神の意志をともに見分け、救いを願う人びとのコミュニティを世話し（テンド（tend））、大切に整えることでもあった。公私を分け時間を効率的に配分しようとするのではなく、公私すべてにかかわるコミュニティをケアするためにじっくり時間を使っているのである。

アーミッシュの人びとは、ひとたび決意したことを守らない仲間を忌避する、シャニングという厳しい実践を続けてきた。調和しともに生きる覚悟ができていることを示しともに食べるコミュニオンに参加する資格があるか、おのおのとコミュニティが点検し、それに適合しないものは忌避されるのである。不確定な未来においても、培ってきた価値にもとづく生活のベースとなるコミュニティを持続できるよう、オルドヌングを磨き、シャニングを保持しているといえよう。シャニングを経験してきた元アーミッシュは、これを、戻ってくるように諦めずになされる呼びかけのように感じると述べていた。シャニングもまた、誰一人忘れ去られることはなく戻る居場所があることを人びとに知らせる、一人も取りこぼさないケアに包括されるのかもしれない。

アーミッシュの生活の方針を反映したキルトの数々は、自然の力を生かし多様な要素と共生する持続可能な生活を彷彿とさせる。農業を中心とした生活を支える工具や布は、一般社会の人びとと共通のものも使われており、移動や開拓生活の中で、生活用品を作る喜びが表現されている。それらは、アーミッシュが米国という環境と文化の中で、独自の生活を続け自らの居場所を得てきた道程を照らし出している。かれらは、テクノロジーによって生活がコントロールされることを回避し、テクノロジーの利用をコントロールしようと粘り強い試みを重ねてきたのである。アーミッシュの価値観の基底にあるゲラーセンハイトに照らしつつ作られた鮮やかな色合いとデザインのキルトは、「見える教会」を生活のなかで実践し続けるというかれらの考え方と合致しているとみられる。

とくに二〇世紀以降、アーミッシュは、さまざまなテクノロジーや「便利なもの」の利用のみならず、平和主義の遂行や教育といった、アメリカの一般社会と齟齬を来すような事柄をとおして一般社会に信念を示し、そして少なからぬ人びとが、良き生活、ウェルビーイング、幸ある生き方について、問い直すことを通し、アーミッシュと交流し連携することになった。第5章、第6章、第7章では、アーミッシュの実践と葛藤、そしてその展開を辿った。

第5章では、アーミッシュとして生きることを選択した人びとが、どのようにコミュニティにかかわり居場所を得て暮らしていくのかを、結婚やアーミッシュの家を拠点としたケアとつきあいなどに注目して検討した。

若者は、教会コミュニティへの参加という将来を決めるにあたり、ラムシュプリンガという一般社会の生き方に触れるモラトリアムともいえる時間をもつ。結婚は、アーミッシュにとって、信教をともにするとはいえ新しいメンバーが家族やコミュニティに加わり、どのように価値観を共有できるのかをともに探求する異文化交流の一大イベントである。

そうした機会にも、キルトは人びとのコミュニケーションを彩る役割を果たしてきた。ライフステージを渡り、時には旅立ち新しい生活を創造する仲間たちへのキルトは、しばしば、キルティングビーで多くの人の手で協力して作られた。通常は、目立つことを避けるアーミッシュだが、それらには、制作者の名前や居所がステッチされることも多く、変化の中で生きる人びとに励ましを贈るものである。

子どもから高齢者まで多世代が傍らで暮らすアーミッシュは、一般に親世代が第一線を退くとグロースドーディハウスに移る。このグロースドーディハウスは、家族同士のケアのみならず、家庭や家族が閉じたものではなく外部との交流の拠点となり、さまざまな情報が集積され、多様な人びととの活動とかかわる柔軟性を家に与えている。

こうした住処のありかたと居場所にかかわる知恵は、再洗礼派が平和主義の信念を貫くために行った、戦時の代替活動の経験を生かして開発してきた暮らしの場の重層化としての施設の構想にも生かされてきた。

そこでは、人びとのニーズに耳を傾け、異なる要素をつないでゆく工夫がなされてきたのである。そうした実践を貫いているのは、オールドオーダーアーミッシュが社会保障を受けないことに表れているように、制度に頼り顔の見えない支援の形骸化を諌め、自分たちで絶え間なく観察し、ケアしてゆく姿勢である。ここでは、人びとが過ごし暮らす場をかれらのニーズに合わせることや、それらの閉じないありかたが提示され、人びとにとっての居場所を模索する私たちが共有できる情報となっている。

第6章ではアーミッシュが信じる生活実践を次世代に伝える様相を辿り、価値観をどのようなかたちで持続できるのかという、生き方をともに問い直し考えるすべての人に開かれた語り合いとしての生涯教育（ライフロングラーニング）こそが学びとして捉えられている状況を検討した。

アーミッシュは、小規模なアーミッシュスクールを、一九世紀後期からの米国社会の教育統合の動きの中で新たに創り、そして守ってきた。親とコミュニティが丁寧に創ってきた学校で、子どもたちは一人一人個性をもった人として学び遊ぶ。子どもたちに贈られるキルトには、樹木や鳥、動物など子どもたちが暮らす世界が鮮やかな色で縫い込まれ、誕生などの日付を刺繍されることもある。仲間を慈しみ育てるコミュニケーションにも、キルトが存在し続けているのである。

アーミッシュの学校教育に関する活動は、一般社会においても大きな波紋を呼び、米国の教育にも影響を与えることとなった。アーミッシュの価値観にもとづく生活を目的としたライフコースと教育の意味は、意義を認められ、全ての人にとっての問題として共有されたのである。アーミッシュにとって、生活者のコミュニティで多様な経験から学ぶことは、聖書の解釈にもとづく生活を実践する道を皆でともに考えるためにこそ不可欠なのである。そして、この考えることは、他の再洗礼派や一般社会の人びとも参加するさまざまなミーティングや交流の機会にも続けられていた。こうした生涯にわたって学び考えるライフロングラーニングの時間と場は大切にされており、他の再洗礼派や一般社会の人びとの参加にも開かれていた。このことは、信じる価値にもとづく生き方を考えるという意味の教育において、異文化交流も不可欠の要素とみられていることを示している。

第7章では、アーミッシュの人びとのより広い世界とのかかわりに注目し、かれらが観光化や都市化という現代社会の変化のなかで生活を調整していく様子に光をあてた。ビジネスやボランティアにおいて、人びとは遙かな人びととのコミュニケーションを広げている。キルトや食べ物は、アーミッシュ文化を素材として、多くの人びとが集う機会をもたらしている。ビジネスとしてのキルトづくりも、懸命に働くことは必要としている人びとを助けることに結びつくという、相互扶助と矛盾しないと捉えられている。

集まって支援のためのキルトを仕上げるキルティングビーの習慣を続けているアーミッシュが、ボランティアとして世界のさまざまな人びとへの支援に加わっている。そうした活動は、主としてより現代的な生活様式を選択している再洗礼派のグループとの協働によって実現されている。キルトなど手作り品を生かした支援活動の実践の場は、多様な人びとの交流と楽しみに開かれている。

どんなときも、人が立ち寄れば語り合う時間をもつ訪問（visiting）やホスピタリティ（hospitality）を大切にする、アーミッシュをはじめとする再洗礼派の人びとの姿勢は、生きることに関する問題群をともに考えることが、生活において一つの目的となっていることを示している。それは、一般社会の私たちにも参加できるかたちで続けられている。実際、「赦し」の意味に関する語り合いは、明日を十全に生きられることというテーマを考えることにつながっていた。

イエス・キリストの教えと生き方を学び従い、人間の役割と責任を果たそうとした初期再洗礼派の伝統を守ってきたアーミッシュは、この世で諦めずに粘り強く暮らし、現代においてオルタナティヴを紡ぎ出し続けている。いのちをつなぎ自分たちの生き方を実践するために、考え語り合う時間を大切にする自由が誰にでも許されていると信じられることが、アーミッシュの生活の基盤をなす価値となっている。それゆえに、この世のどの国にも属さないと考えている人びとが、いまいるところで、誰をも一人にせず、諦めずにともに生きる試みは、世界の人びとに伝わるメッセージとなっているのではないか。

とはいえ、アーミッシュにとって、コミュニティはたんに寂しさを恐れて求めるものではない。本書で検討してきたように、聖書の教えを読み解き、生活の中で実践し、そして救われることは、すべてコミュニティでともに行うことしか道はない。誰もが居場所を得られるように工夫することは、ともに生きるために、すべての人のアイディアが必要とされているからである。それゆえ、たとえ同じ教会コミュニティに属していても、やはり異なる個人である人びととは、誰もが、身近な人びと、そして遙かな人びとと交流の道を見出し、異文化への発信を続けることに、日常生活で関与しているのである。

そしてこうした暮らし方は、結果として、家族との生活に問題を感じているアーミッシュの人びとも、教会コミュニティの支援によって、安心してキルト作りを続ける場を見出すことにつながっていた。また、平和主義にもとづく調整の結果編み出されてきた高齢者対象施設では、誰でも慣れ親しんだキルトを楽しむことができる。私が惹かれたキルトやキルト作りの場は、こうしたアーミッシュをはじめとする再洗礼派の人びとが、試行錯誤のなかで作ってきた居場所の広がりを照らし出している。それは、変動にさらされる人びとが、たとえ移動しても、変わらず世界との交流や自分の時間を楽しむ居場所を得て暮らすという意味のエイジングインプレイスの実現の可能性を確信させてくれる。

ともに聖書を読みその内容に従う生活をするために、アーミッシュの人びとは、手をかけてコミュニティの世話をしてきた。かれらが行う世話を表現する言葉「テンド（tend）」には植物を育てるなどの意味もあるが、こつこつとコミュニティをケアし続けてきたアーミッシュは、結果として、自分たちにもまた一般の人にも利用可能な居場所を拓いてきたといえよう。序章で言及したエイジングフレンドリーコミュニティは、人びとの日常のなかでそれぞれの生を養うウェルビーイングに向けた実践であるケアの集まりと、いくつもの信念の対立を乗り越えるケアが幾重にもかさなって編み出されるものであろう。

一九世紀半ばの米国で、明確化したオールドオーダーとしての暮らしは、キルトの布やデザインの選択にもかかわり、アーミッシュキルトが生まれた。アーミッシュキルトは、まさにそうした再洗礼派の歩んできた道程を、明示する一つの媒体といえよう。ユニフォームのような無地の服の装いと大胆な色を組み合わせたパッチワークキルトは、独自の強いメッセージを放っている。キルトは、かれらの信仰生活を豊かに表現するものであり、一般社会に呼びかけ、ともに生きる意味と方法を問いかけ続ける姿勢を反映している。他方で、作ることやみることに誰でも参加できる手芸の一つとして、アーミッシュキルトは今後も人びとの居場所を作り続け、異なる文化を生きる人びとの架け橋となり、多様な人びとがさまざまな価値を表現する舞台を提供するに違いない。それは、ゲラーセンハイトの解釈にもとづく、一人も取りこぼさない、柔軟ないくつものコミュニティをつなげる可能性を示している。

あとがき

「序章」にも記したように、一九九九年に初めてビーチーアーミッシュメノナイトのエイダに会って以来、オールドオーダーアーミッシュを生み出した再洗礼派が、実は多様性と柔軟性に富んだ人びとを擁していることに印象を受けていた。社会変化のなかで、現代的な生活様式を採用しているメノナイトの人びととオールドオーダーの人びとが協働し、かれらが共通に重視している価値を守り続けてきた経緯に興味を持ってきた。

だが、さらに私を驚かせたのは、「国際会議アーミッシュアメリカ——サイバー世界のプレーンテクノロジー」（二〇一三年六月、「エリザベスタウン大学ヤング再洗礼派敬虔派研究センター」においてオールドオーダーアーミッシュの暮らしを選び取り、新たな居住地「クリスチャンコミュニティ」を開いている人びとに出会ったことである。かれらは自分たちを「リフォーマー（reformer）」（改革主義者）と呼んでいる。「落ち着ける居場所（a place to stay）」が欲しいと感じて、一九九一年に、プロテスタントの他のグループから家族とともにケンタッキー州のコミュニティメンバーとなったGは、妻も自分も、いまでは飛行機に乗らない生活で安心感が増し、毎日「夕方のゆっくりした時間（long evenings）」をもてるようになったと語った。まったくキリスト教には関連のない環境で育ってきたというLは、もともと民間企業のパイロットだったが、一人一人がコミュニティにおいて認知されているアーミッシュにあこがれを持っていたと述懐した。Lはさらに、「平和（peace）とテクノロジーの関係も考えてみたかった。新しいテクノロジーは、自律（autonomy）と個人主義（individuality）を求めると思うが、人生全体を考えれば、人は決して自律や個人主義だけに支えられて生きられるはずはない」、と述べた。アーミッシュの家で育ったAは、テネシー州で新たなコミュニティを拓きリフォームを率いたビショップであった父親の遺志を継ぎ、コミュニティを整えアーミッシュらしい生活を徹底して実践することを目指してきた。「コミュニティは、参加したい者すべてに開かれていると思う」、と語った。かれらの言葉に触れたことは、かれらが生きることの意味を強く問うていることに圧倒される経験であり、アーミッシュの生き方をめぐる多様な人びとの思いと実践について、考えるきっかけとなった。

アーミッシュキルトを収集しそれについて学ぶ過程で、オールドオーダーアーミッシュの価値観がどのようにキルトに反映されてきたのか、再洗礼派の歴史を辿る必要を強く感じるようになった。本書は、何故アーミッシュが、独特のキルトを作るようになったのか、そして、それは現代にどのように生きているのかを考えた過程である。

本文で紹介したように、本書は多くの方々との交流をとおして得られた知見にもとづくものだが、とくにネブラスカ大学リンカーン校インターナショナルキルトスタディセンター&ミュージアム、アメリカンキルトスタディグループ、エリザベスタウン大学ヤング再洗礼派敬虔派研究センター、ゴーシェン大学メノナイト歴史図書館におけるミーティングでは、いつも貴重な洞察に触れることができた。

キルトなどの収集にあたっては、アメリカンキルトスタディグループ（AQSG）をリードしてきたアメリカンキルトの研究者・収集家であるゼニア・コードさん、インディアナ州北部に生まれ育った再洗礼派メノナイトのレベッカ・ハーラーさんから、二〇一〇年から現在まで長きにわたって貴重な情報をいただいた。二人は、キルトに関し広い視点から話し相手になってくれた。

展示にあたっては、キルトを長期間吊すための補強作業、展示場デザインなど、多くのスタッフの手を煩わせた。準備が完了間近に発生した大阪北部地震によって展示開催が延期となったが、キルトは、布から広がる世界や多くの人たちとの交流の機会を与えてくれた。

本書の出版も、展示を見に来てくださった大阪大学出版会の栗原佐智子さんが声をかけてくださったことで実現した。栗原さんが構成にまで相談にのってくださって、ようやくなんとかかたちにすることができた。いただいたコメント一つ一つの深い意味に辿り着けたと感じた時、また文章を書きつなぐことができた。多くの情報を伝えられるようにと工夫して加えてくださった図や写真は、現地で説明を聞きながらキルトを撮影した懐かしい日々を思い出させてくれた。心からの感謝を表します。

最後に、長年アーミッシュの人びとを訪問したりキルトや関連用品の収集のために、さまざまな道をともに歩いてくれた夫・鈴木公二にありがとうを伝えたい。毎日現地調査を終えて、その日のことをあれこれと語り合う夕食の時間は、経験が深まる豊かで楽しいものであった。

本書にかかわる調査研究は、以下のＪＳＰＳ科研費（研究代表者：鈴木七美）を受けて実施した。

基盤研究（C）(2005-2007)「少子化社会におけるライフデザインの実践と議論に関する文化比較の医療歴史人類学研究」JP17520563／基盤研究（B）(2009-2011)「少子高齢・多文化社会における福祉・教育空間の多機能化に関する歴史人類学的研究」JP21320166／基盤研究（C）(2013-2015)「スイスにおける高齢者のウェルビーイングと代替医療の適用に関する文化人類学研究」JP25370960／基盤研究（B）(2014-2016) 特設分野研究（ネオ・ジェロントロジー）「多世代共生『エイジ・フレンドリー・コミュニティ』構想と実践の国際共同研究」JP26310109

本書で検討したキルトと生活用品の多くは、国立民族学博物館文化資源プロジェクト（二〇一一、二〇一三、二〇一六〜二〇一八年度）において収集、寄贈、展示されたものであり、同館より写真提供の協力を受けた。お世話になりました皆様、そして関係諸機関に深く感謝を捧げます。

本書各章の初出等は、以下のとおりである。

序　章　書き下ろし
第1章　書き下ろし
第2章　書き下ろし
第3章　書き下ろし（3節は以下の一部をもとに加筆修正：「2　ミーティングハウス・アーミッシュ」鈴木『アーミッシュたちの生き方』（以下同様）46-50；「4　教会精神の共有とアーミッシュへの回帰」58-60）
第4章　書き下ろし（1-1、3節、5-2は以下の一部をもとに加筆修正：「2　相互扶助」109-110：「電気や電話」51-52, 54, 56：「5　シャニング」60-61）
第5章　書き下ろし（3、4節は以下の一部をもとに加筆修正：「1　グロースドーディ・ハウス」117-122：「Ⅳ　非暴力・平和主義とケア空間の開発」135-139, 149-151）
第6章　1-2を除き、以下の一部をもとに加筆修正：「第2章　学びの意味の探求」65-105）
第7章　書き下ろし（3-1、5節は以下の一部をもとに加筆修正：「1　ボランティアと多世代協働のミーティング・ポイント」171-172：「立ち寄ること」123-127）

二〇二一年一二月二日　神戸にて

引用と注釈

はしがき

（1）二〇一八年八月二三日～一二月二五日　国立民族学博物館（二〇一八年度文化資源プロジェクト　プロジェクトリーダー：鈴木七美）。キルトおよび生活用品一四三点とパネル、写真・図などを展示。展示記録パノラマムービーについては、本書の凡例を参照。企画展は、鈴木七美「第4章　ケアと楽しみと居場所―パッチワーク・キルトのある生活」『アーミッシュたちの生き方―エイジ・フレンドリー・コミュニティの探求』をもとに構想した。キルトなどの収集は、二〇〇九年から二〇一九年にかけて（うち文化資源プロジェクトは二〇一一年度・二〇一三年度・二〇一六年度）実施した。本書は、収集と展示のプロセス、企画展期間中に行った講演会やギャラリートークなどにおける来館者との交流、二〇一九年の二つの国際研究集会における企画展に関する報告などで得た情報や考察を加えて、執筆した。

（2）Holstein. *Abstract Design in American Quilts*, pp. 8-13; 26-53（Forward: Shelly Zegart）; Houck, *The Quilt Encyclopedia Illustrated*, p. 16

（3）Pellman and Pellman. *The World of Amish Quilts*; Pellman and Pellman. *Amish Crib Quilts*; Pellman and Pellman. *Amish Doll Quilts*; Herr. *Quilting Traditions*; Herr. *Amish Quilts of Lancaster County*

（4）ヘアおよびシルバーへの聞き取り（二〇一一年九月二七日）、ヘアへの聞き取り（二〇一六年八月一日）、および Tomkins. Notes of A Collector にもとづく。エスプリコレクションは、トムキンスがパートナーのスーザンとともに、始めたものである（Silber. *Amish Quilts of Lancaster County*, p. 2）。トムキンスは、キルトの収集を始めた頃は、「他の多くの人びとと同様に、キルトを「アート」とは思っていなかった。…私は、認識を変化させ、キルト制作に向かうアート（art to quiltmaking）があることを理解するようになった」と述懐し、アートとの関連に関して、歴史家・批評家のヒューズによるテクストを推奨している（Tomkins. Notes of A Collector; Hughes（text）. Silber（plate commentary）. *Amish*; 鈴木『アーミッシュたちの生き方』一五七―一五八頁）。

（5）Bearley. ***Antique Ohio Amish Quilts***; Pottinger. ***Quilts from the Indiana Amish***. ポッティンジャーが収集したキルトは、材料としての布地のもととなる服とともに、インディアナ州立博物館（Indiana State Museum）に収蔵されている。

序章

（1）ダンクル『ステラおばさんのアメリカンカントリーのお菓子』; Beiler. *Auntie Anne, My Story*

（2）Igou. *Amish Voices*, p. 43

(3) Snyder, *From Anabaptist Seed*, pp. 7-8

(4) Snyder, *From Anabaptist Seed*, pp. 37-47

(5) 初期再洗礼派の考え方を示した文書として、一五六八年スイス再洗礼派で採択され、現在でもアーミッシュが「古い戒律（die alten Regel und Ordnungen）」と呼び、重要視しているものとして『ストラスブルク戒律』がある（坂井『アーミシュ研究』二一頁）。その内容は、ハロルド・S・ベンダーによって翻刻されている。その中には、本書で扱うキルト作りともかかわる服装について、以下のような興味深いきまりも含まれている：仕立て屋と裁縫師は、プレーンでシンプルなスタイルを守り、プライド（誇り（pride））のために何も作らないこと。兄弟姉妹は、衣服に関する我々の規則の現在の形を守り、プライドのために何も作らない（Bender, The Discipline Adopted by the Strasburg Conference of 1568, p. 65）。

(6) Kraybill, *Concise Encyclopedia of Amish, Brethren, Hutterites, and Mennonites*, p. 190

(7) シンチンゲル他『現代独和辞典』

(8) Kraybill and Nolt, *Amish Enterprise*, p. 11. ゲラーセンハイト（Gelassenheit）に関する代表的な研究はサンドラ・L・クロンクによるものである（Cronk, Sandra L. "Gelassenheit: The Rites of the Redemptive Process in Old Order Amish and Old Order Mennonite Communities." Ph.D. diss. University of Chicago. その抜粋が同じタイトルで、Cronk, Gelassenheit として発表されている）。また、社会学者ドナルド・B・クレイビルは、オールドオーダーコミュニティの生活におけるその役割と意義について広範な議論を行っている（Kraybill, *The Riddle of Amish Culture*, pp. 25-38）。

(9) Kraybill, *The Amish of Lancaster County*, pp. 12-15; Kraybill, *Concise Encyclopedia of Amish*, p. 93

(10) 松田『リーダーズ英語辞典』

(11) Clarke, *Kentucky Quilts and Their Makers*, pp. 2-10

(12) Lithgow, *Quiltmaking and Quiltmakers*, pp. 1-2, 3, 7

(13) Cronk, Gelassenheit, pp. 8-9

(14) Clarke, *Kentucky Quilts and Their Makers*, pp. 14-15, 19

(15) 松田『リーダーズ英語辞典』

(16) 鈴木『エイジングフレンドリー・コミュニティ』pp. 11, 13, 206; Visser, Going Beyond the Dwelling, p. 6; Suzuki, Weaving Flexible Aging-friendly Communities Across Generations While Living with COVID-19

(17) Igou, *Amish Voices*, p. 40

(18) 鈴木『エイジングフレンドリー・コミュニティ』pp. iii-iv, 11

(19) 現地調査研究は、一九九九〜二〇一九年まで（二〇〇六年を除く）毎年二週間〜一か月程度実施した。主な調査地は、ペンシルヴェニア州、インディアナ州、カンザス州、およびカナダのオンタリオ州である。詳細については、はしがき図00－1、第4章図4－1を参照。また鈴木『アーミッシュたちの生き方』一一－一三頁）。文献等に既掲載などの場合を除き、個人名や施設名としてフルネームではなく仮名やファーストネーム、愛称などを用いている。本書の写真は、一部を除き筆者（一部は現地調査協力者）が撮影したものである。キルトの多くは、国立民族学博物館展示記録パノラマムービーにも提示されている（URLは凡例を参照）。

第1章

（1）Smucker. *Amish Quilts*. p. 21; Hanson. Introduction. pp. 1-9

（2）Houck. *The Quilt Encyclopedia Illustrated*. pp. 6-7. 早い時期の英語の文章には、"twylt, quylt, twilt"など、さまざまなつづりでキルトのことが記されている。coltre（イタリア語）、culcita（ラテン語）、colcha（スペイン語）、cuilt（アイルランド語）と記載された語は、いずれも重ねられたマットレス（layered mattress）かベッドカバーをさしていた（p. 7）。

（3）Crews and Ducey. *American Quilts in the Industrial Age*. pp. 1, 3, 9-10, 187

（4）鷲沢『鷲沢玲子のパッチワークキルト入門』四三頁

（5）Child. *The Girl's Own Book*. p. 225

（6）Crews and Ducey. *American Quilts in the Industrial Age*. pp. 1, 4; 鈴木『出産の歴史人類学』一六〇、一六七頁

（7）鈴木『アーミッシュたちの生き方』一六九－一七〇、一九一頁。二〇〇一年の9・11同時多発テロの犠牲となった人びとを悼む「メモリーキルト（memory quilt）」は、名前をステッチしたブロックをつなげた高層ビルが立ち並ぶニューヨークを表現した大きなパッチワークキルトで、アメリカン・フォークアート・ミュージアムに展示されていた（二〇〇一年九月現在）（同書、一七〇、一九一頁（写真147））。

（8）レベッカ・アートアンドキルト所蔵のキルトについて撮影し、レベッカ・ハーラーより得た情報である。（インディアナ州シップシェワナ　二〇一二年九月二六日）。レベッカは、このキルトを「百年祭のキルト（centennial quilt）」と紹介し、「一つのキルトにこれほどジョージ・ワシントンが描かれていることは珍しい」と述べた。

（9）Lithgow. *Quiltmaking and Quiltmakers*. p. 2; 小林『アメリカン・パッチワークキルト事典』三〇頁

（10）鈴木『アーミッシュたちの生き方』一五六頁。こうしたこともあり、布からキルトの制作時期を確定するのは難しいこともある。

（11）Lithgow. *Quiltmaking and Quiltmakers*. p. 2; 小林『アメリカン・パッチワークキルト事典』三〇頁；Crews and Ducey. *American Quilts in the Industrial Age*. p. 9

（12）Cross. *Treasures in the Trunk*. p. 141

（13）James. *The Second Quiltmaker's Handbook*. p. 106. たとえば、明暗（Light and Dark）、棟上げ（Barn Raising）、まっすぐの畝（Straight

Furrow）または光と影（Sunshine and Shadow）、裁判所の階段（Courthouse Steps）、稲光（Streak of Lightning）またはジグザグ（Zig-Zag）、パイナップル（Pineapple）、風車（Windmill）、四つの四角とダイヤモンド（Diamond with Four Square）などのパターンがある（小林『アメリカン・パッチワークキルト事典』三二頁）。（アーミッシュキルトについては、写真1－2、4－8、4－9、5－9も参照）。

（14）レベッカ・ハーラーは、インディアナ州のアーミッシュから赤いウールの温かい下着を贈られたことがあり、それは、ピンクッションに使用する布と類似であったと報告している。こうした赤い布の利用が一般的であるかについては、さらなる調査が必要である。

（15）Lithgow. *Quiltmaking and Quiltmakers*, p. 7. 一九世紀の開拓地の生活を描いた『大草原の小さな家』にも、キルトが敷物や上掛けとして利用されていたこと、子どもたちもナインパッチなどのピースドキルトに親しんでいたことが、たとえば「メアリーとローラは、暖炉のそばをはなれようとしなかった。九枚つなぎのパッチワークをしたり、いらなくなったつつみ紙を切りぬいて、紙人形をこしらえたりしながら（sewing their nine-patch quilt blocks, or cutting paper dolls from scraps of wrapping-paper）、ピシャピシャはねる雨の音をきいていた」のように、表現されている（ワイルダー『大草原の小さな家』二三〇頁。（Wilder. *Little House on the Prairie*, p. 238)）。

（16）Lithgow. *Quiltmaking and Quiltmakers*, pp. 4, 7, 64-65

（17）Clarke. *Kentucky Quilts and Their Makers*, p. 17; Crews and Ducey. *American Quilts in the Industrial Age*, p. 10; Smucker. *Amish Quilts*, p. 18

（18）Cross. *Treasures in the Trunk*, pp. 116, 140. 二〇世紀のキルト本の著者ルース・フィンリーはこの柄を、ローリングスター、ブランズウィックスター、チェインドスターと呼び、ダイアモンドパターンと表現している（一一六頁）。本書に掲載したキルトのなかにも、「カタツムリの道」と「酔っ払いの道」（本章）や「モンキーレンチ」と「納屋のドアの穴」（第4章）など、異なる呼び名をもつものがみられる。

（19）Bishop and Coblentz. *New Discoveries in American Quilts*, p. 62. ビショップらは、このことは、プレーンピープルの文化にも一九世紀のビクトリア朝のテイストが影響している可能性もあると指摘している。

（20）Houck. *The Quilt Encyclopedia Illustrated*, p. 13; Crews and Ducey. *American Quilts in the Industrial Age*, p. 9

（21）レベッカ・ハーラーへの聞き取り・キルト写真撮影：インディアナ州ラグレンジ郡シップシェワナ　二〇一六年八月二二日。

（22）Houck. *The Quilt Encyclopedia Illustrated*, pp. 10-11, 83; Crews and Ducey. *American Quilts in the Industrial Age*, p. 1. アルバムキルトのルールや定義や考え方は明解ではなく変化してきており、現在は、いくつかバラエティーのあるブロックキルトが、アルバムキルトとよばれる。一人が計画してパターンや布を配布することもあるが、多くの人びとがブロック作りに参加して、それぞれのブロックに作り手がしばしばサインすることは共通である（Houck, pp. 10-11）。

（23）Crews and Ducey. *American Quilts in the Industrial Age*, p. ix. オレゴントレイルを移動した人びとに関して検討したメアリ・B・クロスは、キルト制作が、旅の前、旅の途中、旅の後、そしてさらに、旅する人びとを待つ間にも行われていたことを指摘している（Cross. *Treasures in the Trunk*, p. 122）。

（24）Roberson. *North Carolina Quilts*, p. x

（25）Lithgow. *Quiltmaking and Quiltmakers*, p. 63

（26）つなぎ合わされ曲線を描いている（curved pieces）ものは、クリスチャン女性禁酒同盟にちなんでDrunkard's Pathと呼ばれているポピュラーなパターンのバリエーションといわれる。ブラックマン（Brackman）は、二八種類のブロックの配置に六三の名前をつけている（Cross. *Treasures in the Trunk*, p. 138）。

（27）Herr. *Quilting Traditions*, pp. 60-61

（28）ペンシルヴェニア州ランカスター郡のアーミッシュのキルト制作者のあいだでは、後述する三つのセンターブロックデザイン（サンシャインアンドシャドウ、センターダイアモンド、バーズ）よりも、繰り返しブロックパターンのキルトは一般的ではなかった。繰り返しブロックを使う場合でも、アーミッシュによるバスケットキルトの場合は、繰り返されるブロック部分をボーダーで囲んだ特徴的なものがみられる（Herr. *Quilting Traditions*, pp. 58, 60）。

（29）Granick. *The Amish Quilt*, pp. 23, 25, 31, 39. 知られている初期のアーミッシュキルトは、一八三一年（オハイオ州）、一八三六年（ペンシルヴェニア州）のものである（p. 25）。年代とイニシャルが刺繍されているものとしては、一八四九年（ペンシルヴェニア州）のものがある（p. 30）。

（30）Granick. *The Amish Quilt*, pp. 22-24, 36. 一八世紀には、アーミッシュコミュニティの規模が小さかったため、アーミッシュ教会の外部の人と結婚する者もあった。一八世紀を通して、いくつかのアーミッシュの家族は、ダンカード（ダンカー派）、ユナイテッド・ブレズレン、ルーテル派のいずれかに入会することもあった（p. 22）。

（31）Granick. *The Amish Quilt*, pp. 25, 121; Herr. *Quilting Traditions*, p. 55; Smucker. *Amish Quilts*, p. 21

（32）Granick. *The Amish Quilt*, pp. 31, 39; Houck. *The Quilt Encyclopedia Illustrated*, pp. 14, 16

（33）Granick. *The Amish Quilt*, p. 39; Smucker. *Amish Quilts*, p. 28 これらの分裂が起こった年には、アーミッシュの約三分の一がオールドオーダーであり、そのほとんどが植民地時代のアーミッシュの子孫であった。ペンシルヴェニア州ランカスター郡、ミフリン郡、サマセット郡、オハイオ州ホームズ郡、インディアナ州ラグレンジ郡、エルクハート郡、イリノイ州アーサー郡、アイオワ州ジョンソン郡に住んでいたアーミッシュのうち、最も多い割合がオールドオーダーとなった（Granick. *The Amish Quilt* p. 39）。

（34）Herr. *Quilting Traditions*, p. 57

（35）Holstein. In Plain Sight, p. 73.（ビショップ（bishop）とはキリスト教の高位の聖職者、監督。アーミッシュの場合は、教会のリーダー

のなかで指導者としての役割を果たしている。詳しくは第4章2節も参照）

（36）Granick. *The Amish Quilt.* p. 31. グラニックは、数少ない現存する例、文書記録、および現代のいくつかのコミュニティにみられる禁止事項から、シンプルな一色のデザインが、アーミッシュのキルトの最初のタイプであったことを示唆している、と述べている（p. 31）。

（37）本章を含め以下の章で紹介しているキルトについては、一部が下記の文献においても紹介されている（鈴木『アーミッシュたちの生き方』：Suzuki. The World of Amish Quilts）。本書で提示している制作年代や制作地、制作者や受取者は、制作者などから明確な情報を収集した場合を除き、キルトにステッチされた年代や場所、使われている素材、関連する地域の特徴などの情報を含め、収集者・提供者や研究者とともに推測した情報を提示している。写真1-9のキルトに関しては、キルトから得られる情報、およびキルト提供者のレベッカ・ハーラーと検討した結果を提示している。インターナショナルキルトスタディセンター&ミュージアム（International Quilt Study Center & Museum）の研究者のように、収蔵品のキルトに関する説明に際し、情報の確実さに鑑みて、「可能性がある（たぶん）（possibly）」：キルトが見いだされた場所についてディーラーからの情報が得られた場合、「可能性が高い（おそらく）（probably）」：キルト自体にその場所を裏付ける様式的特徴がある場合、という使い分けがなされている場合もみられる（Crews and Ducey. *American Quilts in the Industrial Age.* p. ix）。

（38）アーミッシュは、丹念にキルティングを行うワークマンシップで知られている。キルトの縫い目の細かさは、一インチあたり縫い目の数（SPI: Stitches Per Inch）で、しばしば示される。フェザーモチーフは、ヨーロッパでも米国でも広く愛されてきたが、アーミッシュは、流行に遅れて、二〇世紀にも熱心に使い続けた人びとだといわれている（Baumgarten. The Undulating Feather Motif in Quilting. p. 10）。

（39）実際、保守的で知られているペンシルヴェニア州ビッグバレーのオールドオーダーアーミッシュにおいては、異なるパターンのブロックをつなげた華やかなアルバムおよび黒とブルーの二色のみからなるシンプルなバーズのリバーシブルキルトが作られており、オルドヌングに厳しい訪問者があるなどの状況に応じて表裏が使い分けられていた可能性が指摘されている。ここではキルトのほとんどが、無地の服の布から作られている（Good. *Quilts from Two Valleys.* p. 35. 裏表紙）。

（40）Nolt. *The Amish.* p. 38. スワーツェントルーバーアーミッシュは、オールドオーダーアーミッシュの中でも非常に保守的なグループで、オハイオ州ウェイン郡のダルトン付近を起源としているが、近年ではインディアナ州南部など、より西にも移動している（メノナイト歴史博物館展示説明　二〇〇九年一一月一八日確認）。

（41）「"Anna" "Yoder" "Ohio" と "NCT"（Newcomerstown?）という語が、キルトの四隅に縫い付けられている」（メノナイト歴史博物館展示説明　二〇〇九年一一月一八日確認）

（42）Smucker. *Amish Quilts.* p. 235（注43）: Igou. *Amish Voices.* p. 136. ドーターセトルメントでは教会のリーダーを決める手順をはじめ

共通性が保たれている。

（43）Good. *Quilts from Two Valleys*, pp. 32-33; Cronk, Gelassenheit, pp. 16-17. ペンシルヴェニア州のビッグバレーのアーミッシュ教会のなかで不満を持っていた厳格派を助けるために、数人の指導者と家族がネブラスカからやってきたので、最終的に分裂したグループは「ネブラスカ」と呼ばれた。白いトップのバギーに茶色の馬車用の箱を載せて走るので、かれらのニックネームは、「ホワイトトッパー（White Toppers）」である（Good. *Quilts from Two Valleys*, p. 32）。かれらが分離したバイラー教会も、一八四〇年代に、アーミッシュから別れた保守派のグループで、黄色の馬車に乗っていることでも知られている。

（44）Herr. *Quilting Traditions*, p. 57

（45）Granick. *The Amish Quilt*, p. 167

（46）Herr. Quilts within the Amish Culture, p. 48

（47）Good. *Quilts from Two Valleys*, p. 27

（48）Houck. *The Quilt Encyclopedia Illustrated*, p. 16

（49）Smucker. Crews and Welters. *Amish Crib Quilts from the Midwest*, p. 5

（50）Granick. *The Amish Quilt*, p. 127. インディアナ州のキルトのバインディング（binding）は、幅もやり方もオハイオ州のものとよく似ている。スカラップ状の縁取り（Scalloped edges）は、インディアナ州とオハイオ州でほぼ同時期に見られるようになり、一九三〇年代後半から始まり、一九四〇年代から一九五〇年代にかけて、より広く普及した。

（51）Granick. *The Amish Quilt*, p. 128

（52）紺色の無地の四角いブロックを交互に並べ、一列ごとにオフセットして、斜めの色のラインを作っている。デザインエリアは、ロイヤルブルー、ネイビー、ロイヤルブルーのトリプルサッシングで縁取られ、ネイビーのアウターボーダーがあり、ミシンでつけられたまっすぐなバインディングはロイヤルブルーで、裏には二つ目のやや濃いロイヤルブルーがある。黒糸でミシンで接ぎ合わされ、きれいにハンドキルティングされたダブルダイアゴナルラインのパターンブロックを介して離れて、平たい正方形の中に六つのローブを持つ円形の図形が描かれている（ゼニア・コードから収集した資料にもとづく（二〇一三年五月二六日））。

（53）ゼニア・コードから収集した資料にもとづく（二〇一三年五月二六日）。

（54）ゼニア・コードから収集した資料にもとづく（二〇一三年五月二六日）。

（55）Granick. *The Amish Quilt*, pp. 127-128

（56）Lithgow. *Quiltmaking and Quiltmakers*, p. 61

（57）このキルトおよびその情報は、オハイオ州アクロンを拠点として、オハイオ州をはじめ中西部のキルトを収集し美しいカタログ（たとえば、Bearley. *Antique Ohio Amish Quilts*）として出版してきたダーウィン・ビアリーから譲り受けたものである。

（58）インディゴプリントは一八世紀から人気となる。染料の原料となる植物が入手困難であることから当時は高値であったが、一九世紀半ばからは鉱物染料により、ダークブルーの布が豊富に作れるようになった。

（59）Herr, *Quilting Traditions*, p. 57; Houck, *The Quilt Encyclopedia Illustrated*, pp. 13-14

（60）マクドナ「補遺」西武美術館編『アメリカンパッチワーク・キルト展―19世紀・フロンティアの華』

（61）Herr, *Quilting Traditions*, pp. 61, 183

（62）鈴木『アーミッシュたちの生き方』一六二頁

（63）Granick, *The Amish Quilt*, p. 128

（64）Pellman and Pellman, *The World of Amish Quilts*, p. 26

（65）Herr, *Quilting Traditions*, p. 57. 写真1－23のキルトは、ペンシルヴェニア州のアーミッシュキルトを収集してきたジュリー・シルバー（「はしがき」も参照）より譲り受けたものである。

（66）Pellman and Pellman, *Amish Crib Quilts*, p. 6

（67）二〇世紀のアーミッシュキルトの変化に関しては、野村「進化する伝統・多様化する社会」も参照。

（68）ヘアによると、デラウェア・バレーのクエーカーとランカスター郡のアーミッシュのキルトには、キルトのパターンやデザインにいくつかの共通点がある。とはいえ、一八世紀のクエーカーキルトの典型的な作品は、リネン糸でキルトされ、ウールの中綿が詰められていることに対し、一九世紀のアーミッシュキルトは綿のキルティング糸と中綿、そして平織りの綿の裏地を使用しているという違いがある（Herr, Quilts within the Amish Culture, p. 48）。

（69）Osler, *Amish Quilts and the Welsh Connection*, pp. 76-79

（70）ジョーンズ「ウェールズの歴史を紐解く」六二－六三頁

（71）Benner, The Welsh Mountains, p. 1

（72）地域におけるキルトドキュメンテーションに関しては、たとえば以下の書において記録と検討がなされている（Roberson, *North Carolina Quilts*）。

第2章

（1）再洗礼派は、各地で聖書にもとづく生き方を模索したさまざまな人びとの流れを汲むものであるという考え方は、Stayerらの多起源説によって提示された後（Stayer, Packull, and Deppermann, From Monogenesis to Polygenesis）、詳細な研究が展開されてきた。多様な再洗礼派の活動について、一七世紀頃までの再洗礼派の活動については、Roth and Stayer, *A Companion to Anabaptism and Spiritualism, 1521-1700*、再洗礼派全般の活動については、永本他編、二〇一七年などにおいて詳細に記述されている。

（2）Kehrberg, *The Mennonite Handbook*, pp. 62, 65; 鈴木「コミュニティ創生と健康・治療・食養生」七九–八〇頁

（3）出村「第四章　再洗礼派」三六〇–三六二頁；鈴木『アーミッシュたちの生き方』二五–二六頁

（4）Nolt, *The Amish*, p. 13

（5）Bender, Pilgram Marpeck, p. 251. ほかには、ザトラー（Sattler）とルーブリン（Reublin）（1526-1527）、ハンス・フット（Hans Hut）とその後継者（1526-1529）、マーペック（Marpeck）とシャルンシュラーガー（Scharnschlager）（1530-1550）などがあげられる（p. 251）。

（6）再洗礼派のなかでも、スイスブレズレンは、とくに聖書を字義通りにとらえることや、禁止（ban）の一環としてシャニング（shunning）などの実践を重視したことが、たとえば再洗礼派マーペックの考え方と比較しつつ指摘されている（Bender, Pilgram Marpeck, pp. 249-250）。

（7）Snyder, *From Anabaptist Seed*, p. 8

（8）この雑誌は、三万一〇〇〇（二〇一〇年）の購読者をもち、寄稿者の六〇パーセントがオールドオーダーアーミッシュ、三〇パーセントがオールドオーダーメノナイトである（Igou, *Amish Voices*, pp. 15-16）。

（9）森田は、シュトラスブルクやアウグスブルクで再洗礼派の指導者として活動したマーペックの主張に関する説明のなかで、下記のように、ツヴィングリら改革者が幼児洗礼を容認した理由について記載している：「その（マーペックが行った（括弧内は筆者））基本的主張は、成人洗礼の正しさを証明することにあった。ツヴィングリら改革者が旧約と新約の完全一体化を主張し、割礼との類似から幼児洗礼を容認したことに対して、彼は旧約と新約の関係を影と実体の関係にとらえ、旧約を次に来る真の契約の露払いとみなし、その新しい契約に従う新の信仰者にのみ洗礼を施すべきことを説いている。」（森田「ピルグラム・マーベック『信仰告白』（一五三一／二年）」四五八頁）。

（10）Igou, *Amish Voices*, pp. 15-17, 21. マンツは、一五二七年一月五日、チューリッヒ市当局の命令によりリマト川に沈められた。

（11）中世の人びとは自分で宗教を選ぶことは許されていなかった。国の教会に参加しないことは違法であり、死刑に処せられた（Kehrberg, *The Mennonite Handbook*, p. 62）。

（12）Kraybill, *The Amish of Lancaster County*, p. 20

（13）Kraybill, *The Amish of Lancaster County*, p. 10. オランダのメノナイトの牧師ティーレマン・M・ファン・ブラフト（Thieleman M. van Braght）は、一六〇〇年代後半にオランダのメノナイトが経験するようになっていた快適で豊かな生活が、かれらに再洗礼派の信仰を失わせる原因となるのではと危惧して、キリストの時代から西暦一六六〇年までの一五世紀にわたるキリスト教信者の殉教の物語『殉教者の鑑』を編纂した。ファン・ブラフトは、殉教者の記録を集めて、自分が記した殉教者たちと同じように、読者が信仰を堅持するように励ましとなることを願っていたとされる（Kehrberg, *The Mennonite Handbook*, p. 56）。

（14）Kehrberg, *The Mennonite Handbook*, p. 56. 初期の再洗礼派に関しては、敵対的な権力者によって再洗礼派に強制された神学論争が、

「スイスブレズレンの神学的アイデンティティを醸成し、それが一貫性と焦点を持ったものになった」とも指摘されていることは、この時期の再洗礼派の議論や実践の多様性を示唆している（Roth, Marpeck and the Later Swiss Brethren, 1540-1700, pp. 347-388）。

（15）鈴木『アーミッシュたちの生き方』二七－三〇頁；ザトラー「神の子らの兄弟の一致（シュライトハイム信仰告白）（一五二七年）」八五－九八頁

（16）Kehrberg, *The Mennonite Handbook*, pp. 180-181

（17）ザトラー「神の子らの兄弟の一致（シュライトハイム信仰告白）（一五二七年）」九七頁

（18）Snyder, Swiss Anabaptism, pp. 45-81; Stayer, Swiss-South German Anabaptism, 1526-1540, pp. 83-117

（19）Snyder, *From Anabaptist Seed*

（20）Kraybill, *Concise Encyclopedia of Amish*, p. 107

（21）日本国際ギデオン協会『新約聖書』（この新約聖書は、原文のギリシア語から、日本語と英語それぞれ別に翻訳された本文を対照にしたもの）。以下、聖書の日本語訳は、この書による。

（22）メノー・シモンズは洗礼について、「私たちは洗礼を受けたから新しく生まれ変わった（born again）のではなく、新しい誕生（the new birth）を受けたから洗礼を受けたのである」と記している（Igou, *Amish Voices*, p. 130）。

（23）Igou, *Amish Voices*, p. 132

（24）再洗礼派のあいだでは、精神的な支えのみならず、経済的な共有の根拠として、聖書の言葉が大切にされてきた。しばしば引用されてきたのは、聖書のIヨハネ3：16－18である（Snyder, *From Anabaptist Seed*, p. 40）。

（25）ヤーコプ・フッター（Jacob Hutter 1500-1536）を支持するハッタライトの人びとは、再洗礼派初期の一五二八年に分岐し、聖書にもとづく生活を実践しようとした。ハッタライトは、個人所有を否定し、聖書の使徒行伝（the Acts of the Apostles）にもとづき、生活必需品や雑貨を共有した。一五三五年に、ヤーコプ・フッターは、捕らえられて、生きたまま焼き殺され、二〇〇〇人以上が殉教した。現代にもつづくハッタライトは、最もコミューンとしての性格が強いとみなされており、メノナイトやアーミッシュと生活の形態が異なる（鈴木『アーミッシュの生き方』三〇頁）。小坂は、北米におけるアーミッシュとハッタライトの展開について比較的に論じている（小坂『アーミッシュとフッタライト』）。

（26）このミュンスター派は、ミュンスター司教の軍勢との戦いの末、壊滅した（鈴木『アーミッシュの生き方』二四頁、三〇頁）。

（27）現代にいたるまで続けられているアーミッシュの平和主義者（pacifist）的信念にもとづく兵役拒否とかれらの信仰との関連について、歴史家アルバート・ケイムは、次のように説明している。アーミッシュのコミュニティの宗教的中心は、無抵抗（nonresistance wehrlosigkeit）を軸としており、この無抵抗の信念は、アーミッシュの基本的な信条である一般社会の規範にとらわれないノンコンフォーミティ（nonconformity）の実践に織り込まれている（Keim, Military Service and Conscription, p. 43）。

（28）マーペックは、一五二八年以降活動したシュトラスブルクで、スイス再洗礼派（ザトラー、フープマイアなど）の影響を受けつつ、書物や実際の交流をとおして、アルザスを含む南ドイツやスイスのスイスブレズレンに影響を与えたと推測されている（森田「ピルグラム・マーベック『信仰告白』（一五三一／三二年）」四五七頁；Roth, Marpeck and the Later Swiss Brethren, 1540-1700; Bender, Pilgram Marpeck, pp. 251-252, 260-262）。

（29）たとえば、マタイによる福音書28：20。アーミッシュが教会で使用しているドイツ語訳と英語訳が併記されている聖書の一つ（*The New Testament of Our Lord and Saviour Jesus Christ*, 2006）には、常に人びとともにいるというキリストの言葉（ギリシャ語からの英語訳）が下記のように記されている（Teaching them to observe all things whatsoever I have commanded you: and, lo, I am with you always, even unto the end of the world. Amen）。

（30）Kraybill, *Concise Encyclopedia of Amish*, p. 184

（31）踊「アーミッシュの起源」九四頁

（32）分裂の詳細については以下が参考となる。Gasho, The Amish Division of 1693-1697 in Switerland and Alsace. ガショは分裂に際し指導的役割を果たした人物が記した書簡を収集・分析し、アーミッシュの起源について検討している（坂井『アーミシュ研究』二二頁）。

（33）Nolt, *The Amish*, p. 15

（34）Kraybill, *Concise Encyclopedia of Amish*, p. 190

（35）Nolt, *The Amish*, p. 17

（36）Horst, *Mennonite Confession of Faith*

（37）Stoll, *In Meiner Jugend*; Igou, *Amish Voices*, pp. 23-24; Kraybill, *Concise Encyclopedia of Amish*, pp. 69-70; Scott, *The Amish* Way of Life in Modern American Society, p. 35; Horst, *Mennonite Confession of Faith*.

（38）Gasho, The Amish Division of 1693-1697 in Switerland and Alsace, pp. 245-246. 分裂の際の指導者たちの書簡を分析したガショは、ヤーコプ・アマンの弟と思われるウリ・アマンは、反対派のリーダーであるハンス・ライストが同意しなかった三つの問題について言及している、と述べている。すなわち、"Meidung"（破門された人を避けること）、虚偽を話したことを認めた女性の破門、真の心を持つ人は救われるという言葉である。ヤーコプ・アマンは一六九三年一一月二二日の手紙で、ライストとそのグループがこれら三つの問題に対する態度によって、キリストと使徒の教義（Christ and the Apostles）を捨てたと非難している（Gasho, p. 244）。

（39）Gasho, The Amish Division of 1693-1697 in Switerland and Alsace, pp. 245-246

（40）踊「アーミッシュの起源」九七頁

（41）Nolt, *The Amish*, pp. 18-19

第3章

（1）Kraybill, *Concise Encyclopedia of Amish*, p.144; 鈴木『アーミッシュたちの生き方』三三-三四頁。ヨーロッパからアメリカへのアーミッシュの移動に関しては、踊がその文化的諸相に注目して検討している（踊「ヨーロッパからアメリカへ　アーミッシュの知られざる旅路」）。

（2）Cronk, Gelassenheit, p. 13

（3）鈴木「キリスト教非暴力・平和主義の底流」八八頁：鈴木「コミュニティ創生と健康・治療・食養生」八〇頁

（4）Granick, *The Amish Quilt*, p. 20

（5）"2018 Anabaptist Census," Anabaptist Statistics（2018 Lancaster Mennoite Historical Society Anabaptist Survey）

（6）Kraybill, *The Riddle of Amish Culture*; 鈴木『アーミッシュたちの生き方』三四-三五頁

（7）Granick, *The Amish Quilt*, pp. 18-20; Igou, *Amish Voices*, pp. 24-26 : Nolt, *The Amish*, pp. 19-20

（8）アメリカのアーミッシュメノナイト（またはアーミッシュ　筆者記載）の集会は、一七四〇年頃にペンシルヴェニア州バークス郡、レディングの北側で結成されたのが最初のようだが、スイスブレズレンが持っていた古くからの伝統的な会衆（congregational）形式の教会を維持している（Bender, Some Early American Amish Mennonite Disciplines, p. 90）。

（9）一七五〇年までには、二〇世紀に一般的であるアーミッシュの名字——フィッシャー（Fisher）、ハーシュバーガー（Hershberger）、ハーツラー（Hertzler）、ホステトラー（Hochstetler）、カウフマン（Kauffman）、キング（King）、ランツ（Lantz）、ミラー（Miller）、シュパイヒャー（Speicher）、トロイヤー（Troyer）、ヨーダー（Yoder）、そしてズック（Zug（Zook））の人が、バークス郡にすでに居住していた（Nolt, *A History of the Amish*, p. 56）。

（10）Nolt, *A History of the Amish*, pp. 56-58; 鈴木『アーミッシュたちの生き方』三五頁

（11）Kanagy, *A Pilgrim's Journey*, p. 25

（12）裁判所の記録によると、クリスチャン・ズックは、一七九二年一二月にルーファス・A・ピーチーらの農場を含む土地を購入した最初のアーミッシュである。一六九六年にドイツで生まれ、一七一〇年に一四歳のときに家族とともにアメリカに渡ったコンラッド・ウィザーは、モラヴィア派のキリスト教徒で、ウィリアム・ペンの開拓者と先住民の間を取り持つ有能な調停者であった。当時、ペンシルヴェニア州には約一五〇〇〇人の先住民が住んでいたが、一七六三年には約五〇〇〇人、一七七六年には一〇〇〇人に減少したという。ヨーロッパからの入植者とアーミッシュの関係については、現在もアーミッシュが愛読する雑誌『ファミリーライフ』でもとりあげられており、先住民の激しい襲撃を受けた場合でも無抵抗を貫き戦わなかったというストーリーには、多くの頁が割かれている（Igou, *Amish Voices*, pp. 26-38）。

（13）Nolt, *The Amish*, p. 21.

(14) 鈴木『アーミッシュたちの生き方』四三－四四頁：Kraybill and Hostetter, *Anbaptist World USA*, pp. 55-63

(15) Nolt, *The Amish*, p. 122

(16) Granick, *The Amish Quilt*, p. 22

(17) Cronk, Gelassenheit, p. 5. 歴史的にみて、アーミッシュとメノナイトは、キリスト教生活のスタイルに大きな違いがあることを認識していた。一六九〇年代にヨーロッパで起こったアーミッシュとメノナイトの分裂は、服装、洗足、シャニング、コミュニオンの頻度などの問題が原因であった。北米では、一般に、二つの伝統のうち、アーミッシュがより保守的であると考えられているが、オールドオーダー運動は、具体的な教会の規則の背景にある共通理解によるものなのである（p. 6）。

(18) Cronk, Gelassenheit, pp. 14-19: Umble, Memoirs of an Amish Bishop, pp. 101-103, 105

(19) Cronk, Gelassenheit, p. 29

(20) Umble, Memoirs of an Amish Bishop, p. 105. 回顧録では、デヴィッド・ベイラーの「曽祖父であるジェイコブ（ヤコブ）・ベイラー、およびジェイコブ・マストがこの国(アメリカ　括弧内筆者)に来たのは一七三七年なので、アメリカで最も古い会衆(congregations)(教会）は一二五年か一三〇年ほど前のものかもしれない」としている（p.103)。ベイラーは、*Wahres Christenthum*（*True Christianity*）の著者として知られている伝統を重んじるビショップであった（Cronk, Gelassenheit, p. 13)。

(21) Umble, Memoirs of an Amish Bishop, p. 101. 回顧録は、アンテベラム期における一般社会とアーミッシュのあいだの変化にかんする、貴重な第一次資料となっている。ここでは、二〇世紀半ばにアンブルによってドイツ語から翻訳され編集された文章（pp. 98-105）を引用しつつ、アーミッシュ自身が変化をどのようにみていたのかを検討した。

(22) Umble, Memoirs of an Amish Bishop, p. 101.「歩くのが苦手なお年寄りは、馬に乗るか家にいるしかなかった」(pp. 101-102) という記述から、馬車は一般的ではなく、歩くことと馬に乗ることが普通であったことが示唆されている。

(23) ここでは二頭立ての耕耘機ではなく、一頭の馬に引かれた一本または二本のショベル耕耘機であるSchauffelegge（シャウフレゲ）のことを指している。畑の耕作はすべて庭用の鍬で行っていたということらしい（Umble, Memoirs of an Amish Bishop, p. 102)。

(24) Umble, Memoirs of an Amish Bishop, p. 102

(25) Umble, Memoirs of an Amish Bishop, p. 102

(26) Umble, Memoirs of an Amish Bishop, p. 102

(27) Umble, Memoirs of an Amish Bishop, p. 105

(28) Hostetler, Old World Extinction and New World Survival of the Amish, p. 219: Cronk, Gelassenheit, p. 16

(29) Cronk, Gelassenheit, p. 42

(30) Cronk, Gelassenheit, p. 33

(31) Umble, Memoirs of an Amish Bishop, p. 103
(32) アーミッシュの間のきまり（discipline）について、代表者が集まって議論し、方向性を決めることはなされていたが、その内容について多くは個人的な覚え書きのみで明確に残されているわけではない。だが、一九世紀の初期にペンシルヴェニア州のいくつかのグループの代表が集まった会議では署名がなされている文書も見い出された（Bender, Some Early American Amish Mennonite Disciplines, pp. 90-91）。
(33) Cronk, Gelassenheit, p. 19; Bender, Some Early American Amish Mennonite Disciplines, p. 94
(34) Igou, *Amish Voices*, pp. 115-116; 鈴木『アーミッシュたちの生き方』四二頁；Beiler, Ordnung
(35) Nolt, *A History of the Amish*, pp. 127-129
(36) 一八五五年には、オハイオ州でもいくつかのミーティングハウスが建設され、インディアナ州では、一八五六年から、ミーティングハウスでの礼拝が始まった。
(37) 一九世紀にメノナイトのあいだでは、敬虔派（ピエティスト）の賛美歌を取り入れた新しい「アウスブント」が作られ、アーミッシュのあいだでも、これらを使う人びとが出てきた。新しい「アウスブント」においては、かつての迫害と殉教によるゲラーセンハイトの表現よりも、敬虔派の賛美歌のなかで提供されている、対人関係、利己的な欲望、日々の苦難など、日常のさまざまな経験との関連でゲラーセンハイトを論じた歌が採用されたのである（Cronk, Gelassenheit, p. 33）。
(38) Nolt, *A History of the Amish*, p. 109; 鈴木『アーミッシュたちの生き方』五一頁
(39) Cronk, Gelassenheit, p. 34
(40) アメリカで最初のアーミッシュ会議が開かれたのは一八六二年のことであり。これは「進歩的」なグループの代表の集まりで、その後、定期的に年次大会が開催された（Bender, Some Early American Amish Mennonite Disciplines, p. 90）。
(41) Bender, Some Early American Amish Mennonite Disciplines, pp. 96-97; Cronk, Gelassenheit, p. 20. アイオワ州のビショップから一八六五年の会議に提出された書簡には、南北戦争時代のアーミッシュのビショップが教会の運営において経験した典型的な懸念が表現されている。これを受けた会議の「最初の決議」には、特に若い人びとの服装や髪型におけるプライドと世俗性を非難する長い声明が含まれていた（Bender, An Amish Bishop's Conference Epistle of 1865, pp. 222-223）。
(42) より保守的なアーミッシュの信徒は、「オールドオーダーアーミッシュ」と呼ばれているが、今日まで信徒制の政府形態を維持している（Bender, Some Early American Amish Mennonite Disciplines, p. 90）。
(43) アーミッシュ教会のあり方を考えるミニスターズミーティングにかかわる資料をまとめたヨーダーは、これら二つのグループを表現する語の選択の難しさに言及している。これまでの方法を大切にする姿勢を保守派（conservative）と呼ぶことは妥当であろうが、変化の提唱者たちについては、進歩派（progressives）と呼ぶのは適当ではなく、変化を受け入れるという意味でリベラル（liberal）と

いう語がより実情に合っていると述べている。一方で、オールドオーダーアーミッシュの人びとが進歩や改善に興味がないわけではないし、他方で、変化を受け入れる人びとは聖書を重視しなくなったのではなく、むしろとくに新約聖書についてより正しく読むことを意図していた人びともいたからである（Yoder. *Tennessee John Stoltzfus* p. 18）。また、クロンクは、「「伝統的（*traditional*）」、「進歩的（*progressive*）」という言葉は、一九世紀のアメリカとカナダの生活に適応した二つのモードを区別するために、この文脈では役に立つ。これらの言葉は、伝統が近代と対立するという枠組みを意味するものではなく、ある救済プロセスが他のプロセスと対立するという意味に過ぎない。保守的なシステムは、対抗する救済プロセスと同様に近代的であった。両者ともに、近代世界における人間の創造性と力の可能性を認識していた。しかし、彼らはその能力に対して異なる方法で反応した」、と指摘している（Cronk. Gelassenheit. p. 12）。

（44）この教会は、カンザス州にあり、創立年は一九五八年、メンバーは一六九（二〇一四年現在）である（鈴木『アーミッシュたちの生き方』四八頁）。

（45）Scott. The Amish Way of Life in Modern American Society. p. 35; Stoll. *In Meiner Jugend.* p. 5; Nolt. *The Amish.* pp. 68-69, 128; Igou. *Amish Voices.* pp. 122-128

（46）鈴木『アーミッシュたちの生き方』四九－五〇頁；Stoll. *In Meiner Jugend.* p. 5. 書き言葉としてのドイツ語は、標準ドイツ語を使用する（大河原『裁判からみたアメリカ社会』一四三頁（注3））。

（47）鈴木『アーミッシュたちの生き方』五〇頁

（48）Nolt. *A History of the Amish.* p. 235

（49）鈴木『アーミッシュたちの生き方』四九頁（筆者が参加したのは、二〇〇九年一一月一日の礼拝である）

（50）Nolt. *A History of the Amish.* pp. 217, 235

（51）Nolt. *A History of the Amish.* pp. 266-267. ペンシルヴェニア州ランカスター郡のグループは、電気や電話の使用、トラクターを使った農業を認めてきた。オハイオ州ホームズ郡のニューオーダーアーミッシュは、これらをほとんど許可していない。

（52）馬車をもちいるニューオーダーグループは、伝統的な生活を守る「アーミッシュ」（オールドオーダーアーミッシュ）に属するアフィリエーションの最も現代的なタイプとみなされている（Nolt. *The Amish.* p. 38）。

（53）Miller and Miller. *Plain Wit and Wisdom*

（54）鈴木『アーミッシュたちの生き方』五九－六〇頁

（55）Granick. *The Amish Quilt.* p. 39

第4章

(1) Snyder, *From Anabaptist Seed*, pp. 37-47
(2) Nolt, *The Amish*, p. 8
(3) Kraybill and Nolt, *Amish Enterprise*, pp. 11-12
(4) Cronk, Gelassenheit, p. 7
(5) Kraybill, *Concise Encyclopedia of Amish*, pp. 115-116, 147-148
(6) Nolt, *The Amish*, p. 42
(7) Kraybill, *The Puzzle of Amish Life*, p. 21
(8) "Amish Population, 2021." 二〇二一年の人口推計("Amish Population, 2021")の主な資料として、Raber's *New American Almanac*, *Die Botschaft*, *The Budget*, *The Diary* など多くのアーミッシュが読んでいる雑誌の通信員による報告、セツルメント・ディレクトリ、地域ニュースレター、セツルメントの情報提供者からの情報が使われている。データは、交通手段として馬車を使っているすべてのアーミッシュグループを含んでいる。ビーチーアーミッシュやアーミッシュメノナイトのように車を運転するグループは含んでいない。
(9) Nolt, *The Amish*, p. 52; Hostetler and Meyers, Old Order Amish
(10) Beiler, Ordnung; Nolt, *A History of the Amish*, p. 126
(11) Scott, The Amish Way of Life in Modern American Society, p. 35; Igou, *Amish Voices*, p. 151; Horst, *Mennonite Confession of Faith*
(12) Stoll, *In Meiner Jugend*, p. 5; Nolt, *The Amish*, pp. 119, 64-107
(13) Nolt, *The Amish*, pp. 34-35
(14) Nolt, *The Amish*, p. 49
(15) 鈴木『アーミッシュたちの生き方』三七-三八頁 ;Igou, *Amish Voices*, pp. 63-66
(16) 鈴木『アーミッシュたちの生き方』三八頁
(17) Igou, *Amish Voices*, p. 120
(18) 聞き取りは二〇一九年六月一一日
(19) Scott, The Amish Way of Life in Modern American Society, p. 36
(20) Igou, *Amish Voices*, pp. 123-124, 127-128
(21) Cronk, Gelassenheit, pp. 30-34 アメリカのメノナイトが新しい賛美歌を編纂しようとした最初の試みは、フランコニア・コンフェレンスとランカスター・コンフェレンスの共同プロジェクトとして始まったが、最終的には二冊の別々の本を出版することになった。賛美歌の約半分は同じものだが、一八〇三年に最初に出版されたフランコニア・コンフェレンスの賛美歌集には、「アウスブント」の賛美歌が2曲だけ収録されていた。その1年後に発行されたランカスター・コンフェレンスの賛美歌集は、より保守的なもので「アウスブント」の賛美歌の約45%が含まれていた。この賛美歌集から二つの簡略化されたものが出ており、後にアーミッシュが愛用するようになった（pp. 30-31）。

（22）Cronk, Gelassenheit, p. 10

（23）Igou, *Amish Voices*, pp. 133-136; Kraybill, *The Amish of Lancaster County*, p. 21; クレイビル『アーミッシュの謎』一八〇頁。ペンシルヴェニア州ランカスターでは、聖書にもとづき、候補者は、教会メンバーである子ども、あるいは少なくとも一人は子どもをもつこと、そしてすべての子どもがよい行いをしていることなどが条件に含まれる（Igou, *Amish Voices*, p. 136）。

（24）鈴木『アーミッシュたちの生き方』四一－四二頁；Igou, *Amish Voices*, p. 120

（25）Zook, Slow-moving Vehicles, pp. 145-160; 大河原『裁判からみたアメリカ社会』一一八－一二八頁：大河原『法廷の中のアーミッシュ』一一二－一二一頁

（26）Scott, The Amish Way of Life in Modern American Society, pp. 40, 45

（27）たとえば、アーミッシュの生活を描いたノンフィクションには、主人公が、彼女の親族や知人が車やバイクに興味をもつ状況や車の使用をめぐる教会コミュニティの議論に関して憂慮している様子が書かれている（Stutzman, *Emma*, pp. 125-128）。

（28）Smith, *The Amish*, p. 21

（29）Hostetler, *Amish Society*, pp. 118-121; 鈴木『アーミッシュたちの生き方』一一一頁。ヨーロッパで再洗礼派の人びとは、その勤勉さや農業における工夫によって認められ、招聘され支援を受けられることもあった（踊「アーミッシュの起源」九一－一一五頁）。

（30）Nolt, *The Amish*, pp. 81-82

（31）Igou, *Amish Voices*, p. 109

（32）Nolt, *A History of the Amish*, p. 216; Nolt, *The Amish*, p. 82

（33）Scott, The Amish Way of Life in Modern American Society, pp. 38-39; Smith, *The Amish*, p.27

（34）Kanagy, *A Pilgrim's Journey*, p. 53

（35）Pellman and Pellman, *The World of Amish Quilts*, p. 9

（36）Granick, *The Amish Quilt*, p. 128

（37）Brackman, *Encyclopedia of Pieced Quilt Patterns*, p. 234

（38）サラ・ミラーは、一九三〇年代から一九四〇年代にかけてインディアナ州のオールドオーダーアーミッシュ教会のメンバーであった。子どものときに母親から、濃紺、黒、紫など、より古い時代の多くのキルトに共通の色ではなく、白やパステルカラーの布を用いたキルト作りを教えられた。成人して移ったアイオワ州カロナの郊外の家に設けた店で、布やキルトを販売し、またキルトの収集も行っ

てきた（Smucker, *Amish Quilts*, pp. 1-2, Smucker, Crews, and Welters, *Amish Crib Quilts from the Midwest*）。

（39）Cronk, Gelassenheit, p. 17

（40）Scott, The Amish Way of Life in Modern American Society, pp. 40-46

（41）このキルトの前所有者、ゼニア・コードから得られた情報である（二〇一三年月二六日）。

（42）Granick, *The Amish Quilt*, pp. 128-129

（43）Scott, The Amish Way of Life in Modern American Society, p. 46

（44）Scott, The Amish Way of Life in Modern American Society, pp. 40-41, 43, 46

（45）Herr, *Quilting Traditions*, p. 58

（46）Nolt, *A History of the Amish*, pp. 217, 220

（47）Scott, The Amish Way of Life in Modern American Society, pp. 45-46

（48）Cronk, Gelassenheit, p. 9

（49）インディアナ州中部のココモ周辺に居住する、かつてイリノイ州から移動してきたアーミッシュにおいては、黒のドレスは教会用と喪服として着用される。ブルー（青色）のドレスは、女児も含め、教会用にも日常にも着用される。ヘッドカバリングには白や黒があり、このアーミッシュ教会の女性は紐を結ばず後ろへ垂らしてつける。黒は教会用で、白いものは、平日も教会へもつけることができる。女性は服を作るが、男性服については、購入することもある。なお、キルトについては、赤色は用いられるが、鮮やかな赤（vivid red）やオレンジは、ほとんどみられない（ココモ周辺のアーミッシュと長年交流のあるキルトの研究者・収集家ゼニア・コードからの聞き取りにもとづく。二〇一三年五月二六日）。他方、インディアナ州北部ラグレンジ郡に居住するアーミッシュの女性が作った黒のスーツは、セットの黒のエプロンをつければ日常着として、白のオーガンディーのエプロンをつければ教会用となるという（ラグレンジ郡のアーミッシュと交流のあるキルトの研究者・収集家レベッカ・ハーラーからの聞き取りにもとづく。二〇一二年九月二六日）。

（50）ゼニア・コードからの聞き取りにもとづく（二〇一三年五月二六日）。

（51）ゼニア・コードからの聞き取りにもとづく（二〇一三年五月二六日）。

（52）Scott, The Amish Way of Life in Modern American Society, p. 38

（53）Igou, *Amish Voices*, pp. 159-161

（54）Igou, *Amish Voices*, pp. 161-162

（55）Igou, *Amish Voices*, p. 164

（56）Gasho, The Amish Division of 1693-1697 in Switerland and Alsace, pp. 245-246

（57）Igou, *Amish Voices*, pp. 165-166

（58）レベッカ・ハーラーからの聞き取りにもとづく（二〇一六年八月二二日）。

（59）「タフテッド（tufted）」（房状）、「レイズドワーク（raised work）」（隆起した作品）、「プラッシュワーク（plush work）」（フラシ天でつくったもの）などと表現され、年代によって毛糸が化学繊維やウール、または混合繊維であることもある（ゼニア・コードからのメールによる情報提供 二〇二一年六月二六日、三〇日）。「プラッシュ」（フラシ天）は、ビロード布よりもっとソフトな感じの布を意味する。

（60）Herr, Amish Arts of Lancaster County, pp. 44-45, 90-91　ヘアは「アーミッシュンキルト・デコレーションスプレッド」について、その重さと厚さのためにあまり知られていないと述べている（pp. 90-91）。

（61）Snyder, *From Anabaptist Seed*, pp. 28-29

（62）Nolt, *The Amish*, p. 50

（63）Kraybill, *Concise Encyclopedia of Amish*, pp. 190-191

（64）鈴木『アーミッシュたちの生き方』六〇頁

第5章

（1）Hostetler and Huntington, *Children in Amish Society*, pp. 12-15

（2）Nolt, *The Amish*, p. 52

（3）Igou, *Amish Voices*, p. 129

（4）鈴木『アーミッシュたちの生き方』七二頁

（5）Hostetler and Huntington, *Children in Amish Society*, pp. 15, 25-26; Nolt, *The Amish*, pp. 54-55

（6）鈴木『アーミッシュたちの生き方』七一－七二頁

（7）Nolt, *The Amish*, p. 59

（8）Kanagy, *A Pigrim's Journey*, p. 47

（9）Nolt, *The Amish*, p. 49

（10）Herr, *Quilting Traditions*, p. 57

（11）Houck, *The Quilt Encyclopedia Illustrated*, p. 76

（12）Kraybill, *Concise Encyclopedia of Amish*, p. 86

（13）Nolt, *The Amish*, pp. 37, 63

（14）Stoll, *In Meiner Jugend*, pp. 214-219; Stutzman *Tobias of the Amish*, p. 132

（15）Igou, *Amish Voices*, p. 74

（16）鈴木「アメリカ　アーミッシュの結婚式の食」。菅原は、アーミッシュの結婚式の進行や食べ物について参加経験にもとづき詳細に記述している（菅原『アーミッシュの食卓』）。
（17）Lithgow, *Quiltmaking and Quiltmakers*, p. 54
（18）ゼニア・コードからの聞き取りにもとづく（二〇一六年八月二二日）
（19）Herr, *Quilting Traditions* p. 56
（20）裏打ち（backing　あるいはLining）。キルトの裏地には、無地のコットンが最も一般的に使用されていた。プリントの生地を使用した例はいくつかあるが、それらはよりリベラルな教会に属しているキルトメイカーの作品である可能性が高い（Granick, *The Amish Quilt*, p. 127）。
（21）オールドオーダーアーミッシュのゾルとナンシーへの聞き取りにもとづく。（二〇一一年九月二七日）
（22）Kraybill, *Concise Encyclopedia of Amish*, p. 86; Nolt, *The Amish*, p. 65
（23）レベッカ・ハーラーからの聞き取りにもとづく（二〇一三年五月二七日）
（24）Scott, The Amish Way of Life in Modern American Society, p. 39. アーミッシュの中には賠償責任保険に加入している人もいるが、ほとんどの人は商業的な生命保険、傷害保険、健康保険に加入していない。多額の医療費の支払いという問題に対応するため、アーミッシュ・エイドプランというアイデアが生まれ、また、いくつかのコミュニティでは他の内部プランもある。これらは、互いに助け合う方法と見なされてきた（Igou, *Amish Voices*, pp. 56, 192）。
（25）Scott, The Amish Way of Life in Modern American Society, pp. 39, 47. ほとんどのアーミッシュの農場は、納屋やサイロ、大家族のための広々としたファームハウス、そして祖父母のための独立した「グランパ grandpa」ハウスなど、大規模な建物の集合体で構成されている。（Kraybill, The Quiltwork of Amish Culture, p. 36）
（26）鈴木『アーミッシュたちの生き方』一九七－一九八頁；Loewen and Nolt, *Seeking Places of Peace*, pp. 21-22, 166-167, 182-191, 306-308
（27）Weaver, *A Table of Sharing*
（28）ダンクル『ステラおばさんのアメリカンカントリーのお菓子』五〇頁；鈴木「アーミッシュを訪ねて4—食文化」
（29）国際的に展開されてきた再洗礼派の平和主義にもとづく活動については、Ishida, A Confluence of Alternatives も参照。
（30）Schlabach, *Peace, Faith, Nation*, p. 185; Keim, Military Service and Conscription, p. 45; Lehman and Nolt, *Mennonites, Amish, and the American Civil War*, pp. 66-67; Igou, *Amish Voices*, p. 202
（31）Keim, Military Service and Conscription, pp. 45-48; Igou, *Amish Voices*, pp. 206-213
（32）Keim, Military Service and Conscription, pp. 49-56
（33）Keim and Stoltzfus, *The Politics of Conscience*, pp. 144-145; Sherk, "I-W Service（United States）"

（34）Neufeld, *If We Can Love*, pp. 26-28; Keim and Stoltzfus, *The Politics of Conscience*, p. 145. 高齢者対象住居施設を創設する際、I-Wを実践する場所としても考慮されていたことは、ペンシルヴェニア州のメノナイトの老人ホームの歴史記録にも"Fiarmount and the I-W program"として記されている（Richard, *Fairmount Homes*, p. 44）。

（35）Nolt, *A History of the Amish*, 253-254, 256; 鈴木「キリスト教非暴力・平和主義の底流」九三－九四頁；鈴木『アーミッシュたちの生き方』一三六、一三九－一四〇頁

（36）Nolt, Moving Beyond Stark Options; Nolt, *The Amish*, pp. 104-105; 鈴木『アーミッシュたちの生き方』一三六－一三八頁

（37）Cates, Facing Away

（38）Nolt, *The Amish*, p. 105; 鈴木『アーミッシュたちの生き方』一三八頁

（39）Kanagy, *A Pilgrim's Journey*; Kanagy, *A Pilgrim's Journey II*

第6章

（1）Beiler, Ordnung; Nolt, *The Amish*, p. 35

（2）Hostetler and Huntington, *Children in Amish Society*, pp. 12-33

（3）鈴木『アーミッシュたちの生き方』一一五頁

（4）Nolt, *The Amish*, p. 69

（5）鈴木『アーミッシュたちの生き方』一一二頁；鈴木「アーミッシュを訪ねて4―食文化」一六－一七頁；Fenstermacher and Fenstermacher, *Favorite Recipes from the Riehls' Kitchen*

（6）鈴木「アーミッシュを訪ねて1―歴史的背景と多様性」一二一－一二三頁；鈴木『アーミッシュたちの生き方』一一三頁

（7）Kanagy, *A Pilgrim's Journey*, p. 22　リー・カナギーについては、第3章1節、第4章2－3、第5章1－1、4－2、第6章1－1も参照。

（8）Kanagy, *A Pilgrim's Journey*, p. 22

（9）Kanagy, *A Pilgrim's Journey*, pp. 22-25

（10）Houck, *The Quilt Encyclopedia Illustrated*, pp. 16-17

（11）レベッカ・ハーラーからの聞き取り調査は、インディアナ州ラグレンジ郡シップシェワナ二〇一二年九月二六日。

（12）Fisher and Stahl, *The Amish School*, pp. 48, 58-62

（13）Scott, The Amish Way of Life in Modern American Society, p. 37

（14）Nolt, Inscribing Community, pp. 181-198; Oyabu and Sugihara, Analysis of Amish Family-Based Education, pp. 49-62

（15）Martin, *Always A Child*

(16) Scott, The Amish Way of Life in Modern American Society, p. 44

(17) 鈴木「アーミッシュを訪ねて 3：コミュニティの中での教育」；鈴木『アーミッシュたちの生き方』六七－七〇頁：アーミッシュの教育に関する裁判については、後述のように、主として、アーミッシュの生活に関する研究を蓄積してきたアーミッシュの家庭に生まれ育った文化人類学者ジョン・A・ホステトラー（John A. Hostetler）の論考、および、リンドホーム（William C. Lindholm）をはじめ、アーミッシュ関連の裁判などの支援者たち自らが執筆した論考が含まれる、社会学者クレイビル編の文献（Kraybill, *The Amish and the State*）を引用している。ヨーダー事件では、ホステトラーが専門家証人（expert witness）を務めた（Lindholm, The National Committee for Amish Religious Freedom, pp. 117-118）。

(18) Nolt, *The Amish*, p. 75

(19) 藤田「教育・国家・コミュニティ」一〇〇頁

(20) Meyers, Education and Schooling, p. 88

(21) Hostetler, *Amish Society*, pp. 257-258; Hostetler and Huntington, *Children in Amish Society*, pp. 97-104; Meyers, Education and Schooling, pp. 88-92

(22) Hostetler, *Amish Society*, pp. 258-259; Hostetler and Huntington, *Children in Amish Society*, pp. 97-104; Meyers, Education and Schooling, pp. 97-100; 藤田「教育・国家・コミュニティ」一〇〇－一〇二頁

(23) Hostetler, *Amish Society*, pp. 261-262; Lindholm, The National Committee for Amish Religious Freedom, p. 112

(24) Hostetler, *Amish Society*, pp. 262-263; Lindholm, The National Committee for Amish Religious Freedom, pp. 116-120. メイヤーズは、州ごとにアーミッシュの裁判をめぐる状況をまとめているなかで、ヨーダー裁判を扱っている。Meyers, Education and Schooling, pp. 97-100; 大河原『法廷の中のアーミッシュ』九九－一〇一頁

(25) Lindholm, The National Committee for Amish Religious Freedom, pp. 120-122

(26) Nolt, *The Amish*, p. 76

(27) 本節は、鈴木『アーミッシュたちの生き方』八〇－九九頁をもとに加筆修正している。

(28) Gaither, *Homeschool*, p. 2

(29) Lois, *Home is Where the School Is*, p. 1. 一九八〇年代半ばに米国教育省は、三〇万人以下のアメリカの子どもたちがホームスクールを利用していると推定していた（p. 1）。

(30) Ray, Homeschooling: The Research

(31) メイベリー他『ホームスクールの時代』一五－一六頁

(32) 秦「裁判による認知」；メイベリー他『ホームスクールの時代』一五－一六頁

（33）Schumm, Homeschooling in Kansas
（34）メイベリー他『ホームスクールの時代』二九頁：Hadeed 1991も参照。
（35）ジョウルが筆者に送ってくれたエッセイ「バスケットからバイトへ（From Baskets to Bytes）」（二〇〇八年一二月一二日）より引用。以下の引用二つについても同様。
（36）本節は、鈴木『アーミッシュたちの生き方』九九－一〇一頁をもとに考察を加えたものである。
（37）Weaver, *A Table of Sharing*; Kraybill, The Mystery of Broad-Based Commitment Nolt, Relationship with "Plain" Anabaptists in Historical Perspective
（38）Bontrager, Encounters with the State, 1990-2002
（39）Nolt and Meyers, *Plain Diversity*, p. 180
（40）鈴木『エイジングフレンドリー・コミュニティ』

第7章

（1）社会学者クレイビルと歴史学者スティーヴン・M・ノルトは、アーミッシュビジネス（事業）のオーナー経営者をアントレプレナー（起業家（entrepreneur））と定義している（Kraybill. and Nolt, *Amish Enterprise*, p. 255 n. 1（注1））。
（2）Kraybill and Nolt, *Amish Enterprise*, pp. 40-41
（3）Scott, The Amish Way of Life in Modern American Society, p. 39; Nolt, *The Amish*, p. 103
（4）鈴木『出産の歴史人類学』九七、一四一頁、鈴木『癒しの歴史人類学』一六五－一六八頁、二一一－二一二頁
（5）Scott, The Amish Way of Life in Modern American Society, p. 39
（6）鈴木「非正統治療者モーリス・メッセゲの植物治療」二四九－二六二頁：鈴木『癒しの歴史人類学』二〇七－二〇八頁
（7）Turco, Tourism in Amish Communities, pp. 138-144; Kraybill, Johson-Weiner and Nolt, *The Amish*, p. 398.
（8）Scott, The Amish Way of Life in Modern American Society, p. 39
（9）Chhabra, How They See Us, pp. 93, 103; Kraybill, Johnson-Weiner and Nolt, *The Amish*, p. 399. ロイ・バックは、ツーリズムなど外の世界に触れることによって、アーミッシュのアイデンティティが強化される面があることを指摘している（Buck, Boundary Maintenance Revised, pp. 221-234）。他方、ディーパック・シャーブラは、変化のなかにあるツーリズムとアーミッシュの関係について、拒絶や完全な協力の間に位置づけられる「交渉された互恵主義」という見方を提示している。
（10）たとえば、「ホスタキルトパターン（hosta quilt pattern）」は、二〇一九年のフィールドワークでアーミッシュ観光のガイドをしているメノナイトのヴァーナから得た情報である。（二〇一九年六月）近年のアーミッシュキルトの傾向については、野村「進化する伝統・

多様化する社会」も参照。

（11）Granick, *The Amish Quilt*, pp. 128-129

（12）インディアナ州北部におけるアーミッシュの男性のモノ作りの実践について、高齢となって農業の仕事から引退し妻を亡くしたシップシェワナの高齢男性の使い古した布を用いたラグ（rag rug）作りの検討から、その活動が、たんに収入を得るだけではなく、個人的な習熟（personal mastery）と社会的関与（social engagement）に寄与しているとみられると指摘がなされている（Kay, *Folk Art and Aging*, p. 4）。

（13）Scott, The Amish Way of Life in Modern American Society, p. 39

（14）鈴木『アーミッシュたちの生き方』一九八頁（インディアナ州ゴーシェン大学教授のロス博士（John D. Roth）のインタビューにもとづく（ゴーシェン 二〇一一年）。Roth, *Teaching That Transforms* も参照）。

（15）鈴木『アーミッシュたちの生き方』一九五頁。再洗礼派のグループを越えての協働については、中「再洗礼派のなかのアーミッシュ」も参照。

（16）鈴木『アーミッシュたちの生き方』一七三頁

（17）鈴木『アーミッシュたちの生き方』一八－一九頁

（18）鈴木『アーミッシュたちの生き方』一二五－一二七頁

（19）Kraybill, Nolt and Weaver-Zercher, *Amish Grace*, pp. 151, 155, 167, 169

（20）Kraybill, Nolt and Weaver-Zercher, *Amish Grace*, pp. 157, 159

（21）ハーマン・ボントラーガーは、アーミッシュ七名、イングリッシュ七名から構成されるニッケルマインズ・アカウンタビリティ委員会のスポークスパーソンであった（Kraybill, Nolt and Weaver-Zercher, *Amish Grace*, p. 32）。

写真7-5	アーミッシュキルト　マット、壁掛け パターン：スター、制作：インディアナ州ラグレンジ郡シップシェワナ、2009年、制作者：ディーナ・マレ（Dena Mullet）（裏角に制作地・制作年・制作者の記載）、51.0 × 51.0 cm、綿（H0279318）
写真7-6	アーミッシュキルト　マット パターン：ボウタイ、制作：インディアナ州、2010年代、制作者：不明、48.5 × 38.0 cm、綿（H0279317）
写真7-7	アーミッシュキルト　ソファカバー、壁掛け パターン：ナインパッチ、制作：インディアナ州ラグレンジ郡、2011年、制作者：クララ・ボントラーガー（Clara Bontrager）、87.5 × 87.7 cm、ウール（ラグレンジ郡で、1900～1920年頃使用されていたウールのドレスやエプロンの布を保存し、カットして用いている）、裏地は綿（H0269523）
写真7-9	ラグ（敷物） 制作：インディアナ州ラグレンジ郡、2011年、制作者：エズラ・ボントラーガー（Ezra W. Bontrager）、134.5 × 64.0 cm、布（ウール：黒のショールなどをほぐした糸を使用）（H0269529）
写真7-13（上）	絵画　キルティングビー 制作：インディアナ州、1980年代（記載あり）、制作者：エマ・シュロック（Emma Schrock（1924-1991）オールドオーダーメノナイト）、43.3 × 53.8 × 5.0 cm、アクリル系塗料・木（H0279292）
写真7-14	鍋敷き 制作：ペンシルヴェニア州ランカスター郡リティツ、2010年、制作者：マリー・E・カットマン（Marie E. Cutman メノナイト）、20.0 × 20.0 cm、綿（H0269503）

写真6-1	アーミッシュキルト　子ども用ベッドカバー（クリブキルト）
	パターン：メープルリーフ（Maple Leaf)、制作：インディアナ州ハワード郡、1938年、制作者：シルヴィア・ホステトラー・トロイヤー（Silvia Hostetler Troyer（Mrs. Henry（1903-1989））、131.0 × 103.5 cm、綿（H0279287）
写真6-2	アーミッシュキルト　子ども用ベッドカバー（クリブキルト）
	パターン：ハミングバード（Hummingbird（はちどり））、制作：インディアナ州ベルン、1930～1940年頃、制作者：不明（リディア・ミラー（Lydia Miller）のために作られた）、93.5 × 142.0 cm、綿（H0275157）
写真6-3	アーミッシュキルト　子ども用ベッドカバー（クリブキルト）
	パターン：ベアズポー（Bear's Paw（熊の手足））、制作：アイオワ州、1910年代、制作者：不明、112.0 × 85.0 cm、綿（H0279288）
写真6-4（右）	アーミッシュキルト　子ども用ベッドカバー（クリブキルト） 「アーミッシュクリブキルト」
	パターン：ボウタイ、制作：インディアナ州ラグレンジ郡、1925年頃（Feb. 1925と日付あり）、制作者：不明、89.0 × 89.5 cm、綿サテン（H0279316）
写真6-5	アーミッシュドール（子ども用玩具人形）
	制作：ペンシルヴェニア州、2000年代、制作者：不明、W11.0 × H17.5 × D5.0 cm、綿（H0269507）
写真6-6	壁掛け
	制作：インディアナ州、年代不明、制作者：不明（送り手と受け取り手とみられる記載（/:行変え）Sharon/12 From Rose Ann / Ruby/ Birthday)、15.0 × 17.0 × 2.5 cm、木・紙・布（H0269537）
写真7-1（右）	アーミッシュキルト　ベッドカバー
	パターン：ダブルナインパッチ、制作：ペンシルヴェニア州ランカスター郡東部、2007年、制作者：エマ・ストルツフス（Emma Stoltzfus（2011年に50代））、266.5 × 229.0 cm、ウール（H0269519）
写真7-2	アーミッシュキルト　壁掛け
	パターン：センターダイアモンド、制作：ペンシルヴェニア州ランカスター郡パラダイス、2010年、制作者：メアリ・グリック（Mary Glick（2011年に70歳代））、114.5 × 115.0 cm、ウール（H0269518）
写真7-4	アーミッシュキルト　ポット用敷物
	制作：ペンシルヴェニア州、2000年代、制作者：不明、ϕ 35.5 × H1.5 cm、綿（H0269504）

写真5-4（上）	アーミッシュキルト　ベッドカバー	
	デザイン：ホールクロス、制作：インディアナ州ハワード郡、1945年頃、制作者：マティー・ミラー（Mattie Miller）（制作者と日付とみられるステッチ M.M.FEB.22.1945. あり）、190.0 × 173.0 cm、綿（H0279285）	
写真5-5（上）	アーミッシュキルト　ベッドカバー	
	パターン：ダブルウェディングリング（Double Wedding Ring）、制作：インディアナ州、1923年頃、制作者（関係者）：シルヴィア・ホステトラー・トロイヤー（Silvia Hostetler Troyer（1903-1989））、192.5 × 206.0 cm、綿（H0275147）	
写真5-6（上）	アーミッシュキルト　ベッドカバー	
	パターン：ボウタイ（Bow Tie（蝶ネクタイ））、制作：インディアナ州、1940年頃、制作者：シルヴィア・ホステトラー・トロイヤー（Silvia Hostetler Troyer（1903-1989））、208.0 × 189.0 cm、綿（H0269514）	
写真5-7	アーミッシュキルト　ベッドカバー 「アーミッシュボウタイキルト」（Amish Bow Tie Quilt）	
	パターン：ボウタイ、制作：インディアナ州エルクハート郡ゴーシェン、1922年頃（角に日付のステッチ）、制作者：不明、154.0 × 196.7 cm、綿（H0275156）	
写真5-8	アーミッシュの逆さガラス絵／錫箔アートの壁掛け（Amish Reverse Glass Painting or Tin Foil Art）	
	制作：インディアナ州、1925～1945年頃、制作者：不明、30.5 × 25.5 cm、ガラス・アルミホイル・塗料（H0275158）	
写真5-9（上）	アーミッシュキルト　ベッドカバー	
	パターン：サンシャインアンドシャドウ（Sunshine and Shadow）、制作：ペンシルヴェニア州ギャップ、1972年、制作者：サディー・ストルツフス（Sadie Stoltzfus）、203.0 × 201.0 cm、化学繊維（H0269520）	
写真5-10（上）	アーミッシュキルト　ベッドカバー	
	パターン：フレンドシップキルト（Friendship Quilt）（アルバムキルト、シグネチャーキルト）、制作：インディアナ州、1950年頃、制作者：Laura Hostetler, Mattie and Sarah Miller, Clara Hochstetler, Magdalena Otto ほか、227.0 × 190.0 cm、綿（H0279284）	
写真5-11（上）	アーミッシュキルト　ベッドカバー	
	パターン：フレンドシップキルト（アルバムキルト、シグネチャーキルト）、制作：インディアナ州ラグレンジ郡、1942年頃（キルトの一つのブロックに、Mrs. D.B. Glick 1942と刺繍がなされている）、制作者：Mrs. Daniel J. Glick, Levi Certie, Mrs. Susie Miller ほか、200.0 × 176.0 cm、綿（H0275155）	

写真4-20	女児ワンピース 制作：インディアナ州ラグレンジ郡シップシェワナ、1900～1920年代、制作者：不明、64.0×76.0 cm、ウール（H0279305）
写真4-21	パッチワーク表布 パターン名：バーズあるいはチャイニーズコインズ（Chinese Coins）バリエーション、制作：インディアナ州ラグレンジ郡、1970年代、制作者：サラ・カウフマン・ヨーダー（Sara Kauffman Yoder）、71.0×71.0 cm、ウール（H0279298）
写真4-22（上）	アーミッシュキルト　ベッドカバー 「スターキルト」 パターン：スター（Stars）、制作：インディアナ州ラグレンジ郡、1964年頃、制作者：メアリ・ヨーダー（Mary Yoder）（1948年生まれのメアリが16歳頃に制作）、226.5×193.0 cm、綿（H0279293）
写真4-23	アーミッシュキルト　コンフォーター デザイン：クレイジーキルト（Crazy Quilt）、制作：インディアナ州ゴーシェン、1930～1940年頃、制作者：不明、185.0×199.2 cm、綿・デニム・コーデュロイ（H0275154）
写真4-24	パッチワーク用ブロック パターン：スター模様、制作：インディアナ州、1900～1950年頃、制作者：不明、13.0×13.0 cm、毛糸（H0279315）
写真4-25	鶏型裁縫セット「アーミッシュチキン」「アーミッシュフォークアートチッキンソーセンター」（Amish Folk Art Chicken Sew Center） 収集：ペンシルヴェニア州インターコース、2011年9月21日、制作：制作地不明、1950年代以降、制作者：不明、13.0×28.0×28.0 cm、木・糸巻き・ハサミ（H0269524）
写真4-26	イチゴをモチーフとしたピンクッション（針山） 収集（使用）地：インディアナ州ゴーシェン、2011年10月8日、使用年代：不明、制作者：不明、サイズ：φ15×26 cm、布・ガラス（H0269535）
写真5-2	アーミッシュキルト　子ども用ベッドカバー（クリブキルト） 「アーミッシュシェヴロン」 パターン：シェヴロン（Chevron（山形模様））、制作：インディアナ州ラグレンジ郡、年代不明、制作者：クララ・ボントラーガー（Clara Bontrager）の姪、99.5×101.5 cm、表地はウール、裏地は綿（H0279296）
写真5-3（上）	アーミッシュキルト　ベッドカバー パターン：グランドマザーズチョイス（Grandmother's Choice）／レイルロードクロシング（Railroad Crossing）、制作：アイオワ州、1930～1940年代、制作者：ルース・スワントリーあるいはスワンリー（Ruth Swantly あるいは Swanley）の祖母、179.0×196.5 cm、ウール・綿（H0279283）

写真4-9（上）	アーミッシュキルト　ベッドカバー	パターン：ログキャビン（コートハウスステップス（Courthouse Steps）バリエーション）、制作：アイオワ州、1920～1930年頃、制作者：不明、160.5×169.0 cm、綿・ウール（H0279294）
写真4-11（上）	アーミッシュキルト　ベッドカバー	パターン：ピンホイール（Pinwheel（風車））、制作：インディアナ州、1900-1920年、制作者：ホステトラー（Hostetler）夫人（Sylvia Hostetler Troyerの母）、179.5×199.0 cm、綿（H0275150）
写真4-12	ランタン（ランプ）	使用地：インディアナ州ゴーシェン、収集：2011年10月8日、制作：年代不明、制作者：不明、ϕ 11.5×25.0 cm、金属・ガラス（H0269534）
写真4-15	アーミッシュ女性用衣装：ドレス（ワンピース）、ケープ、エプロン、ヘッドカバリング	収集：インディアナ州ゴーシェン、2009年11月17日、20日、［ドレス（ワンピース）］（H0269479）、［ケープ］（H0269480）、［エプロン］ポリエステル（推定）（H0269481）、［ヘッドカバリング］ナイロン（推定）（H0269493）
写真4-16	アーミッシュ男性用衣装：ベスト、パンツ、シャツ、麦わら帽子	［ベスト、パンツ］収集：インディアナ州ゴーシェン、2009年11月17日、ジャージ・化繊のニット・ナイロン、［ベスト］（H0269496）、［パンツ］（H0269497）、［シャツ］制作：インディアナ州ラグレンジ郡、1960年代（推定）、制作者：サラ・ヨーダー（Sara Kauffman Yoder）、綿（H0279306）、［麦わら帽子］制作：ペンシルヴェニア州ランカスター、2011年頃、制作者：ナンシー・ストルツフス（Nancy Stoltzfus）（H0269530）
写真4-17	アーミッシュ男児用衣装：シャツ、吊りバンド付きパンツ、麦わら帽子	制作：インディアナ州ハワード郡、2000～2010年代、制作者サラ・オットー（Sarah Otto）、化学繊維、［シャツ］（H0275213）、［パンツ］（H0275217）、［麦わら帽子］収集：インディアナ州ハワード郡、2013年5月（H0275202）
写真4-18	アーミッシュ女児用ワンピース	収集：インディアナ州ゴーシェン、2009年11月17日、ワンピース、ウール（モスリン）（H0269502）
写真4-19	女児用ドレス：ワンピースとピナフォア	制作：インディアナ州ハワード郡、2000～2010年代、制作者：サラ・オットー（Sarah Otto）、綿、［ワンピース］（H0275198）、［ピナフォア］（H0275197）

写真1-20 （上）	アーミッシュキルト　ベッドカバー
	パターン：ソートゥースセンターダイアモンド 、制作：ペンシルヴェニア州、1910年代、制作者：不明、211.5 × 210.5 cm、綿（H0279290）
写真1-21	アーミッシュキルト　ベッドカバー
	パターン：ソートゥースセンターダイアモンド、制作：インディアナ州ハワード郡、1940年代、制作者：ホステトラー／トロイヤー・ファミリー（Hostetler / Troyer family）のメンバー、184.0 × 174.0 cm、綿（H0279286）
写真1-22	アーミッシュキルト　ベッドカバー 「アーミッシュソートゥースダイアモンド」
	パターン：ソートゥースセンターダイアモンド、制作：インディアナ州ラグレンジ郡、1930～1940年頃、制作者：不明、166.0 × 202.0 cm、綿（H0279297）
写真1-23 （上）	アーミッシュキルト　ベッドカバー
	パターン：バーズ（Bars）、制作：ペンシルヴェニア州ランカスター郡、1910～1930年頃（推定）、制作者：不明、224.3 × 192.3 cm、ウール（H0279280）
写真1-24 （上）	アーミッシュキルト　ベッドカバー
	パターン：バーズ、制作：ペンシルヴェニア州、1920年代、制作者：不明、180.0 × 180.0 cm、ウール（H0279291）
写真1-25 （上）	アーミッシュキルト　子ども用ベッドカバー（クリブキルト） 「アーミッシュバーズクリブ」
	パターン：バーズ、制作：中西部、1920～1940年代、制作者：不明、119.0 × 162.7 cm、綿（H0275145）
写真4-6 （上）	アーミッシュキルト　子ども用ベッドカバー（クリブキルト）
	パターン：モンキーレンチ（Monkey Wrench）（納屋のドアの穴（Door in the Barn））バリエーション、制作：インディアナ州、1920年頃、制作者：不明、93.5 × 113.0 cm、綿（H0269517）
写真4-7 （上）	オールドオーダーメノナイトによって作られたキルト　ベッドカバー
	パターン：モンキーレンチ、制作：ペンシルヴェニア州バックス郡、1935年頃、制作者：不明、174.5 × 194.5 cm、綿（H0275151）
写真4-8 （右）	アーミッシュキルト　ベッドカバー
	パターン：ログキャビン（バーンレイジングコンフィグレーション）、制作：インディアナ州、1921年頃、制作者：不明、195.0 × 193.5 cm、綿サテン（H0279282）

写真1-12	アーミッシュキルト　子ども用ベッドカバー（クリブキルト）あるいはベビーキルト「アーミッシュナインパッチベビーキルト」	パターン：ナインパッチ（Nine Patch）、制作：インディアナ州ラグレンジ郡、1925～1935年頃、制作者：不明、92.5×97.5 cm、綿（H0279295）
写真1-13（上）	アーミッシュキルト　ベッドカバー	パターン：フォーパッチダイアゴナル（Four Patch Diagonal）、制作：インディアナ州、1938年頃、制作者：シルヴィア・ホステトラー・トロイヤー（Sylvia Hostetler Troyer（1903-1989））、195.0×226.5 cm、綿（H0275152）
写真1-14（上）	アーミッシュキルト　ベッドカバー	パターン：シックスティーンパッチ（Sixteen Patch）、制作：インディアナ州、1920～1940年、制作者：シルヴィア・ホステトラー・トロイヤー（Sylvia Hostetler Troyer（1903-1989））、165.5×184.0 cm、綿（H0275146）
写真1-15（右）	アーミッシュキルト　ベッドカバー	パターン：ダブルアイリッシュチェーン（Double Irish Chain）、制作：アメリカ合衆国中西部、1900～1940年、制作者：不明、182.0×208.5 cm、綿（H0275149）
写真1-16（右）	アーミッシュキルト　ベッドカバー	パターン：ローリングストーン（Rolling Stone）バリエーション、制作：インディアナ州（使用地はアイオワ州）、1890～1910年頃、制作者：不明、184.0×195.0 cm、綿（H0269521）
写真1-17（右）	アーミッシュキルト　ベッドカバー	パターン：オーシャンウェイブス（Ocean Waves）、制作：オハイオ州（推定）、1920～1950年、制作者：不明、200.0×202.0 cm、綿（H0269516）
写真1-18（上）	アーミッシュキルト　ベッドカバー	パターン：センターダイアモンド（Center Diamond）／ダイアモンドインスクエア（Diamond in Square）、制作：ペンシルヴェニア州ランカスター郡（推定）、1910～1930年頃、制作者：不明、207.0×202.7 cm、ウール（H0279281）
写真1-19（上）	アーミッシュキルト　ベッドカバー「ペンシルヴェニアアーミッシュセンターダイアモンドソートゥースボーダー（Pennsylvania Amish Center Diamond Sawtooth Border）」	パターン：ソートゥースセンターダイアモンド（Sawtooth Center Diamond）（センターダイアモンドソートゥースボーダー）、制作：ペンシルヴェニア州、1900年代、制作者：不明、230.0×223.0 cm、ウール（H0279289）

表　本書に掲載した国立民族学博物館所蔵標本資料の詳細

本表に掲載のアーミッシュキルトとは、オールドオーダーアーミッシュによって作られた（あるいはその解釈を得ている）もの。名称の「　」内は、収集地のキルト紹介者によるキルトの呼称。

掲載箇所	名称 詳細
写真1-2	アーミッシュキルト　鍋敷き パターン：ログキャビン（バーンレイジング（Log Cabin（Barn Raising））、制作：インディアナ州、2010年代、制作者：不明、24.0×24.0×3.0 cm、綿（H0279319）
写真1-5	フィードサック布 制作：インディアナ州、1940～1950年代、92.0×51.0 cm、綿（H0279314）
写真1-6（上）	アメリカンキルト　ベッドカバー パターン：ファン（Fan（扇））、制作：インディアナ州、1930～1940年代、制作者：エマ・クレア（Emma Klaer）、165.5×245.0 cm、綿（H0280399）
写真1-7（上）	アメリカンキルト　ベッドカバー パターン：バスケット／バスケットオブチップス（Basket, Basket of Chips）、制作：インディアナ州あるいはミシガン州、1895～1910年頃、制作者：不明、165.0×166.3 cm、綿（H0275153）
写真1-8（上）	アメリカンキルト　ベッドカバー パターン：ダックスアンドダックリングス（Ducks & Ducklings）バリエーション、制作：インディアナ州ロスヴィル、1890年代、制作者：アビー・ハフォード・ガスチョ（Abie Hufford Gascho）、215.0×177.0 cm、綿（H0269515）
写真1-9	アーミッシュキルト　ベッドカバー 「プレーンアーミッシュキルト」 パターン：プレーン（Plain（無地））／ホールクロス（Whole Cloth）、制作：（制作・使用地）インディアナ州ラグレンジ郡あるいはエルクハート郡、1928年頃（年月（MAR（March）19, 1928）のステッチあり）、制作者：不明（イニシャルあり（制作者あるいは受け取り者））、175.0×209.0 cm、綿（H0269522）
写真1-11（上）	アーミッシュキルト　ベッドカバー 「アーミッシュフレームキルト」 パターン：センタースクエア（Center Square）／フレーム（Frame）、制作：インディアナ州、年代不明、制作者：不明、162.0×197.0 cm、綿（H0275148）

館.
—— 2019『エイジングフレンドリー・コミュニティ—超高齢社会における人生最終章の暮らし方』新曜社.
Suzuki, Nanami. 2020. The World of Amish Quilts: Seeking Ways of Living, Weaving the World: A Thematic Exhibition at the National Museum of Ethnology, Osaka, Japan. *Blanket Statements* 143: 11-15.
——. 2020. Weaving Flexible Aging-friendly Communities Across Generations While Living with COVID-19. *Anthropology and Aging* 41(2): 155-166.
——. ed. 2012. *The Anabaptist Idea and the Way of Practicing Care: Reconsidering the Meaning of Life in the 21st Century* (Senri Ethnological Studies) 79. Osaka: National Museum of Ethnology.
Turco, Douglas M. 2000. Tourism in Amish Communities. *Parks and Recreation* 35(9): 138-144.
Visser, Renske C. 2019. Going Beyond the Dwelling: Challenging the Meaning of Home at the End of Life. *Anthropology and Aging* 40 (1): 5-10.
鷲沢玲子 1992『鷲沢玲子のパッチワークキルト入門』日本ヴォーグ社.
Weaver, Alain Epp, ed. 1984. *A Table of Sharing: Mennonite Central Committee and the Expanding Networks of Mennonite Identity*. Telford, PA: Cascadia Publishing House.
Zook, Lee. 2003 [1993]. Slow-moving Vehicles. In Kraybill ed. 2003 [1993], pp. 145-160.

URL

"Amish Population, 2021." Young Center for Anabaptist and Pietist Studies, Elizabethtown College. (http://groups.etown.edu/amishstudies/statistics/population-2021/ (2021年9月15日閲覧)
Anabaptist Statistics. (https://www.lmhs.org/about/anabaptist-statistics/) (2022年2月15日閲覧)

Silber, Julie. 1990. *Amish Quilts of Lancaster County*. San Francisco: Esprit De Corp.
Smith, Elmer L. 1996 (1966). *The Amish*. Lebanon, PA: Applied Arts Publishers.
Smucker, Janneken L. 2013. *Amish Quilts: Crafting an American Icon*. Baltimore: Johns Hopkins University Press.
Smucker, Janneken, Patricia C. Crews, and Linda Welters. 2003. *Amish Crib Quilts from the Midwest: The Sara Miller Collection*. Intercourse, PA: Good Books.
Snyder, C. Arnold. 1999. *From Anabaptist Seed: The Historical Core of Anabaptist-related Identity*. Kitchener, ON: Pandra Press.
Snyder, C. Arnold. 2007. Swiss Anabaptism: The Beginnings, 1523-1525. In Roth and Stayer, eds. 2007, pp. 45-81.
Stayer, James M. 2007. Swiss-South German Anabaptism, 1526-1540. In Roth and Stayer, eds. 2007, pp. 83-117.
Stayer, James M., Werner O. Packull, and Klaus Deppermann. 1975. From Monogenesis to Polygenesis: The Historical Discussion of Anabaptist Origins. *Mennonite Quarterly Review* 49: 83-121.
菅原千代志 1999『アーミッシュの食卓』丸善.
鈴木七美 1997『出産の歴史人類学―産婆世界の解体から自然出産運動へ』新曜社.
―― 1998「非正統治療者モーリス・メッセゲの植物治療―南仏ガスコーニュ地方植物民俗療法の現在」『人間・文化・心―京都文教大学人間学部研究報告』京都文教大学人間学部1: 249-262.（https://kbu.repo.nii.ac.jp/index.php）
―― 2002『癒しの歴史人類学―ハーブと水のシンボリズムへ』世界思想社 .
―― 2003a 「アーミッシュを訪ねて 1 ―歴史的背景と多様性」『言語』32（4）：18-23，大修館書店 .（http://hdl.handle.net/10502/5806）
―― 2003b「アーミッシュを訪ねて 2―信仰と家族・コミュニティ」『言語』32（5）：18-23，大修館書店.（http://hdl.handle.net/10502/5805）
―― 2003c「アーミッシュを訪ねて 3―コミュニティの中での教育」『言語』32（6）：18-23，大修館書店.（http://hdl.handle.net/10502/5810）
―― 2003d「アーミッシュを訪ねて 4―食文化」『言語』32（7）：16-21，大修館書店.（http://hdl.handle.net/10502/5809）
―― 2005「キリスト教非暴力・平和主義の底流―再洗礼派メノナイト／アーミッシュ」綾部恒雄監修・編『クラブが創った国アメリカ』84-96頁，山川出版社.
―― 2008「アメリカ　アーミッシュの結婚式の食」『食文化誌ヴェスタ』71: 46-47. 味の素食の文化センター .（http://hdl.handle.net/10502/00008384）
―― 2010「コミュニティ創生と健康・治療・食養生―18 ～ 19世紀南部におけるモラヴィア教徒の軌跡から」常松洋・肥後本芳男・中野耕太郎編『アメリカ合衆国の形成と政治文化―建国から第一次世界大戦まで』78-102頁，昭和堂.
―― 2017『アーミッシュたちの生き方』国立民族学博物館調査報告（SER）141，国立民族学博物

―― 2017「宗教改革急進派―記憶の回復と21世紀の和解」踊共二編『記憶と忘却のドイツ宗教改革―語り直す歴史1517-2017』287-312頁，ミネルヴァ書房.
大河原眞美　1998『裁判からみたアメリカ社会』明石書店.
―― 2014『法廷の中のアーミッシュ』明石書店.
Osler, Dorothy. 2011. *Amish Quilts and the Welsh Connection*. Atglen, PA: Schiffer Publishing.
Oyabu, Chiho and Toshiharu Sugihara. 2012. Analysis of Amish Family-Based Education: Through the "Children's Section" of Family Life Magazine. In Suzuki, ed. 2012, pp. 49-62.
Pellman, Rachel T. and Kenneth R. Pellman. 1984. *The World of Amish Quilts*. Intercourse: Good Books.
――. 1985. *Amish Crib Quilts*. Intercourse: Good Books.
――. 1986. *Amish Doll Quilts, Dolls, and Other Playthings*. Intercourse: Good Books.
Pottinger, David. 1983. *Quilts from the Indiana Amish*. New York: E.P. Dutton, Inc.
Ray, Brian D. 2021. Homeschooling: The Research Facts on Homeschooling, Homeschool Fast Facts, National Home Education Research Institute（Research Facts on Homeschooling: https//www. nheri. org/research-facts-on-homeschooling/）（2021年10月24日閲覧）
Roberson, Ruth Haislip, ed. 1988. *North Carolina Quilts*. Chapel Hill, NC: University of North Carolina Press.
Roth, John D. 2007. Marpeck and the Later Swiss Brethren, 1540-1700. In Roth and Stayer, eds. 2007, pp. 347-388.
――. 2011. *Teaching That Transforms: Why Anabaptist-Mennonite Education Matters*. Scottdale, PA: Herald Press.
Roth, John D. and James M. Stayer, eds. 2007. *A Companion to Anabaptism and Spiritualism, 1521-1700*. Leiden: Brill.
坂井信生　2004『アーミッシュ研究』オンデマンド版，教文館.
Schlabach, Theron F. 1988. *Peace, Faith, Nation: Mennonites and Amish in Nineteenth-century America*. Scottdale, PA: Herald Press.
Schlabach, Verna, compiled by 1996. revised 2002. Anabaptist Timeline. Berlin, OH: Amish and Mennonite Heritage Center.（図0-1）
Schumm, Walter R. 1994. Homeschooling in Kansas: A Further Exploratory Study. *Psychological Reports* 74 (3): 923-926.
Scott, Stephen E. 2012. The Amish Way of Life in Modern American Society. In Suzuki, ed. 2012, pp. 33-47.
Sherk, J. Harold. 1957. I-W Service（United States). Global Anabaptist Mennonite Encyclopedia Online. 1957. Web. https://gameo.org/index.php?title=I-W_Service_（United_States）&oldid=113432.（2020年6月28日閲覧）
秦明夫　1997「裁判による認知」（解説）メイベリー他　1997，158-159頁.
シンチンゲル，ロベルト・山本明・南原実編 1972『現代独和辞典』三修社.

Thrive. Lanham, MD: Rowman and Littlefield Education.
Lithgow, Marilyn. 1974. *Quiltmaking and Quiltmakers*. New York: Funk & Wagnalls.
Loewen, Royden and Steven M. Nolt. 2012. *Seeking Places of Peace*. Intercourse, PA: Good Books.
Lois, Jennifer. 2013. *Home is Where the School Is: The Logic of Homeschooling and the Emotional Labor of Mothering*. New York: New York University Press.
マクドナ美和子　1983「補遺」西武美術館編，サンディ・フォックス監修『アメリカンパッチワーク・キルト展－19世紀・フロンティアの華』西武美術館.
松田徳一郎（編集代表）1999『リーダーズ英語辞典』第2版，研究社.
Mayberry, Maralee, J. Gary Knowles, Brian D. Ray, and Stacey Marlow. 1995. *Home Schooling: Parents as Educators*. Thousand Oaks, CA: Corwin Press.（マラリー・メイベリー，J. ゲーリー・ノウルズ，ブライアン・レイ，ステイシー・マーロウ，1997『ホームスクールの時代』河合久・秦明夫・比奈地康晴・山田達雄訳，東信堂）
Meyers, Thomas J. 2003 [1993]. Education and Schooling. Kraybill, ed. 2003 [1993], pp. 86-106.
森田安一　1992「ピルグラム・マーベック『信仰告白』（1531／2年）」出村彰・森田安一・倉塚平・矢口以文訳『宗教改革著作集』第八巻，457-460頁，教文館.
永本哲也・猪刈由紀・早川朝子・山本大丙編　2017『旅する教会―再洗礼派と宗教改革』新教出版社.
中朋美　2018「再洗礼派のなかのアーミッシュ」『月刊みんぱく』6:8-9，国立民族学博物館.
Neufeld, Vernon H, ed. 1983. *If We Can Love: The Mennonite Mental Health Story*. Newton, KS: Faith and Life Press.
Nolt, Steven M. 1984. Relationship with "Plain" Anabaptists in Historical Perspective. In Weaver, ed. 1984, pp. 135-166.
——. 1992. *A History of the Amish*. Intercourse: Good Books.
——. 2008. Inscribing Community: The Budget and Die Botschaft in Amish Life. In Umble and Weaver-Zercher, eds. *The Amish and the Media*, pp. 181-198. Baltimore: Johns Hopkins University Press.
——. 2011. Moving Beyond Stark Options: Old Order Mennonite and Amish Approach to Mental Health. *Journal of Mennonite Studies* 29:133-151.
——. 2016. *The Amish: Concise Introduction*. Baltimore: Johns Hopkins University.
Nolt, Steven M. and Thomas. J. Meyers. 2007. *Plain Diversity: Amish Cultures and Identities*. Baltimore: Johns Hopkins University Press.
野村奈央　2018「進化する伝統・多様化する社会」『月刊みんぱく』6:7-8，国立民族学博物館.
踊共二　2009「宗教改革急進派―その起源と宗派化の様相」森田安一編『ヨーロッパ宗教改革の連携と断絶』41-54頁，教文館.
——　2012「アーミッシュの起源―寛容思想史の視点から」『武蔵大学人文学雑誌』44（1, 2）: 91-115.
——　2016「ヨーロッパからアメリカへ　アーミッシュの知られざる旅路」関哲行・踊共二『忘れられたマイノリティ―迫害と共生のヨーロッパ史』186-212頁，山川出版社.

Mennonite Handbook. Scottdale, PA: Herald Press.

Keim, Albert N. 2003 [1993]. Military Service and Conscription. In Kraybill, ed. 2003 [1993], pp. 43-64.

Keim, Albert. N. and Grant M. Stoltzfus 2000 [1988]. *The Politics of Conscience: The Historic Peace Churches and America at War*, 1917-1955. Eugene, OR: Wipf and Stock Publishers.

金田一京助他編著 2001『新明解国語辞典』第5版，三省堂.

小林恵 2011[1983]『アメリカン・パッチワークキルト事典』文化出版局 .

小坂幸三 2017『アーミッシュとフッタライト―近代化への対応と生き残り戦略』明石書店 .

Kraybill, Donald B. 1984. The Mystery of Broad-Based Commitment: MCC in the Eyes of Mennonites and Brethren in Christ in the United States. In Weaver, ed. 1984, pp. 105-134.

——. 1989. *The Riddle of Amish Culture*. Baltimore: Johns Hopkins University Press.

——. 1990. *The Puzzle of Amish Life*. Intercourse, PA: Good Books.（ドナルド・B・クレイビル 1996『アーミッシュの謎―宗教・社会・生活』杉原利治・大藪千穂訳，論創社）.

——. 2008. *The Amish of Lancaster County*. Mechanicsburg, PA: Stackpole Books.（ドナルド・B・クレイビル 2009『アーミッシュの昨日・今日・明日』杉原利治・大藪千穂訳，論創社）.

——. 2010. *Concise Encyclopedia of Amish, Brethren, Hutterites, and Mennonites*. Baltimore: Johns Hopkins University Press.

——. 2011. Sources of Enterprise Success in Amish Communities. *Journal of Enterprising Communities: People and Places in Global Economy* 5 (2): 112-130.

——, ed. 2003 [1993]. *The Amish and the State*. The Second Edition. Baltimore: Johns Hopkins University Press.

Kraybill, Donald B., Patricia T. Herr, and Jonathan Holstein. 1996. *A Quiet Spirit: Amish Quilts from the Collection of Cindy Tietze and Stuart Hodosh*. Los Angeles: UCLA Fowler Museum of Cultural History.

Kraybill, Donald B., Karen M. Johnson-Weiner, and Steven M. Nolt. 2013. *The Amish*. Baltimore: Johns Hopkins University Press.

Kraybill, Donald B. and Nelson C. Hostetter. 2001. *Anabaptist World USA*. Scottdale, PA: Herald Press.

Kraybill, Donald B. and Steven M. Nolt. 2004 [1995]. *Amish Enterprise: From Plows to Profits*. Baltimore: Johns Hopkins University Press.

Kraybill, Donald B., Steven. M. Nolt and David L. Weaver-Zercher. 2007. *Amish Grace: How Forgiveness Transcended Tragedy*. San Francisco: John Wiley and Sons, Inc.（ドナルド・B・クレイビル，スティーブン・ノルト，デイヴィッド・ウィーバー＝ザーカー『アーミッシュの赦し―なぜ彼らはすぐに犯人とその家族を赦したのか』青木玲訳，亜紀書房，2008年）.

Lehman, James O. and Steven M. Nolt. 2007 *Mennonites, Amish, and the American Civil War*, Baltimore: Johns Hopkins University Press.

Leiding, Darlene. 2008. *The Hows and Whys of Alternative Education: School Where Students*

Gaither, Milton. 2008. *Homeschool: An American History*. New York: Palgrave Macmillan.

Gasho, Milton. 1937. The Amish Division of 1693-1697 in Switerland and Alsace. *Mennonite Quarterly Review* 11, 4: 234-266.

Granick, Eve W. 1989. *The Amish Quilt*. Intercoure, PA: Good Books.

Good, Phyllis P. 1999. *Quilts from Two Valleys: Amish Quilts from the Big Valleys, Mennonite Quilts from the Shenandoah Valley*. Intercourse, PA: Good Books.

Hanson, Marin F. 2009. Introduction. In Hanson, Marin F. and Patricia Cox Crews, eds. *American Quilts in the Modern Age, 1870-1940: The International Quilt Study Center Collections*. pp. 1-17. Lincoln, NE: University of Nebraska Press.

Herr, Patricia T. 1996. Quilts within the Amish Culture. In Kraybill, Herr, and Holstein. 1996, pp. 45-67.

——. 1998. *Amish Arts of Lancaster County*. PA: Schiffer.

——. 2000. *Quilting Traditions: Pieces from the Past*. Atglen, PA: Schiffer.

——. 2004. *Amish Quilts of Lancaster County*. Atglen, PA: Schiffer.

Holstein, Jonathan. 1996. In Plain Sight: The Aesthetics of Amish Quilts. In Kraybill, Herr, and Holstein. 1996, pp. 69-121.

Hostetler, John A. 1964. Old World Extinction and New World Survival of the Amish A Study of Group Maintenance and Dissolution. *Rural Sociology* 20: 212-219.

——. 1980 [1963]. *Amish Society*. Third Edition. Baltimore: Johns Hopkins University Press.

Hostetler, John A. and Gertrude Enders Huntington. 1971. *Children in Amish Society: Socialization and Community Education*. New York: Holt, Rinehart and Winston, Inc.

Hostetler, John A. and Thomas J, Meyers. January 2012. Old Order Amish. *Global Anabaptist Mennonte Encyclopedia Online*（https://gameo.org/index.php?title=Old Order Amish&oldid=170538,（2021年10月21日閲覧）

Houck, Carter. 1991. *The Quilt Encyclopedia Illustrated*. New York: H. N. Abrams in association with the Museum of American Folk Art.

Hughes, Robert (text), Silber, Julie (plate commentary). 1990. *Amish: The Art of the Quilt*. New York: Knopf: Callaway: Distributed by Random House.

Ishida, Shin-ichiro. 2012. A Confluence of Alternatives: The Merging of Mennonites and Peace Project in Kenya. In Suzuki ed. 2012, pp. 63-79.（http://doi.org/10.15021/00002503）

James, Michael. 1993[1981]. *The Second Quiltmaker's Handbook: Creative Approaches to Contemporary Quilt Design*. Mountain View, CA: Leone Publications.

ジョーンズ，ジェン（Johns, Jen）2020「ウェールズの歴史を紐解く」市川直美編『よみうり キルト時間』27: 62-63. 読売情報開発.

Kay, Jon. 2016. *Folk Art and Aging: Life-Story Objects and Their Makers*. Bloomigton: Indiana University Press.

Kehrberg, Sarah, ed. (Contributing writers and consultants: David Bergen, et al.) 2007. *The*

【第二次資料】

Adams, David S. 1995. Homeschooling in Kansas: Friend or Foe. *Children's Legal Rights Journal* 15 (1/2) : 11-21.

Baumgarten, Linda. 2019. The Undulating Feather Motif in Quilting. *Blanket Statements* 141: 10-11.

Bender, Harold S. 1964. Pilgram Marpeck, Anabaptist Theologian and Civil Engineer. *Mennonite Quarterly Review* 38: 231-265.

Bishop, Robert and Patricia Coblentz. 1975. *New Discoveries in American Quilts*. New York: E. P. Dutton.

Brackman, Barbara. (compliled by) 1993. *Encyclopedia of Pieced Quilt Patterns*. Paducah, KY: American Quilter's Society.

Buck, Roy C. 1978. Boundary Maintenance Revised: Tourist Experience in an Old Order Amish Community. *Rural Sociology* 43 (2) : 221-234.

Cates, James A. 2005. Facing Away: Mental Health Treatment with the Old Order Amish. *American Journal of Psychotherapy* 59 (4) : 371-383.

Chhabra, Deepak. 2010. How They See Us: Perceived Effects of Tourist Gaze on the Old Order Amish. *Journal of Travel Research* 49 (1) : 93-105.

Clarke, Mary W. 1976. *Kentucky Quilts and Their Makers*. Lexington, KY: The University Press of Kentucky.

Crews, Patricia C. and Carolyn Ducey, eds. 2018. *American Quilts in the Industrial Age, 1860-1870: The International Quilt Study Center and Museum Collections*. Lincoln, NE: University of Nebraska.

Cronk, Sandra L. 1981. Gelassenheit: The Rites of the Redemptive Process in Old Order Amish and Old Order Mennonite Communities. *Mennonite Quarterly Review* 55 (1) : 5-44.

Cross, Mary B. 1993. *Treasures in the Trunk: Quilts of the Oregon Trail*. Nashville, TN: Rutledge Hill Press.

ダンクル，ジョゼフ・リー（Dunkle, Joseph Lee）1995 [1993]『ステラおばさんのアメリカンカントリーのお菓子』主婦の友社.

ダンクル，ジョゼフ・リー（Dunkle, Joseph Lee）1995『ペンシルバニア・ダッチ・カントリー――アーミッシュの贈り物』主婦の友社.

出村彰 1986「第四章　再洗礼派」出村彰・宮谷宣史編『聖書解釈の歴史―新約聖書から宗教改革まで』360-384頁，日本基督教団出版局 .

Fisher, S. E. and R. K. Stahl. 1986. *The Amish School*. Intercourse, PA: Good Books.

藤田英典 1991「教育・国家・コミュニティ―アーミッシュの文化と教育を手がかりに」『東京大学教育学部紀要』31: 95-108.

Kraybill, ed. 2003[1993], pp. 109-123.
Martin, Cleon. 2001. *Always A Child.* Wallenstein, ON: Vineyard Publications.
Miller, Wes and Denise Miller, eds. 2004. *Plain and Wit Wisdom: Stories from John Mast.* (Authors: Regina Beachy, Lori Hershberger, and Darlene Hostetler) Hillsboro, KS: Print Source Direct.
日本聖書協会　1998『聖書』日本聖書協会（新約 1954年改訳，旧約 1955年改訳）.
日本国際ギデオン協会　1999『新約聖書』(Bilingual Edition) NKJ ／新共同訳，日本聖書教会（この新約聖書は，原文のギリシア語から，日本語と英語それぞれ別に翻訳された本文を対照にしたもの）.
The New Testament of Our Lord and Saviour Jesus Christ: Translated out of the Original Greek; and with the Former Translations Diligently Compared and Revised, by His Majesty's Special Command. n.d. Appointed to be read in churches. Baltic, OH: Rabers Book Store. / Das Neue Testament unsers Herrn und Heilandes Jesu Christi, nach der deutschen Übersetzung D. Martin Luthers. Durchgesehene Ausgabe mit dem von der deutschen evangelischen Kirchenkonferenz genehmigten Text. 2006. Baltic, OH: Rabers Book Store.
Richard, Kent E. 1993. *Fairmount Homes:* A 25th Anniversary History 1968-1993. Ephrata, PA: Fairmount Homes.
ザトラー，ミヒャエル（Sattler, Michael）1992「神の子らの兄弟の一致（シュライトハイム信仰告白）（1527年）」出村彰訳，出村彰・森田安一・倉塚平・矢口以文訳『宗教改革著作集　第八巻　再洗礼派』85-98頁，教文館.
Stoll, Joseph. 2000. *In Meiner Jugend: Devotional Reader in German and English.* Aylmer, ON: Pathway Publishers.
Stutzman, Ervin R. 2001. *Tobias of the Amish: A True Story of Tangled Strands in Faith, Family and Community.* Scottdale, PA: Herald Press.
——. 2007. *Emma: A Widow among the Amish.* Scottdale, PA: Herald Press.
Tomkins, Douglas. 1990. Notes of A Collector. In J, Silber, *Amish Quilts of Lancaster County*, p. 39. San Francisco: Esprit De Corp.
Umble, John, ed. and trans. 1948. Memoirs of an Amish Bishop. *Mennonite Quarterly Review* 22: 94-115.
ワイルダー，ローラ・インガルス（Wilder, Laura Ingalls）1992 [1988]. こだまともこ・渡辺南都子訳『大草原の小さな家』講談社.
Wilder, Laura I. 1953 [1935]. *Little House on the Prairie.* Illustrated by Garth Williams. rev. ed. New York: HarperCollins.
Yoder, Paton. 1987. *Tennessee John Stoltzfus: Amish Church-Related Documents and Family Letters.* Lancaster, PA: Lancaster Mennonite Historical Society.

引用文献

【第一次資料】

Bearley, Darwin D. 2006. *Antique Ohio Amish Quilts: The Darwin D. Bearley Collection*. Bernina.

Beiler, Anne. 2002. *Auntie Anne, My Story*. Gap, PA: Auntie Anne's Incorporated Publications.

Beiler, Joseph F. 1982. *Ordnung*. *Mennonite Quarterly Review* 56 (4) : 382-84.

Bender, Harold S, ed. 1927. The Discipline Adopted by the Strasburg Conference of 1568. *Mennonite Quarterly Review* 1, 1: 57-66.

——, trans. and ed. 1934. Some Early American Amish Mennonite Disciplines. *Mennonite Quarterly Review* 8: 90-98.

——, trans. and ed. 1946. An Amish Bishop's Conference Epistle of 1865. *Mennonite Quarterly Review* 20, 3: 222-229.

Benner, Henry G. 1999. The Welsh Mountains. In Robert A. Martin, Mark Leaman, John R. Buckwalter, Harold Yoder, and Henry G. Benner. *One Hundred Years of the Welsh Mountain Experience*, pp. 1-19. Morgantown, PA: Masthof Press.

Bontrager, Herman D. 2003 [1993]. Encounters with the State, 1990-2002. In Kraybill, ed. 2003 [1993], pp. 235-250.

Child, Lydia Maria. 1992 [1834]. *The Girl's Own Book*. Bedford, MA: Applewood Book (originally published by Carter, Hendee and Babcock).

Fenstermacher, Rod and Jaralyn Fenstermacher. n.d. *Favorite Recipes from the Riehls' Kitchen*. Lancaster, PA: Privately printed edition.

Holstein, Jonathan. 1991. *Abstract Design in American Quilts: A Biography of An Exhibition*. Louisville, KY: Kentucky Quilt Project, Inc.

Horst, Irvin B, trans. and ed. 1988. *Mennonite Confession of Faith: Adopted April 21st, 1632, at Dordrecht, the Netherlands, and Widely Accepted in Germany, France, Colonial Pennsylvania, the United States, Canada, and Elsewhere*. newly translated and edited with prefatory materials in English for the first time by Irvin B. Horst. Lancaster, PA: Lancaster Mennonite Historical Society.

Igou, Brad, complier. 2019. *Amish Voices*. Harrisonburg, VA: Herald Press.

Kanagy, Lee H. 2006. *A Pilgrim's Journey: Remembering My Amish Roots*. Burnham, PA: Kish Printing.

——. 2009. *A Pilgrim's Journey II: Following God's Call to Japan*. Morgantown, PA: Masthof Press.

Lindholm, William C. 2003 [1993]. The National Committee for Amish Religious Freedom. In

な行

は行

ま行

ら行

わ行

【キルト（キルティング）関連索引】

あ行

か行

さ行

た行

【人名索引】

あ行

か行

さ行

た行

は行

ま行

や行

ら行

ま行

や行

ら行

わ行

た行

な行

は行

さ行

索　引

【事項索引】

あ行

か行

著者紹介
鈴木 七美（すずき・ななみ）
1958年宮城県仙台市生まれ。東北大学薬学部卒業，お茶の水女子大学大学院人間文化研究科（博士課程）修了。博士（学術）。国立民族学博物館／総合研究大学院大学教授。専門は歴史人類学，医療人類学，エイジング研究。主な著書に『出産の歴史人類学―産婆世界の解体から自然出産運動へ』（新曜社，1997年，第13 回青山なを賞（女性史）），『癒しの歴史人類学―ハーブと水のシンボリズムへ』（世界思想社，2002年），『エイジングフレンドリー・コミュニティ―超高齢社会における人生最終章の暮らし方』（新曜社，2019年），*The Anthropology of Aging and Well-being*. Senri Ethnological Studies No. 80（編著，National Museum of Ethnology, 2013），『高齢者のウェルビーイングとライフデザインの協働』（共編著，御茶の水書房，2010年）などがある。

アーミッシュキルトを訪ねて―照らし出される日々の居場所へ―

2022年4月15日　初版第1刷

著　者　鈴木七美
装　幀　LEMONed 大前靖寿
発行所　大阪大学出版会
代表者　三成賢次
〒565-0871
大阪府吹田市山田丘2-7　大阪大学ウエストフロント
電話：06-6877-1614（代表）　FAX：06-6877-1617
URL　https://www.osaka-up.or.jp/

本文組版　キヅキブックス
印刷・製本　亜細亜印刷株式会社

ISBN 978-4-87259-760-8　C3077